权威·前沿·原创

皮书系列为
"十二五""十三五"国家重点图书出版规划项目

中国节能汽车蓝皮书
BLUE BOOK OF ENERGY-EFFICIENT VEHICLE

中国节能汽车发展报告
（2017~2018）

ANNUAL REPORT ON ENERGY-EFFICIENT VEHICLE
INDUSTRY IN CHINA (2017-2018)

主　编／中国汽车工程研究院股份有限公司

社会科学文献出版社
SOCIAL SCIENCES ACADEMIC PRESS (CHINA)

图书在版编目(CIP)数据

中国节能汽车发展报告. 2017-2018 / 中国汽车工程研究院股份有限公司主编. --北京：社会科学文献出版社，2018.12

（中国节能汽车蓝皮书）

ISBN 978-7-5201-3892-5

Ⅰ.①中… Ⅱ.①中… Ⅲ.①汽车节油-研究报告-中国-2017-2018 Ⅳ.①U471.23

中国版本图书馆 CIP 数据核字（2018）第 252553 号

中国节能汽车蓝皮书
中国节能汽车发展报告（2017~2018）

主　编 / 中国汽车工程研究院股份有限公司

出 版 人 / 谢寿光
项目统筹 / 吴　敏
责任编辑 / 吴　敏

出　　版 / 社会科学文献出版社·皮书出版分社（010）59367127
　　　　　 地址：北京市北三环中路甲29号院华龙大厦　邮编：100029
　　　　　 网址：http://www.ssap.com.cn

发　　行 / 市场营销中心（010）59367081　59367083
印　　装 / 三河市龙林印务有限公司

规　　格 / 开　本：787mm×1092mm　1/16
　　　　　 印　张：16　字　数：241千字

版　　次 / 2018年12月第1版　2018年12月第1次印刷

书　　号 / ISBN 978-7-5201-3892-5
定　　价 / 98.00元

皮书序列号 / PSN B-2016-565-1/1

本书如有印装质量问题，请与读者服务中心（010-59367028）联系

▲ 版权所有 翻印必究

《中国节能汽车发展报告（2017~2018）》
编委会

编委会主任	李开国
主　　　编	周　舟
副 主 编	沈　斌
编　　委	詹樟松　李　勤　姚春德　郭七一　张　彤 抄佩佩　付铁军　周梅生　伊藤丈和
主要执笔人	金　陵　于海生　殷　蕾　王　凤　李　光 王东升　邓小芝　彭秋平
参与编写人员	（按姓氏笔画排序） 刘　洋　高金燕　代永黎　伊辉勇　刑青松 但　伟　陈轶嵩　罗　翔　李艾丹　岳　刚 李朋林　陈桂华　谢雨宏　曾望云　刘永涛 隗寒冰　魏佳妮　李雪颖

摘　要

《中国节能汽车发展报告（2017～2018）》是关于我国节能汽车发展的年度研究报告，2016年首次出版，今年为第三册。本书由中国汽车工程研究院组织编撰，集合了国内外整车企业、零部件企业、科研院所等众多行业专家的智慧，是一部全面论述中国节能汽车发展的权威著作。

我国原油对外依存度逐年高企，2017年已攀升至67.4%，连续多年超过50%警戒线。其中，汽车成品油巨额消耗成为主要因素，2016年车用燃油消费占全国总量的约80%。尽管推广新能源汽车具有较好的石油替代效果且近年来新能源汽车产业发展较快，但按照《节能与新能源汽车技术路线图》预测，到2030年燃油汽车的市场份额还将在60%以上。因此，从汽车产业整体节能考虑，持续降低燃油汽车产品能耗，发展节能技术、推广节能汽车是近中期保障国家能源安全并实现低碳减排的重要举措。

在当前世界经济贸易波动及汽车产业发展新形势下，我国汽车节能减排技术水平虽不断提升，但未来发展仍面临诸多难题。如企业自主研发体系还需完善、产品技术相比国外仍有差距、商用车油耗及排放水平均有较大提升空间、国家政策持续引导仍需加强等。同时，面对国六阶段更加严苛的油耗排放法规，相关企业未来发展压力将持续升级。加大研发投入、创新研发机制、加快节能环保技术产业化、优化产业发展环境等重点工作已迫在眉睫。

本年度报告以"新形势下我国节能汽车发展战略构想"开篇，全书包括总报告、市场应用篇、政策法规篇、产品技术篇、专题研究篇、行业热点篇及附录等。

在总报告中，通过梳理当前汽车产业发展形势、我国节能汽车发展现状及趋势，对未来我国发展节能汽车进行了战略设想，并提出了研发高效率发

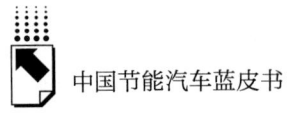

动机、实现国六排放技术产业化、加快混合动力系统应用等七大重点任务。

在市场应用篇中,对美、日、欧等地区的汽车节能技术发展动态、能耗水平及最新技术动向进行了归纳总结;对我国乘用车市场的市场结构、排量分布、能耗水平、节能技术应用情况等内容展开了深入研究。

在政策法规篇中,聚焦商用车油耗及排放法规,对美、日、欧等地区的法规发展历程进行了梳理,对相关法规内容及测试方法进行了深入研究,同时基于我国法规动态,对美欧日中商用车油耗排放法规进行了对比分析。

在产品技术篇中,对乘用车各大节能技术(发动机、轻量化、低摩擦、混合动力、替代燃料、先进电子电器等)最新发展动态与技术趋势进行了全面解析;同时针对商用车节能排放技术进行了深入研究,包含典型节能减排技术分析、企业发展现状及相关技术经济性分析。

在专题研究篇中,详细分析了制定节能与新能源商用车积分的可行性,对节能与新能源商用车积分管理政策体系进行了深入研究;对我国甲醇汽车的发展现状进行了梳理,深入分析了目前我国发展甲醇汽车面临的机遇与挑战,并对未来我国发展甲醇汽车进行了展望。

在行业热点篇中,以国家最新发布的重型车国六排放法规为重点,深入分析了国六重型车用柴油机技术路线,总结了国六排放法规对重型柴油机开发带来的影响;聚焦混合动力产品,以科力远混合动力技术有限公司为例,对我国混合动力产业化动态进行了跟踪研究。

总体来看,纵观全书,无论是研究的深度,还是涉及领域的广度,以及考虑因素的维度,均能方便不同领域的读者全面、系统地了解我国节能汽车发展态势,对汽车行业管理部门、整车及零部件企业技术研发和规划部门、乘用车用户、行业相关投资机构等具有重要的参考价值和研究意义。

目 录

Ⅰ 总报告

B.1 新形势下我国节能汽车发展战略构想 …………………………… 001
  一 汽车产业发展形势 ………………………………………… 002
  二 我国节能汽车发展现状及趋势 …………………………… 004
  三 我国节能汽车未来发展思路及目标 ……………………… 007
  四 未来我国发展节能汽车的重点任务 ……………………… 008
  五 未来我国发展节能汽车的政策保障 ……………………… 011

Ⅱ 市场应用篇

B.2 国外节能汽车市场现状及发展趋势 …………………………… 013
B.3 国内节能汽车市场现状及发展趋势 …………………………… 024

Ⅲ 政策法规篇

B.4 国外商用车政策法规跟踪研究 ………………………………… 035
B.5 我国商用车政策法规跟踪研究 ………………………………… 058

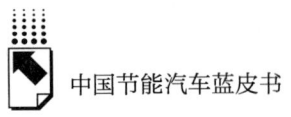

Ⅳ 产品技术篇

- B.6 乘用车节能技术发展动态研究 …………………… 082
- B.7 商用车节能技术发展动态研究 …………………… 119
- B.8 商用车排放技术发展动态研究 …………………… 137

Ⅴ 专题研究篇

- B.9 节能与新能源商用车积分可行性研究 …………… 167
- B.10 甲醇汽车发展现状及展望 ………………………… 187

Ⅵ 行业热点篇

- B.11 国六排放法规对重型柴油机开发带来的影响 …… 202
- B.12 国内混合动力技术产业化跟踪研究 ……………… 223

Ⅶ 附录

- B.13 附录一：乘用车企业平均燃料消耗量 …………… 235
- B.14 附录二：混动车型产销及车型信息 ……………… 240
- B.15 附录三：节能汽车相关政策、法规统计 ………… 241

总 报 告

B.1
新形势下我国节能汽车发展战略构想

摘　要： 发展节能汽车是保障我国能源安全、实现低碳减排的重要举措。在当前汽车产业发展新形势下，我国节能减排技术水平虽不断提升，但未来发展仍面临较多难题，如企业自主研发体系还需完善、产品技术相比国外仍有差距、商用车油耗及排放水平均有较大提升空间、国家政策持续引导仍需加强等。面对愈发严苛的油耗排放法规，我国汽车产业亟须加大汽车节能环保技术的研发及推广力度。本文通过梳理当前汽车产业发展形势、节能汽车发展现状及趋势，对未来我国发展节能汽车进行了战略设想，并提出了相关政策建议。

关键词： 节能汽车　环保　发展战略

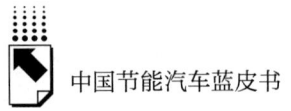

一 汽车产业发展形势

（一）经济全球化进入新形势，产业分工面临重构

受世界经济贸易影响，我国承接国际汽车产业转移趋势放缓。当前，美国施行单边主义和贸易保护主义政策，导致全球贸易摩擦升级，影响国际贸易的持续稳步增长。同时，发达国家大力推动"产业回归"和"再工业化"，部分汽车产业向发达国家回流，同时新兴经济体也加快承接汽车产业转移步伐，直接导致我国承接国际汽车产业转移速度持续放缓。此外，受中美贸易战加征关税影响，部分高技术领域如汽车专用芯片等零部件供应形势开始严峻，供应量减少、单价走高，导致高端制约现象日益突出。互联网技术应用、地缘政治风险等因素也影响了原有全球价值链分工模式，国际汽车产业分工体系将面临重构。

（二）国内整车产销增速趋缓，存量市场竞争加剧

经过十余年高速增长，目前国内汽车市场整体进入微增长时代，行业竞争将转为存量市场竞争。2017年，我国汽车产销量分别达到2901.5万辆和2887.9万辆，同比分别增长3.2%和3%，增速明显放缓。从车型结构来看，乘用车销量达到2471.8万辆，占绝对主体地位，但增速明显放缓，仅为1.4%；商用车在2015年开始触底回升，2017年达到420.87万辆，同比增长13.81%。

以乘用车为例，仅SUV车型保持高速增长趋势，其他车型均出现不同程度的下滑。SUV方面，2017年国内共计销售SUV达1020万辆，同比增长13.9%，已逐渐逼近轿车市场份额（2017年共计销售1187万辆），MPV车型则出现大幅下滑，销量仅为190万辆，同比下降19.9%；受补贴政策持续刺激，新能源汽车销量大幅增长，2017年销量达到77.7万辆，同比增长53.3%。同时，国内高端市场同比增长率达到17%。在购车群体年轻化、换车周期缩短、替换性需求提升、品质需求升级以及进口车关税下降导致汽

车价格降低等因素推动下,未来我国SUV及豪华车市场仍将保持快速增长,品牌结构会趋于均衡。

(三)能源环保压力持续加大,产业加快转型升级

我国原油对外依存度逐年高企,2017年已攀升至67.4%,连续多年超过50%警戒线。其中,汽车成品油巨额消耗成为主要因素,2016年车用燃油消费约占全国总量的80%。从汽车产业整体节能考虑,持续降低燃油汽车产品能耗,发展节能汽车,并推进新能源汽车发展,是保障我国能源安全的战略性举措。同时,减少汽车排放、缓解环境压力刻不容缓。我国已向世界做出2030年左右二氧化碳排放总量达峰值且单位GDP碳排放比2005年降低60%~65%的重要承诺。当前我国二氧化碳排放全球占比已达到29%,居世界首位,其中道路交通二氧化碳排放占总排放量的8%以上,且无论是总量还是占比都在明显增长。加之大气污染日趋严重,雾霾现象频繁出现,都要求汽车加快向低碳化、清洁化方向发展,传统燃油汽车已加速向节能与新能源汽车方向转型升级。

(四)国家政策指明产业方向,法规监管持续加强

《中国制造2025》已明确指出节能与新能源汽车、智能网联汽车将是我国汽车产业发展的主要方向。在《中国制造2025》的指引下,《汽车产业中长期发展规划》等政策快速推动汽车产业向"电动化、智能化、网联化、共享化"等"四化"方向发展。同时,汽车共享与电动化、智能化、网联化正在加快融合。目前,交通运输部《促进小微型客车租赁健康发展的指导意见》明确提出,树立共享、创新、协调、绿色、开放的五大发展理念,鼓励利用移动互联网、全球定位等信息技术构建网络服务平台,意图推动汽车共享加快发展。

国家油耗排放法规持续加严,核心技术升级迫在眉睫。为实现节能减排,我国轻型车将在2020年后实施五阶段油耗标准,轻型车及重型车也将于2020年前后实施"国六"排放标准。"国六"排放标准在"国五"的基

础上提高了40%~50%，比"欧六"的标准更高，和美国水平相当，可以说是目前全球范围内最严格的排放标准之一。面对如此严苛的法规监管，国内企业研发难度不断加大，关键技术升级已尤为重要。

（五）技术变革重塑汽车生态，发展机遇与挑战并存

"电动化、智能化、网联化、共享化"等"四化"趋势引发了汽车产业的技术变革，同时智能制造技术如3D打印等新技术的应用也对汽车产业变革产生了极大的促进作用。汽车产品技术的变革使得供应商体系发生变化，采购体系不同也会带来供应链模式和结构的不同，互联网等新兴科技企业大举进入汽车行业，传统企业和新兴企业交互融合发展，汽车产业生态体系正在重塑。在重塑过程中，部分落后传统企业将逐步被淘汰，新兴一级零部件市场则将孕育出新的市场机遇和二、三级成长空间。同时，汽车产业是机器人及智能技术解决方案应用最为广泛的领域之一，包括3D扫描、3D打印、虚拟与增强现实、物联网、大数据、云计算、机器人及其应用系统等技术也在快速发展。

二 我国节能汽车发展现状及趋势

（一）关键技术获得突破，节能减排水平不断提升

为应对日趋严峻的能源环境形势，欧洲国家、美国、日本主要汽车厂商都在积极推动传统汽车节能技术发展，不断挖掘节能汽车潜力，丰田推出了代表世界最高燃效水平、热效率达41%的发动机。我国节能环保汽车在部分关键领域技术已取得一定突破，长安、广汽、奇瑞等车企在研机型热效率接近40%，汉腾新一代发动机（热效率超过40%）计划2018年底投产；盛瑞8AT已规模应用，自主企业持续开展DCT技术研发；科力远CHS系统搭载吉利帝豪混动版油耗低于4.9L，在研车型油耗低于4.5L；自主品牌乘用车风阻系数在0.37~0.38，上汽荣威i6达到0.25，长安实现48v系统的量产搭载。据统计，2017年，我国境内130家乘用车企业（含进口乘用车供应企业）平

均燃料消耗量实际值为 6.05L/100km，同比降低 5.9%；境内 101 家乘用车生产企业平均燃料消耗量实际值为 6.00L/100km，同比降低 6.1%。

（二）传统燃油汽车仍将是未来很长时期市场的主流动力

根据《节能与新能源汽车技术路线图》的销量规划预测，到 2030 年，内燃动力汽车年销量仍将占据总销量的 60% 以上。同时，权威数据显示，传统燃油汽车仍有 30% 以上的节能潜力。此外，国际主要厂商均在积极推动传统燃油汽车节能技术发展。日本丰田牵头联合多家企业、大学、研究机构等成立日本内燃机技术创新联盟，并提出 50% 的发动机热效率目标；美国开启"超级卡车"第二期计划，计划再提升载货汽车 100% 的运输效率；欧洲大众等企业的发展策略从小排量向适合排量转变，并坚持电动化与内燃机优化双管齐下的发展战略。

（三）发展混合动力是整车企业实现油耗目标的普遍选择

混合动力技术节能减排效果明显，使用便利性好，是实现我国 2020 年 5.0L/100km 油耗目标的重要途径。自主企业开始加快混合动力布局，吉利、长安等企业已有成果。吉利 2017 年推出的帝豪 HEV 综合工况油耗仅 4.9L/100km，相比燃油版车型节能约 30%；长安正在开发的混合动力专用发动机，采用高压缩比 + 米勒循环，配合其他节能技术将实现 40% 以上的热效率。国外混合动力技术已经实现较大规模的应用。产品方面，日产 2017 年推出的 NOTE e - Power 采用增程式构型，搭载专用低成本高效发动机、小容量电池，综合油耗仅 2.94L/100km，超过丰田普锐斯成为日本本土混合动力车型销量冠军；市场方面，2017 年日系厂商（含合资）全球混合动力总销量达到 177.5 万辆，远超新能源汽车 17.3 万辆的销量。

（四）智能化、网联化与节能环保汽车加速融合

智能化作为国际汽车技术发展新的焦点和热点，凝聚了各车企与各国越来越多的创新资源，与大数据、网联等信息化技术相结合的智能调度、车辆

队列、司机驾驶行为辅助等智能节能技术不断涌现，为汽车挖掘节能潜力指引新的方向。研究表明，智能化、网联化的汽车具有20%以上的节能潜力。

（五）节能环保汽车发展态势较好，但仍存在部分问题

企业自主研发体系还需完善。目前自主企业研发领域主要集中在增压、自动变速器、混合动力等应用性较强的领域，对稀薄燃烧、超高压缩比、低滚阻轮胎、车辆队列等前沿技术布局不足，缺乏长期技术支撑。同时，研发能力也与跨国企业存在较大差距。从专利成果来看，2016年日本丰田公开汽车专利数量高达27947件，美国通用也达到14026件；而国内排名靠前的江淮与比亚迪公开汽车专利数量仅分别为2450件与2091件，与国外相比仍有数量级上的差距。此外，随着市场竞争日益激烈，汽车平台化以成本和技术共享优势成为领先的制造方式。国外的大众MQB/MLB模块化平台、丰田TNGA产品架构性平台等已经有较广泛的应用；自主方面，长安P3平台、奇瑞T1X平台、吉利DMA平台等均有一定的进展。但就总体水平而言，自主企业在产品平台化设计开发方面还需加强。

产品技术相比国外仍有差距。从核心技术掌握度来看，电喷系统、发动机管理系统、涡轮增压器、ESP、EPS等关键核心零部件基本依赖外资供应，自主企业掌握程度相对不足。从技术水平来看，经过多年的发展，部分技术指标已经达到国际先进水平，但与国际领先相比仍有提升空间。奇瑞自主开发的E4T15B汽油发动机热效率最高达到37.1%，但与目前最高热效率41%的丰田Dynamic发动机相比仍有差距；自主品牌目前仅有吉利帝豪HEV上市，但其与丰田THS搭载车型相比，不论是节能效果还是市场推广均有差距。

商用车油耗及排放水平均有较大提升空间。在不区分具体车型的前提下，2016年最大设计总质量3.5吨以上的重型商用车平均油耗达到24.96L/100km，与国际先进水平的差距至少在10%。同时，对一汽、东风、重汽、陕汽和北汽福田（2016年重型货车销量前五）1300余款产品公告数据统计显示，重型货车满足国Ⅴ排放标准的仅50%。为应对2020年实施的柴油车国Ⅵ排放标准，自主商用车排放水平提升仍需加强。

国家政策持续引导仍需加强。目前我国政策体系对新能源汽车的支持力度加大，相对而言对节能环保汽车的持续引导还需改善。2016年结束的"节能产品惠民工程"对1.6L排量以下的节能车型予以购置补贴，对促进乘用车市场小排量化效果明显。2016年全国共计销售1.6L排量以下的乘用车1636.2万辆，市场份额高达72.3%。商用车方面，国家相继出台的轻型和重型商用车油耗限值标准，倒逼企业发展低油耗商用车型，也确实起到一定成效。但在单一限值标准管理情况下，企业多以满足准入要求为基础，持续引入节能技术的动力不足，近几年商用车油耗存在不降反升的现象。因此，商用车节能减排发展相关政策应持续加大力度。

三 我国节能汽车未来发展思路及目标

按照《中国制造2025》、《汽车产业中长期发展规划》总体部署，坚持技术节能与结构节能并重，加快发展节能环保汽车。加大研发投入，创新研发机制，以混合动力、高效内燃机技术为重点，带动传统汽车节能环保技术总体突破，特别要加快提升商用车节能环保技术水平，满足未来更加严格的油耗和排放法规要求；以政策引导和市场化机制相结合，推动混合动力汽车、小型节能乘用车、节能环保商用车的大规模推广，形成有利于节能减排的产品结构；加快建设和完善汽车节能减排管理体系，不断优化节能环保汽车产业发展环境，加快我国传统汽车产业由"跟跑"向"并跑"转换。

持续加大汽车节能环保技术研发和推广力度，到2025年，节能减排技术达到世界先进水平。

（一）乘用车及商用车油耗水平大幅提升

至2020年，乘用车新车平均油耗达到5.0L/100km（节能车4.5L/100km），N2、N3类载货汽车较2015年下降15%左右，客车较2015年下降15%～20%。至2025年，乘用车油耗4.0L/100km，N2、N3类载货汽车较2015年下降30%～35%，客车较2015年下降35%～40%。

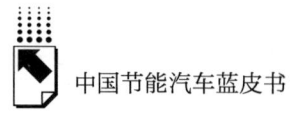

（二）先进节能环保技术全面突破，多项技术指标达到国际先进

至2020年，汽油机热效率超过40%，柴油机热效率超过50%，高压共轨喷射压力达到1800bar水平，完全掌握阿特金森专用发动机，轻量化金属材料各项工艺，SCR、DPF等关键后处理技术；至2025年，汽油机热效率超过44%，柴油机热效率超过52%，高压共轨喷射压力达到2200bar水平，自主混合动力专用发动机、动力耦合机技术达到国际先进水平，成熟掌握碳纤维工艺并降低成本，全面掌握各项先进后处理技术。

（三）混合动力系统大规模应用，节油水平大幅提升

至2020年，混合动力车型市场占比达到8%，节油水平接近国际先进；至2025年，混合动力车型市场占比达到20%，节油水平达到国际领先。

（四）产品结构得到优化调整

至2020年，小型车占乘用车销量比例达到15%，自主品牌节能环保车型市场占比达到30%；至2025年，小型车①占乘用车销量比例达到25%，自主品牌节能环保车型市场占比达到45%。

四 未来我国发展节能汽车的重点任务

（一）研发高效率发动机

建议设立高效率发动机技术专项，引导先进技术快速突破和推广应用，培育形成具有自主知识产权的高效率发动机产品，提升企业自主创新能力。由国家专项资金和企业自筹经费支持，组织行业机构、重点企业、高等院校及科研院所等单位参与，充分发挥集中力量办大事和资源统筹协调机制。通

---

① 小型车定义：满足一定整备质量、轴距、能耗排放水平等因素的小型乘用车。

过实施专项，重点研究基础燃烧理论，缸内直喷、电子增压、VVT 及 VVL 等进排气技术，汽油机 15∶1 高压缩比、HCCI 等先进燃烧技术，发动机热管理技术，曲柄连杆机构优化设计、DLC 涂层等低摩擦技术。实现 2025 年汽油机热效率超过 44%、柴油机热效率超过 52% 的基本目标。

（二）实现"国六"排放技术产业化

为满足国六排放法规要求，加快汽车排放技术升级，推进大批产品实现产业化。国家层面支持关键共性技术研发，支持企业的技术研发、生产技术的突破，完善行业标准体系，实现发动机环保技术大幅提升。在国六产品开发生产过程中，加强整车企业、发动机企业和后处理系统企业协同开发力度，加强整体规划并减少产品品种，有效降低系统开发维护成本。推进国六排放技术融合发展，加强研究发动机电喷系统共性技术、装备、标准规范及产品推广应用，持续研究汽油机 GPF、柴油机新型固态氨 SCR、集成箱式后处理系统、新型 SCRF、DOC＋SCR＋DPF 集成等高效后处理技术，力争到 2025 年各项产品技术全面掌握，有效提升汽车尾气排放水平。

（三）制定商用车节能积分管理办法

加快商用车节能积分管理制度和相关办法研究，推进商用车节能环保。在政策制定过程中，充分借鉴乘用车类似办法进行商用车积分办法核算，重点考虑商用车多品种小批量特性，针对不同车型进行区别对待；充分考虑与乘用车积分的联动及流转特性，提升积分运行及管理效率；加强企业纳入管理的门槛研究，强化行业监管及运营规范体系建设，循序渐进推进办法执行。采用劣质企业补贴优秀企业的方式，促进产业提优汰劣，推动商用车节能减排科学有序发展。

（四）加快混合动力系统应用

加快突破混合动力系统关键技术，构建混合动力汽车产业链体系，加强产品推广应用。重点开发应用 48V 系统及其关键零部件、阿特金森/米勒循环专用发动机、行星齿轮等动力耦合机及一体化变速器、动力分配策略,同步研发混合动力汽车电池、电机及电控系统,掌握电控逻辑自主开发能力及优化能力,持续优化混合动力系统构型。不断提升混合动力汽车自主研发水平,健全零部件供应体系,紧密结合整车及零部件企业,构建完善的混合动力汽车产业链体系。依托节能汽车相关示范运营工程及国家、行业的宣传工作,提升混合动力汽车知名度与消费者接受度,加强企业合作,开发适合中国国情的48V汽车、混合动力整车产品等并推向市场,提升混合动力整车技术实力与市场表现。

(五)促进节能小型车发展

借鉴国际经验,通过研究制定并实施财税激励政策,推进乘用车向轻量化、小型化等方向发展。建议税费优惠政策范围以购置税减免为主要手段。借鉴我国针对新能源汽车颁布的《关于免征新能源汽车车辆购置税的公告》相关条款,给予节能环保小型车与新能源汽车同等的优惠待遇。针对满足一定的整备质量、轴距、节能效果、排放水平等条件的小型乘用车实施购置税优惠政策,根据节能环保度确定购置税减免力度(建议减免区间设置在10%~50%),以此引导和鼓励企业调整产品结构,向高效、低排、小型化方向发展。

(六)加快清洁能源汽车发展

推广清洁能源汽车应用,有助于"强化机动车尾气治理",有助于"生态环境保护治理"。李克强总理在《政府工作报告》中明确提出"鼓励使用清洁能源汽车"作为治理大气污染的重要举措之一。

1. 完善标准法规制定,创造良好外部环境

针对天然气汽车,适应新技术的标准法规严重滞后,需进一步补充完善。如缺乏针对"柴油/天然气双燃料发动机"的技术标准,特别是排放法规缺失,企业具备开发意愿,但无法取得产品公告;天然气气质组分差异大,严重影响发动机性能和燃气系统可靠性,当前标准指标范围过宽,对组分及热值范围未做控制等,导致标准实际执行效果较差。针对甲醇汽车,加

快制定甲醇汽车应用的政策和标准，结合当前我国的能源结构和市场情况，在甲醇替代方面跨出实质性的一步，推动甲醇汽车市场化运行。同时，根据甲醇汽车在各省市试点运营的经验，继续加快推动基础配套设施建设、制度建设、运行管理和相关应用安全评估，适时对全国放开甲醇汽车牌照。

2. 梳理行业政策阻碍，放宽监管优化机制

大力发展清洁能源汽车，需切实梳理影响行业发展的政策阻碍，寻求既有利于行业又能有效识别不良产品的监管机制。天然气车保有量不足燃油车的3%，而相关要求甚至比燃油车更高。例如，3.5吨以上的柴油车实行国Ⅳ排放标准，而天然气汽车需达到国Ⅴ标准；对于乘用车，按国Ⅴ标准要求，汽油/天然气两用燃料车在污染物控制装置耐久试验项目上仅做汽油即可，但根据环保部规定，在申报同车型两用燃料时还需重新进行该项试验；OEM原厂车在取得国家公告目录之前已进行非常完整的第三方检验，包括对气瓶、充气阀等零部件安装强度的试验等，但还需在质量技术监督部门获得气瓶监检证等。

（七）提升轻量化水平

加强汽车轻量化整车产品和关键零部件自主开发与生产能力，大幅提升我国汽车轻量化技术水平。重点攻关高强度钢、铝/镁合金、碳纤维复合材料等轻量化材料技术，包括材料性能开发、轻量化设计方法、成型技术、焊接工艺和测试评价方法。提高高强度钢和超高强度钢在车身结构参数优化设计中的应用比例，适量应用铝/镁合金及碳纤维增强复合材料；加强先进轻量化材料、加工设备和成型工艺技术应用，实现发动机产品零件轻量化。建立性能动态评估机制，对材料的强度、刚度、可加工性、耐腐蚀性、兼容性等各项指标进行合理评价，保证使用性能及安全。持续降低材料成本。

五　未来我国发展节能汽车的政策保障

（一）实施积分动态调节机制

加快建立乘用车双积分交易机制，尽快发布实施商用车积分管理办法，

例如尝试先行将皮卡车按照乘用车双积分进行管理。明确各项交易细则及办法，在推进新能源汽车快速发展的同时，进一步提升节能环保汽车发展速度，促使企业加速布局混合动力车型。乘用车方面，建议实施CAFC积分及NEV积分动态调节机制，根据技术先进度及发展阶段，对积分进行合理赋值，引导先进节能环保汽车与新能源汽车协同发展，共同提升我国汽车产业节能减排水平。商用车方面，建议同时启动相关动态调节机制研究，充分发挥积分管理办法对商用车节能减排的促进作用。

（二）调整汽车相关财税政策

随着汽车节能技术的发展，汽车排量与节能减排效果正相关性越来越弱，建议启动汽车税收优化调整工作。针对当前按发动机排量大小征收消费税的单一方式，综合考虑车型排量、能耗、排放、级别等多元因素，进一步细化消费税征收条件，适时调整征收机制。通过从实际能耗与排放角度出发，引导消费者更多选择节能环保车型，提升企业开发混合动力等节能环保车型内在动力，并不断提高节能技术水平，从而提升整体竞争力。同时，打通混合动力汽车、小型车等在购置税、车船税等方面的政策调整渠道，促进节能环保车型推广应用。

（三）建立企业交流合作平台

由行业机构牵头，搭建节能环保技术国内交流合作平台。通过建立合作平台，发挥政府与企业之间的纽带作用，真实反映、传达企业诉求；搜集分析行业信息，为政府部门制定政策提供信息支撑；定向收集汽车节能减排相关的法律法规、政策标准等信息，定期发布，实现信息共享；充分调配各方资源，积极创造出企业间多元化合作、技术协同开发、精益化和模块化生产等交流合作机会，鼓励企业联合研发节能减排技术，达到成果共享，实现多方共赢；积极发挥整车企业的引领和带动效应，利用整体优化的理念，从研发开始同供应商、客户、经销商实行网络化和数字化的业务交流与配合，充分发挥产业链间的潜在力量。

市场应用篇

B.2
国外节能汽车市场现状及发展趋势

摘　要： 基于不同国情，美国、日本及欧洲各国形成了各具特色的汽车节能技术发展路径。本文主要从美国、日本、欧洲乘用车市场基本情况、能耗水平以及最近技术动向三方面来探究国外节能汽车市场发展情况，并选取对应地区典型主流车企，对其主要节能技术应用现状及产品谱系进行归纳与总结。

关键词： 节能汽车　能耗水平　技术动向

一　国外节能汽车发展现状

（一）美国

1. 基本情况

2013～2017年，美国轻型汽车市场稳步增长，但在2017年出现下滑。

2017年，美国全年轻型汽车销量达到1724.0万辆，同比下滑1.7%，主要是受美国汽车金融市场的不乐观导致各大金融机构提高汽车贷款利率以及汽车行业竞争日益加剧等诸多不利因素影响。

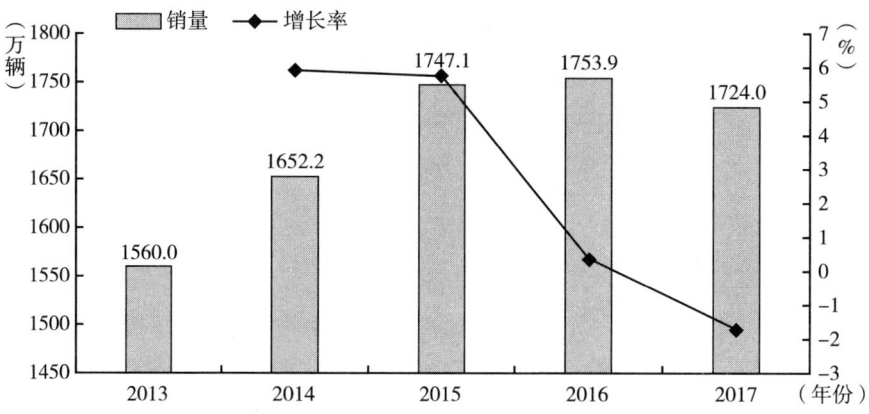

图1　2013～2017年美国轻型汽车销量及增长率

资料来源：Marklines。

在节能技术方面，由于美国消费者偏好大排量、大空间车型，以及相对低廉的油价，市场整体油耗偏高，未来节能技术发展具备较大空间。与此同时，为应对日益严峻的能源危机和环境危机，美国政府相继发布了日益严苛的油耗（CAFE）及排放法规（LEV Ⅲ），再加上对节能汽车和新能源汽车的一系列鼓励政策，使得美国各大车企纷纷转投并大力发展适应需求的汽车节能技术。截至目前，发动机增压直喷及小型化、多挡高效变速器、混合动力及替代燃料等技术在美国汽车市场均有较大规模应用，如美国已成为全球第二大混合动力汽车市场，同时车企正在加快混合动力车型的市场投放速度，别克君悦30H等车型更已实现同比35%左右的燃油经济性提升，着力打破日系车企一枝独秀的局面。

2.能耗水平

根据统计，2017年美国乘用车市场部分车型油耗相对偏高。其中，绝大部分车型综合油耗高于5.0L/100km的水平，极小部分混合动力及插混汽车油耗水平低于 5.0L/100km，平均整备质量约 1600kg。此外，美国柴油车综合油耗相较自吸式和增压式汽油车显著偏低。

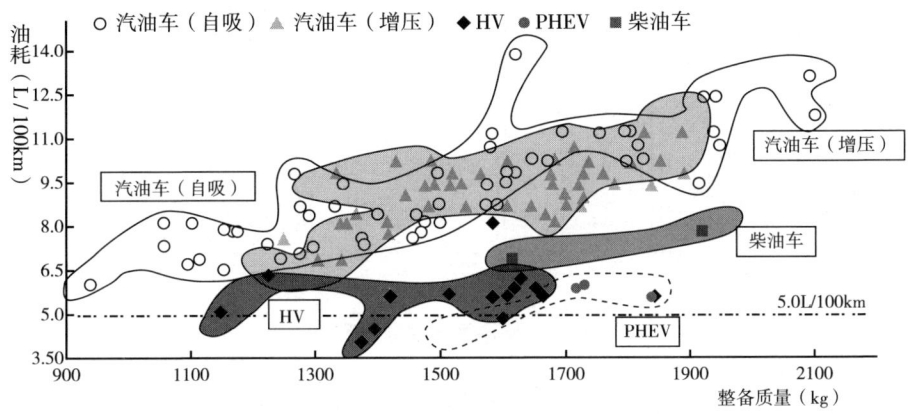

图 2　2017 年美国乘用车油耗分布

注：按北美综合油耗换算。

3. 最近技术动向

发动机方面，继续向增压直喷和小型化方向靠近，三缸小排量涡轮增压技术发展迅速；在变速器方面，博格华纳开发出了用于 HV 的变速驱动桥 P2 离轴模块，在实现 EV 驱动、启停系统、再生制动系统等各类混合动力功能的同时，还能减少 CO_2 排放量、提高输出功率密度；轻量化方面，高分子复合材料逐渐成为轻量化的重要材料，如帝斯曼 PA46 树脂高分子材料已成功用于福特 F150 和 Mustang 两款新车型的链条张紧器臂。

（二）日本

1. 基本情况

纵观 2017 年，日本汽车市场有所回暖，日本国内实现汽车销量 522.6 万辆。得益于较好的整体车市环境，日本特色 0.66L 以下排量 K-car 销量也触底反弹。2017 年 K-car 销量达到 184.3 万辆，同比增长 6.8%，市场占比也略微升高，达到 35.3%。其中，混合动力乘用车销量达到 138.5 万辆，市场占比达到 26.5%。

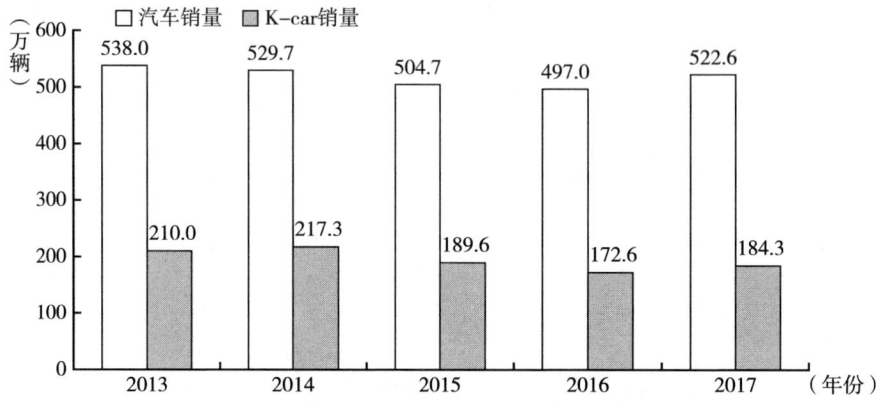

图 3　日本汽车销量统计

日本是世界第三大经济体，也是世界汽车生产、消费和出口大国，但国土面积较小，资源匮乏，石油供给严重依赖进口。这一基本国情使得日本对于汽车节能技术发展以及降低汽车油耗标值尤为重视。2012 年，日本经济产业省和国土交通省公布了新油耗标准方案，要求汽车厂商到 2020 年将汽车的油耗平均降低 24.1%，同时在等同于欧美的严格标准下，进一步节约能源和削减二氧化碳排放量。此外，日本国土交通省还出台一系列激励政策，油耗数值越低的环保车型，相应的减税额度就越大。日本城市化程度相对较高、城市道路狭窄且拥堵以及家用轿车年行驶里程较短等诸多因素共同导致低能耗小型车在日本车市的盛行。以混合动力汽车（HV）为例，2017 年日本国内汽车销量前十的车型中，排名第一的普锐斯和第三的 AQUA 就属于混合动力汽车。另外，日本也是全世界最大的混合动力乘用车市场。

表 1　2017 年日本国内汽车销量 TOP10

单位：台

排名	车型	品牌	销量
1	普锐斯	丰田	160912
2	Note	日产	138905
3	AQUA	丰田	131615

续表

排名	车型	品牌	销量
4	C-HR	丰田	117299
5	Freed	本田	104405
6	飞度	本田	97939
7	Sienta	丰田	96847
8	雅力士	丰田	90248
9	VOXY	丰田	86772
10	Serena	日产	84433

对日本汽车产业而言，从长远来看，油电混合动力汽车（HV）是具有较长生命周期的过渡产品，日本中期将大力发展插混式乘用车（PHEV）和纯电动汽车（EV），但是基于国内电力严重紧缺等问题，中远期燃料电池乘用车（FCV）才是日本汽车产业的发展目标。考虑到日本在新能源汽车开发领域的领先地位、日本经济水平和消费者需求趋势，以及 PHEV 乘用车和 EV 乘用车中期增长不足，预计日本新能源汽车的爆发式增长将发生在 2025~2035 年，HV 乘用车销量将在 2030 年左右达到峰值而后呈下降趋势。

2. 能耗水平

受益于合理的政策引导以及节能技术的不断升级，日本汽车产业整体能耗水平较高。从 2017 年乘用车油耗分布来看，油耗优良的车型以轻质量车型及混合动力为主，其中大部分混动车型已达到 2020 年油耗标准。

据统计，2016 年日本乘用车平均油耗已达到 4.46L/100km（JC08 工况），在 2000 年基础上同比下降 43.3%。

3. 技术动向

发动机方面，马自达自主开发了 SPCC（Spark Controlled Compression Ignition，点火控制式压燃）发动机，通过压燃式点火（CI）燃烧由火花点火（SI）进行控制的设想、实现 SI 的分层燃烧，最终使得燃油消耗性能在实际领域达到最新柴油机同等水平的性能。轻量化方面，丰田公司采用轻量化高强度的"超"高张力钢板，使得汽车基本骨架实现轻量化约 15%，此外，部分车企已开始采用底盘零部件和尾门的树脂化技术。变速箱方面，丰田研发的

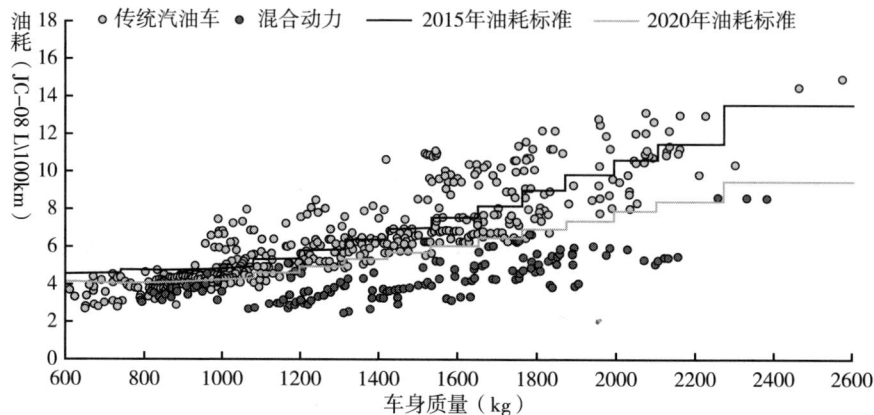

图4 2017年日本乘用车油耗分布

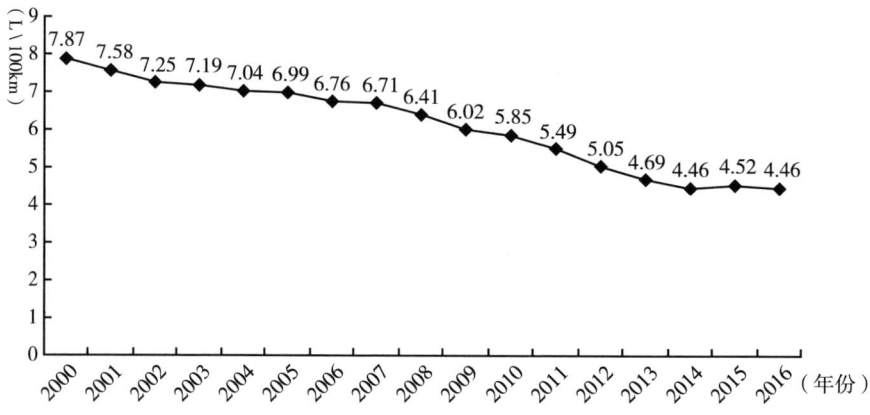

图5 2000~2016年日本乘用车平均油耗变化趋势

Direct Shift – CVT 无级变速箱比传统的 CVT 变速箱增加了一套 Launch Gear 起步齿轮组，实现了传动效率的提高和传动比增加15%；通过缩小钢带的角度和钢带小型化，使得换挡速度提升20%。这些都大幅改善了驾驶响应性。

（三）欧洲

1. 基本情况

据欧洲汽车商业协会（ACEA）统计，2017年欧洲汽车销量首次突破

1500 万辆，欧盟 28 国新车注册量达到 1563.2 万辆，同比增长 6.8%。2017 年欧洲车市销量上涨，一方面得益于欧元区经济指标好于预期进而产生了利好影响，另一方面得益于部分市场的增长较为强劲，其中就包括意大利和西班牙，目前这两大市场仍然处于从 2012 年至 2013 年欧债危机引发的经济衰退状态中复苏的阶段。

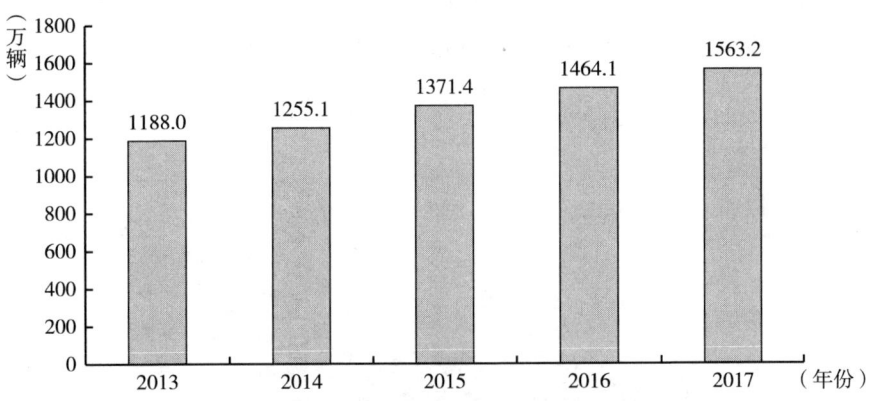

图 6　欧洲乘用车销量统计

欧洲是全球能源消费大区，除俄罗斯、中亚及北海地区外，其他国家普遍能源贫乏，油气产量少、自给率低。目前，欧洲主要经济体（德国、英国、法国、意大利、西班牙等）的原油对外依存度约 88%，因此欧洲节能技术开发推广起步早，对汽车能耗和排放问题也尤为重视。

2013 年欧盟通过排放标准新规，新的框架协议规定欧盟地区 2021 年开始新车平均排放不得高于 95 克/千米，换算成油耗为 4 升/千米，否则车企将面临巨额处罚。2017 年欧盟委员会进一步提议，到 2025 年碳排放量比 2021 年减少 15%，到 2030 年碳排放量比 2021 年减少 30%。面对如此严苛的能耗排放标准，欧洲各大车企相继加大对各种高效节能技术开发的投入。截至目前，欧洲在高燃油经济性的柴油机技术、多挡高端变速器、轻量化、电子电器技术等方面已处于全球领先水平。

未来，欧洲各国一方面将继续提高柴油车技术水平，在新型汽车节能技术上继续挖掘节能潜力；另一方面将进一步加大混合动力领域的研发投入，如德国五大汽车厂商共同开发的48V系统便是用于满足2021年95g排放标准的入门级混动系统。此外，积极发展可再生能源，特别是生物柴油也是促进节能减排的一项重要措施，现今德国已成为世界上最大的生物柴油生产和消费国。

2. 能耗水平

基于对欧洲典型乘用车性能参数的梳理可以发现，其能耗水平相对较高。其中，传动燃油车方面，近1/3的传统柴油车已经达到116g/km（约合5L/100km）水平，更有部分车型提前达到2021年限值要求；而传统汽油车达到116g/km排放标准的车型相对较少。

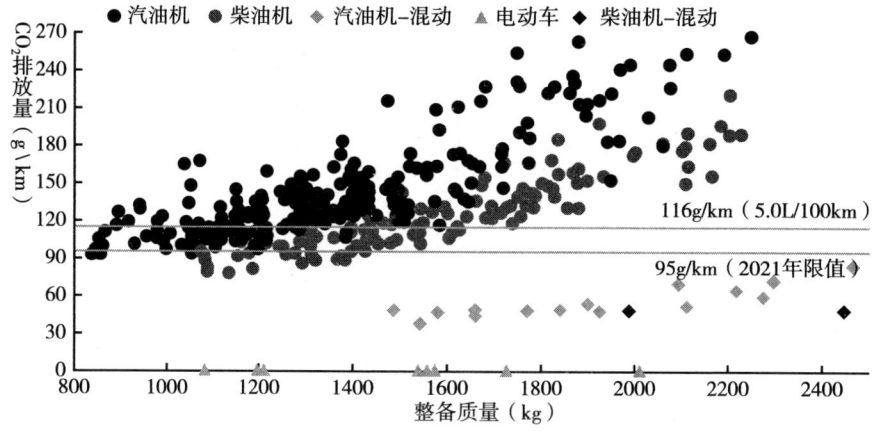

图7　2017年典型欧洲乘用车CO_2排放分布

3. 技术动向

英国IPTT公司和加拿大麦格纳国际最近共同开发了"UperGen"系统，是集成了"起动机、发电机、动力用电动机和电动增压器"的电子组件，具有12V电压驱动，能提高发动机相当于4~6kW的输出功率，可显著提高发动机的燃效且降低CO_2排放量。另外，舍弗勒公司新开发的"ECP"是电动控制的、可以从冷启动运行的连续可变气门正时机构，在提高燃油效率的同时，还可降低烃类尾气排放、提高驾驶性能。而CFRP作为最尖端的轻量化技术，近来也逐渐开始在欧洲市场布局，宝马i3、i8以及大众XL-1等部分车型已开始部署此项技术。

（四）小结

受政府一系列日益严苛的政策法规以及节能减排激励计划驱动，美国、欧洲各国、日本等汽车强国在节能技术发展上均取得了较大的进步。总体来说，各国乘用车企业近期仍以混合动力、高效变速器、轻量化、高效清洁柴油机技术以及电子电气技术为主，中期阶段将以插电混合动力技术为主，后期则主要致力于纯电动汽车和燃料电池汽车发展，最终实现汽车零排放。

二 主流车企节能技术应用现状及规划

在节能技术应用方面，各主要车企采用了不同的技术发展路径。本部分以丰田、奔驰及福特三家企业为代表，从其现有车型及预发布车型节能技术应用情况来分析各企业不同的技术应用现状及其规划。

（一）丰田汽车

丰田汽车的节能技术在全球具备领先优势，提高发动机热效率、多挡位AT、智能 E-CVT 及油电混合是应用较多的技术路线。在热效率方面，丰田 Dynamic 发动机达到 41%，处于全球顶尖水平；在混动系统方面，丰田已发布多款车型，并计划 2020 年以前全球销量突破 1500 万辆，其中 E-CVT 是专门为混动车型配备的动力分配机构；同时，丰田也积极研发多挡位 AT 变速箱，其 10AT 变速箱已搭载旗下雷克萨斯 LC 500h 油电混合车型。

表 2　丰田 2017~2018 年部分投放车型节能技术应用

车型	上市时间	车型类别	典型节能技术及参数
Avalon Hybrid	2018	HV	电动式无级变速器、混合动力系统为 THS Ⅱ
皇冠 Hybrid	2018	HV	电动无级变速器（多级混合动力变速器）、混合动力系统为 THS Ⅱ、V6 直喷汽油发动机（最大输出功率为 220kW/299ps，最大扭矩为 356Nm/36.3kgf-m，型号为 8GR-FXS）

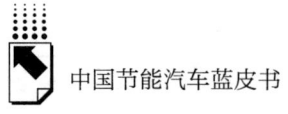

续表

车型	上市时间	车型类别	典型节能技术及参数
雷克萨斯LS500h	2017	HV	电动无级变速器（多级混合动力变速器）
凯美瑞Hybrid	2017	HV	电动无级变速器、混合动力系统为THS II、4缸直喷式汽油发动机（最大输出功率为131kW/178ps，最大扭矩为221Nm/22.5kgf-m，型号为A25A-FXS）
普锐斯PHV/Prime	2017	PHEV	电子无级变速器、采用双电机驱动系统

（二）梅赛德斯-奔驰汽车

奔驰目前应用较多的节能技术包括多挡位AT、48V系统及混动技术等。目前，奔驰新款S级（S-Class）车型采用了改款直列式六缸柴油和汽油发动机、全新的V8双涡轮增压汽油发动机和一系列全新的动力总成电气化技术，涉及48V系统、可提供轻混功能的启动发电一体机IGS、电动增压压缩机及升级版插电式混动车型；同时，旗下的C级、E级、S级和GLE的插混车型逐步替换第三代插电混动技术。

表3 梅赛德斯-奔驰2017～2018年部分投放车型节能技术应用

车型	上市时间	车型类别	典型节能技术及参数
S450/500k	2017	HV	9速AT(9G-TRONIC)、48V轻度混合动力系统、3.0升直列6缸电动增压直喷涡轮汽油发动机（最大输出功率为270kW/367hp、320kW/435hp，最大扭矩为500Nm/51.0kgf-m，型号为M256）、ISG(Integral Starter Generator)电机
C200	2018	HV	9速AT(9G-TRONIC)、48V轻度混合动力系统、1.5L(1,497cc)4缸涡轮汽油发动机（最大输出功率为135kW/184hp，最大扭矩为280Nm）、ISA(Integrated Starter Alternator)电机
E350e	2017	PHEV	9速AT(9G-TRONIC)、2.0L(1,991cc)4缸直喷涡轮汽油发动机（最大输出功率为155kW/211hp，最大扭矩为350Nm/35.7kgf-m）、交流同步电机
Concept IAA	2018	PHEV	电动无级变速器（多级混合动力变速器）、2台交流同步电机

(三)通用－福特汽车

美国车企对汽车节能技术的研发力度总体要小于日本和欧洲,主要专注于动力总成技术的持续优化升级和轻量化技术应用。在发动机方面,福特主要采取加强增压直喷机型应用比例和增压小型化、减少泵气和排气损失、精确热管理及电控策略等节能举措,其 EcoBoost 发动机融合了缸内直喷、可变凸轮轴正时及涡轮增压等三大燃油经济性及动力性技术;在轻量化领域,采用硼钢焊接到更轻薄的组件中,既保证了强度和硬度,也减轻了重量并提高了燃油经济性;福特与通用联合开发的 10R80 自动变速器成功搭载 2017 款福特 F－150 Raptor 猛禽,相比 2016 年款燃油经济性得到了明显提升,油耗降低了 5%～11%,福特计划将改型自动变速器应用在野马或 GT 车型上,争取在 2018 年实现 10 款以上车型的搭载。

表4 通用－福特 2017～2018 年部分投放车型节能技术应用

车型	上市时间	车型类别	典型节能技术或参数
别克君威 (Regal)	2017	HV	EVT 电控智能无级变速箱、1.8L(1,796cc)4 缸直喷汽油发动机 SIDI(最大输出功率为 94kW,最大扭矩为 175Nm)、2 台交流同步电机
凯迪拉克 XT5 28E	2017	HV	9 速 AT、轻度混合动力系统、电机(最大输出功率为 6.6kW,系统的最大输出功率为 198kW,最大扭矩为 400Nm)
凯迪拉克 CT6 Plug-In Hybrid	2017	PHV	EVT 变速器、2.0 升 4 缸直喷涡轮汽油发动机(最大输出功率为 203kW/276hp)、2 台三相永磁同步电机
别克 Velite 5	2017	PHEV	1.5 升 4 缸直喷汽油发动机(最大输出功率为 78kW/106hp,最大扭矩为 138Nm)、三相永磁同步电机
Mondeo Plug-in Hybrid	2018	PHEV	e－CVT(HF35、自产)、2.0 升 4 缸直喷汽油发动机(最大输出功率为 105kW,最大扭矩为 174.9Nm)、永磁同步电机

B.3
国内节能汽车市场现状及发展趋势

摘　要： 在2017年宏观经济形势表现较好的基础上，我国乘用车市场表现总体趋势向好，但受购置优惠政策调整的影响，产销增速较2016年均有大幅下降。本文从我国乘用车市场的市场结构、排量分布、整体能耗水平、节能技术应用情况等维度展开研究，揭示我国节能汽车市场与技术发展现状，并在此基础上探索我国节能车市场未来的发展趋势。

关键词： 中国　乘用车　节能技术

一　我国汽车市场发展现状

2017年，在国内整体经济形势稳中向好的宏观背景下，我国汽车产业保持较好的增长势头，汽车产销量再创历史新高，分别达到2901.54万辆和2887.89万辆，同比增长3.2%和3.0%，连续9年位居全球第一。

我国乘用车产销量在2017年分别达到2480.67万辆和2471.83万辆，较2016年均有微量增长。但受购置税优惠幅度减小、乘用车市场在2016年的提前透支以及新能源汽车政策的调整，2017年我国汽车产销增速均出现大幅回落，较上年同期增幅分别降低了12.4个百分点和10.7个百分点。

2017年，商用车在货车增长拉动下，产销量再次回到400万辆以上水平，较2016年分别增长了13.81%和13.95%，较上年同期增幅分别提高了5.8个百分点和8.15个百分点。此外，得益于商用车产销量的快速增长，

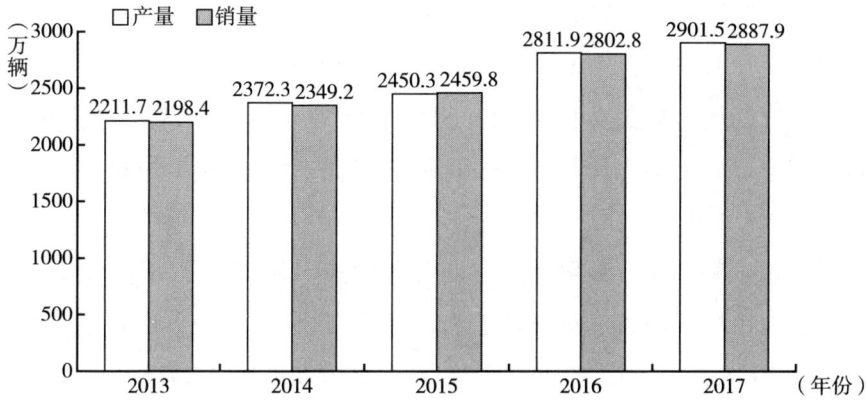

图1 我国汽车产销量变化情况

2017年商用车产销占比分别为14.51%和14.41%，较上年均提高了约1.5个百分点。

表1 我国汽车产销数据

单位：万辆

年份	产量			销量		
	汽车	乘用车	商用车	汽车	乘用车	商用车
2013	2211.68	1808.52	403.16	2198.41	1792.89	405.52
2014	2372.29	1991.98	380.31	2349.19	1970.06	379.13
2015	2450.33	2107.94	342.39	2459.76	2114.63	345.13
2016	2811.88	2442.07	369.81	2802.82	2437.69	365.13
2017	2901.54	2480.67	420.87	2887.89	2471.83	416.06

资料来源：中国汽车工业协会。

（一）乘用车市场

1. 车辆类型

2017年，MPV与交叉型乘用车市场销量占比持续走低，从2013年市场占比为16.34%降至10.59%。同期，轿车和SUV作为市场主流车型，市场销量占比持续提升，从2013年市场占比为83.66%增至88.41%。

对于轿车而言，近几年轿车销量一直在1200万辆左右波动。2017年，由于受购置税优惠幅度减小的影响，轿车销量为1184.86万辆，与上年相比降低了2.48%，且轿车销量市场占比持续降低，从2013年的66.99%降至2017年的47.93%。

SUV由于装载能力强以及适应路况等优点，与其他众多车型相比，市场销量与占比均呈现持续增长的态势。2017年SUV销量首次超过1000万辆，达到1025.27万辆，同比增长13.33%；市场占比从2013年的16.67%增至2017年的41.48%。

2017年MPV的市场销量为207.12万辆，在其主流车型未进行改款或换代、SUV的竞争以及购置税优惠退坡等方面的影响下，近年来其销量首次出现负增长，与同期相比销量降低了17.07个百分点；市场占比也首次出现萎缩，仅为8.38%，较2016年降低了3.43个百分点。

汽车消费者对乘用车的要求提高，而交叉型乘用车无法找到脱颖而出的突破口，因此交叉型乘用车近年来的市场表现持续低迷，销量与占比逐年下降。2017年我国交叉型乘用车销量仅为54.58万辆，同比下降20.15%；市场占比为2.21%，较上年降低了0.59个百分点。

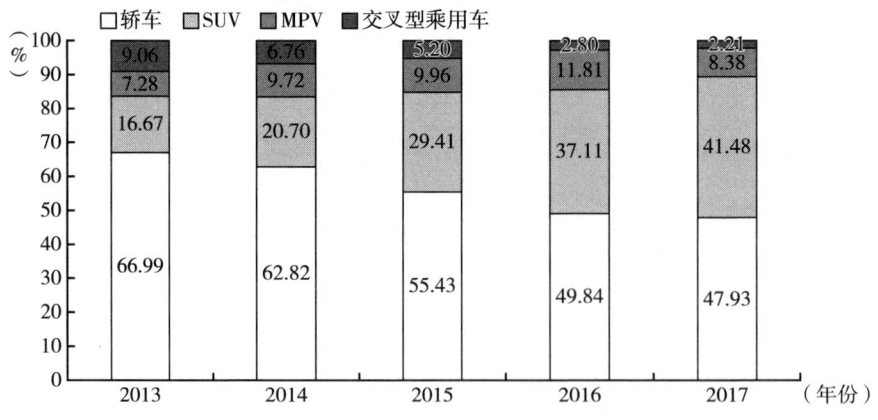

图2 我国乘用车分车型销量占比

表2 我国乘用车分车型销量

单位：万辆

车型	2013年	2014年	2015年	2016年	2017年
轿车	1200.97	1237.67	1172.07	1214.99	1184.86
SUV	298.88	407.79	622.03	904.70	1025.27
MPV	130.52	191.43	210.67	249.65	207.12
交叉型乘用车	162.52	133.17	109.91	68.35	54.58

资料来源：中国汽车工业协会。

2. 排量结构

2013~2017年，市场排量结构布局仍保持"中间大，两头小"的发展趋势。1.2L及以下低排量和2.0L以上高排量狭义乘用车销量市场占比相对较小，近几年低于10%。

2017年，我国（1.2L，1.6L）排量狭义乘用车销量达到1540.6万辆，较上年同期降低了3.18%；市场销售占比为66.9%，较2016年降低了3.37个百分点。（1.6L，2.0L）排量狭义乘用车市场规模仅次于（1.4L，1.6L），2017年销售量达到594.7万辆，与2016年同期基本持平；市场销售占比为25.82%，较2016年同期增长约1.31个百分点。

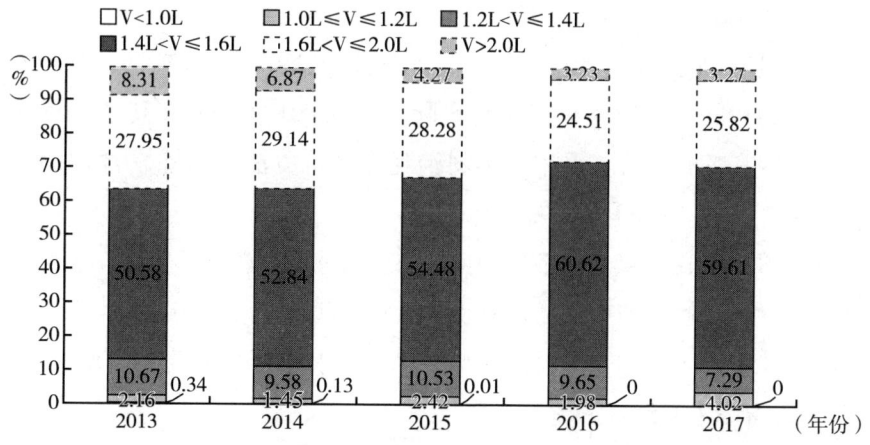

图3 我国狭义乘用车分排量销量占比

表3 我国狭义乘用车分排量销量

单位：万辆

排量	2013年	2014年	2015年	2016年	2017年
V≤1.0L	5.5	2.4	0.2	0.1	0.1
1.0L<V≤1.2L	35.2	26.5	46.2	44.8	92.5
1.2L<V≤1.4L	173.8	175.6	201.1	218.6	167.8
1.4L<V≤1.6L	824.2	969.0	1040.4	1372.7	1372.8
1.6L<V≤2.0L	455.4	534.4	540.1	555.0	594.7
V>2.0L	135.5	126.0	81.6	73.1	75.2

资料来源：Marklines。

3. 整体能耗水平

继国家发改委发布《新能源汽车碳配额管理办法》之后，工信部也推进了企业平均燃料消耗量与新能源汽车积分之间的"并行"管理机制。在这样的背景下，各大整车厂相继投入更多的研发资金、制定适合自身的技术路线，改进现有产品的油耗状况。

2017年我国乘用车企业平均油耗同比下降6.05%，较上年同期降幅明显收窄。中国境内130家乘用车企业共生产/进口乘用车2469.29万辆（含新能源乘用车，不含出口乘用车），行业平均整车整备质量为1438kg，平均燃料消耗量实际值为6.05L/100km。

101家境内乘用车生产企业累计生产乘用车2367.46万辆，平均整车整备质量为1419kg，平均燃料消耗量实际值为6.00L/100km。其中，62家企业平均燃料消耗量达到《乘用车燃料消耗量评价方法及指标》规定的2017年度目标值要求，有39家没有达标。

29家进口乘用车供应企业进口乘用车101.83万辆，平均整车整备质量为1875kg，平均燃料消耗量实际值为7.13L/100km。其中12家，企业平均燃料消耗量达到《乘用车燃料消耗量评价方法及指标》规定的2017年度目标值要求，有17家没有达标。

按照此前工信部制定的油耗达标值，从2015年到2020年，车企每年要依次实现的平均油耗目标分别为6.9L/100km、6.7L/100km、6.4L/100km、

6L/100km、5.5L/100km 和 5L/100km。当前汽车企业主要通过三种技术路径降低平均油耗——发动机小型化以及新能源汽车或混合动力技术。2017年，国产和进口乘用车企业虽然平均能耗较同期显著降低，但同期降幅均明显收窄。在汽车工业节能减排的发展大趋势下，国家针对汽车平均能耗提出的要求更为严苛，使得我国乘用车企业达标率在近两年持续回落。而在2020年后新能源汽车核算优惠取消，燃油汽车将面临更大的节能压力，因此大范围普及应用先进节能技术势在必行。

表4 我国乘用车企业平均燃油消耗量及达标情况对比

项目	年份	平均整备质量（kg）	同比降幅（％）	平均能耗（L/100km）	同比降幅（％）	达标企业数（家）	未达标企业数（家）	达标率（％）
国产	2013	1327	—	7.23	—	58	27	68.27
	2014	1340	-0.98	7.12	1.52	61	27	69.32
	2015	1364	-1.79	6.98	1.97	67	23	74.44
	2016	1392	-2.05	6.39	8.45	68	28	70.83
	2017	1419	-1.94	6.00	6.10	62	39	61.39
进口	2013	1729	—	9.06	—	13	13	50.00
	2014	1828	-2.00	8.76	3.31	17	11	60.71
	2015	1826	0.11	8.33	4.91	18	9	66.67
	2016	1875	-2.68	7.52	9.72	12	16	42.86
	2017	1875	0.00	7.13	5.19	12	17	41.38
合计	2013	1355	—	7.33	—	71	40	63.96
	2014	1371	-1.18	7.22	1.5	78	38	67.24
	2015	1385	-1.02	7.04	2.49	85	32	72.65
	2016	1410	-1.81	6.43	8.66	80	44	70.97
	2017	1438	-1.99	6.05	5.91	74	56	56.92

资料来源：工业和信息化部。

4. 节能技术应用效果

通过对2017年工信部公告目录中国产乘用车的各项性能参数进行整理分析，得出以下结论。

（1）国内乘用车中满足第四阶段油耗法规限值的车型相对较少，但相比2016年，部分车型更加接近油耗限值线；

（2）传统燃油车占据乘用车市场主导地位，柴油车型主要集中在SUV、MPV等领域；

（3）混合动力与插电混动车型数量较少，基本均达到四阶段油耗法规，且部分车型远低于油耗限值线。

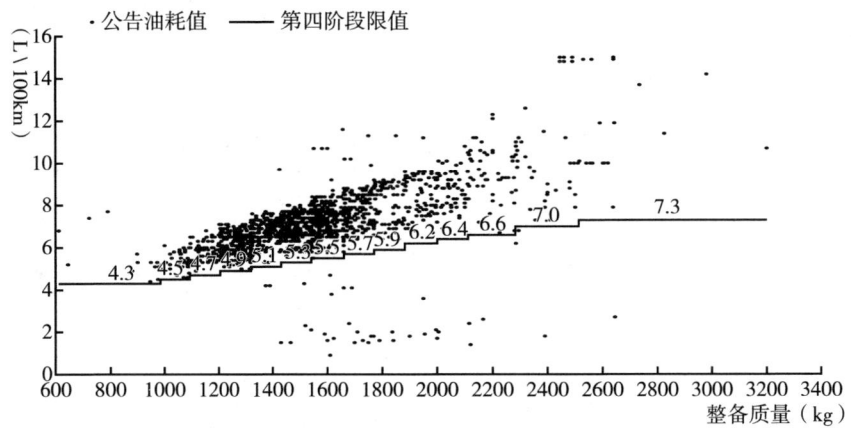

图4 2017年公告目录车型油耗分布情况

（二）节能汽车市场

我国从2010年起开始对排量在1.6L及以下的乘用车实行惠民补贴政策，因此本文定义排量在1.6L及以下的乘用车为节能乘用车，则可从乘用车市场产销数据中统计节能汽车的各项参数，并与往年产销数据对比得出相应的结论。

1. 排量分布

总体而言，节能汽车市场中排量越大的车型，其销售市场份额占比越大。

2017年，（1.4L，1.6L］排量乘用车共计实现销量1372.8万辆，与2016年同期销量基本持平；市场销量占比达到84.1%，在节能汽车市场中占比最大，较2016年上升了0.2个百分点。

（1.2L，1.4L］排量车型市场份额进一步减小，市场销量占比仅为10.28%，较2016年降低了3.08个百分点。而（1.0L，1.2L］排量车型销量占比有明显提高，达到了4.56%，较2016年增加了2.41个百分点。排量在1.0L及以下的节能汽车市场销量占比最小，保持在1%左右。

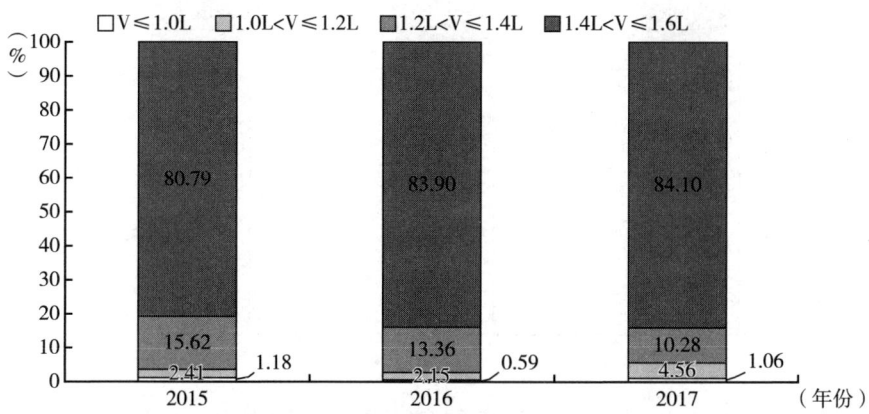

图5　我国节能乘用车分排量销量占比

表5　我国节能乘用车分排量销量

单位：万辆

排量	2015年销量	2016年销量	2017年销量
V≤1.0L	15.2	9.7	17.3
1.0L＜V≤1.2L	31.1	35.2	74.5
1.2L＜V≤1.4L	201.1	218.6	167.8
1.4L＜V≤1.6L	1040.4	1372.7	1372.8

2. 车辆类型

总体而言，轿车在节能汽车市场中销量占比最大，其次是SUV，MPV销量占比最小。轿车市场销量占比逐年减小，而SUV市场份额逐年增加。

2017年，轿车共计销售913.2万辆，相比2016年减少了58.3万辆；市场销量占比为54.34%，较2016年下降了5.04个百分点。SUV销量则呈现明显的增长趋势，2017年共计销售602.3万辆，相比2016年增加了140.2万辆；市场销量占比则从2016年的28.24%提升至35.84%。2017年MPV共计销售164.9万辆，销量和市场销量占比分别下降了37.6万辆和2.57个百分点。

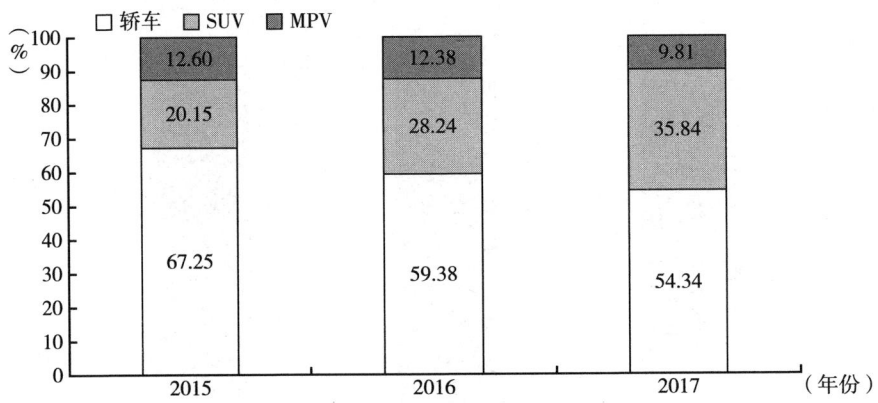

图6　我国节能乘用车分车型销量占比

表6　我国节能乘用车分车型销量

单位：万辆

车型	2015年销量	2016年销量	2017年销量
轿车	866.1	971.5	913.2
SUV	259.5	462.1	602.3
MPV	162.3	202.5	164.9

3. 轿车类型

总体而言，我国节能轿车市场销量占比主要集中在紧凑型轿车，近80%，2017年销量为722.6万辆，较2016年下降了50.8万辆，市场销量占比下降1.79个百分点。由于节能轿车往大排量方向发展以及整备质量的逐年提高，微型轿车和小型轿车的销量和市场销量占比均逐年下降，而中型轿车的销量和市场销量占比逐年上升。

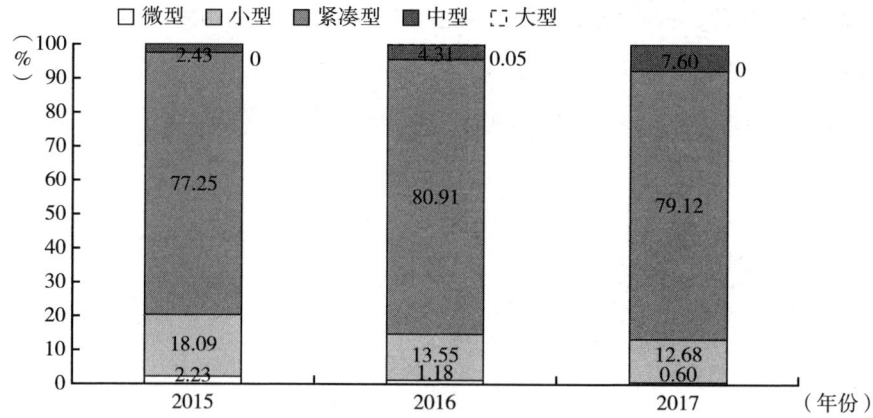

图 7　我国节能轿车分级别销量占比

表 7　我国节能轿车分级别销量

单位：万辆

级别	2015年销量	2016年销量	2017年销量
微型	19.1	11.3	5.5
小型	154.7	129.5	115.8
紧凑型	660.8	773.4	722.6
中型	20.8	41.2	69.4
大型	0	0.5	0

二　我国节能汽车发展趋势

从近两年我国汽车市场及节能技术应用情况来看，乘用车节能技术发展大趋势基本保持，商用车节能减排技术将加速应用。

在2020年前，传统燃油汽车仍将占据汽车市场主流地位。传统动力传动总成的升级优化仍是节能技术发展的重点领域，主要通过涡轮增压直喷、可变气门系统、高效多挡自动变速器等来实现，同时空气动力学优化、轻量化、智能化等技术都将在商用车上得到快速应用。

2025年左右，我国汽车市场则将呈现多元化发展态势，纯电动、插电式混合动力、混合动力、替代燃料、传统燃油车升级优化（先进电子电器应用比例不断提升）并将占据一定市场份额，共同推动汽车工业低碳化目标的达成。

政策法规篇

B.4 国外商用车政策法规跟踪研究

摘 要： 美国、日本、欧洲等汽车工业强国不仅在乘用车领域高度重视节能技术的发展，在商用车领域同样构建了较为完善的排放、油耗等强制性法规标准，以此来推进汽车工业节能减排和可持续发展。本文通过对国外商用车排放、油耗法规及其部分测试方法的分析，为我国未来相关政策法规的制定提供参考借鉴。

关键词： 政策法规　美国　欧洲　日本

一　商用车排放法规

（一）美国重型车排放法规

美国针对排放标准的研究开展得很早。早在1851年，芝加哥和辛辛那提市就开始了进行保护空气质量的立法尝试。联邦层次的立法,经过从1955年的《空气污染控制法》到1963年的《清洁空气法》、1967年的《空气质量控制法》,再到1970年的《清洁空气法》以及后来的1977年修正案、1990年修正案等多次修正而逐步完善,建立起了一个完整的法律规范体系。经过半个世纪的不断修改完善,美国的清洁空气法确立了一系列行之有效的原则。

据此建立的排放法规大致分为:美国联邦政府法规及加州排放法规。美国联邦政府法规由美国环境保护署EPA制定,而加州具有制定排放法规的特权,通常加州法规会比EPA法规加严2~3年。其他各州可以选择遵守美国环境保护署EPA的法规或者加州法规。

1970年美国首次制定重型卡车和公共汽车烟度排放标准,1985年EPA又颁布了重型车用柴油机的排放标准,2000年EPA签署了2007年及以后重型车用发动机的排放标准。

1. 美国重型车定义

美国重型车定义为车总重(GVW)大于8500lb(3855.5kg)。1995年以后,美国加利福尼亚州将重型车定义为车总重(GVW)大于14000lb(6350.3kg)。用于重型车的发动机根据GVW进一步划分为:

(1) 轻载重型柴油机LHDDE:8500lb(3855.5kg)＜LHDDE＜19500 lb(8845.0kg),加利福尼亚:14000 lb(6350.3kg)＜LHDDE＜19500 lb(8845.0kg)。

(2) 中载重型柴油机MHDDE:19500lb(8845.0kg)≤MHDDE≤33000 lb(14968.4kg)。

(3) 重载重型柴油机HHDDE(包括城市客车):HHDDE＞33000 lb(14968.4kg)。

2. 美国重型车排放法规

(1) 1988~2003年美国中重型商用车排放标准

1988~2003年美国环保署(EPA)和1987~2003年美国加利福尼亚州空气资源委员会(ARB)的重型柴油卡车和客车排放标准分别如表1、表2所示。1994年以后,美国燃料油中的硫含量降低到500ppm(wt)。

表1 美国环保署（EPA）的重型柴油机排放标准

单位：g/bhp·hr

年份	HC	CO	NOₓ	PM
重型柴油卡车用发动机				
1988	1.3	15.5	10.7	0.6
1990	1.3	15.5	6	0.6
1991	1.3	15.5	5	0.25
1994	1.3	15.5	5	0.1
1998	1.3	15.5	4	0.1
2004	1.3	5.5	2	0.1
城市客车用发动机				
1991	1.3	15.5	5	0.25
1993	1.3	15.5	5	0.1
1994	1.3	15.5	5	0.07
1996	1.3	15.5	5	0.05*
1998	1.3	15.5	4	0.05*
2004	1.3	15.5	2	0.05*

注："*"对应在用车PM标准为0.07。

表2 美国加利福尼亚的重型柴油机排放标准

单位：g/bhp·hr

年份	NMHC	THC	CO	NOₓ	PM
重型柴油卡车用发动机					
1987	—	1.3	15.5	6	0.6
1991	1.2	1.3	15.5	5	0.25
1994	1.2	1.3	15.5	5	0.1
城市客车用发动机					
1991	1.2	1.3	15.5	5	0.1
1994	1.2	1.3	15.5	5	0.07
1996	1.2	1.3	15.5	4	0.05

补充法令规定，排放法规还要求发动机必须具备如下质量保证期（美国和加利福尼亚）：

①LHDDE——8年/110000mi（177027km）（以先到为准，下同）；

②MHDDE——8年 185000mi（297728km）；

③HHDDE——8年/290000mi（466709km）。

由于1994年开始城市客车PM排放标准加严，1998年开始NO_X标准加严，有效寿命提高到10年，有效行驶里程保持不变。

排放保证期为5年/100000mi（1609345km）；加利福尼亚为5年/100000mi（1609345km）/3000小时，但是不低于该发动机的机械部分质量保证期。

（2）2004年及以后排放法规

1997年10月，EPA制定了新的重型柴油卡车和客车用发动机排放标准，并定于2004年及以后实施。这一标准反映了EPA、加利福尼亚ARB和重型发动机制造商于1995年签署的联合协议的内容。协议的目的是从2004年开始，将公路用重型柴油机的氮氧化物（NO_X）排放降低到2.0g/bhp·h。发动机制造商可以两种方式来认证其发动机产品，如表3所示。

除了NMHC和NO_X外，所有其他排放限值继续执行1998年及其以后的标准。EPA重新修订了发动机质量保证期指标，明显提高了发动机有效寿命标准，如下：

①LHDDE——110000mi（177027km）/10年；

②MHDDE——185000mi（297728km）/10年；

③HHDDE——435000mi（700063）km/10年/22000小时；

④排放保证期继续维持在5年/100000mi（1609345km）。

表3 美国EPA 2004年及以后重型柴油机排放标准

单位：g/bhp·hr

方式	NMHC + NO_X	NMHC
1	2.4	n/a
2	2.5	0.5

美国联邦的 2004 年排放标准与美国加利福尼亚标准一致，目的是使发动机制造商在两个市场上应用同一个发动机设计。但是，对于 2005～2007 年的发动机认证，加利福尼亚当局要求达到 SET 测试和 1.25×FTP 的 NTE 限值标准。同时，加利福尼亚对 2004～2006 年度的市内公共交通用客车采用更严格的法规标准。

1998 年，美国环保署、法院、加利福尼亚 ARB 和发动机制造商［卡特彼勒、康明斯、底特律柴油机、沃尔沃、麦克货车/雷诺和航星国际公司（Navistar International Corporation）］之间达成一个协议，协议内容是有关重型柴油机在一定工作状态下产生高氮氧化物（NO_x）的问题。从 20 世纪 90 年代初期开始，发动机制造商采用一种发动机控制软件，当汽车在公路上稳定匀速行驶时，这种软件使得发动机处于一种燃效更高（但是 NO_x 排放也更高）的工作状态。EPA 认为这种发动机控制策略是一种非法的"排放欺骗装置"。

补充法令规定：

①对发动机制造商进行民事处罚并要求为污染研究提供资金；

②需要升级现有发动机来降低 NO_x 污染；

③追加排放测试（稳态），符合 FTP 限值和 1.25×FTP 的 NTE 限值（Navistar 除外）；

④到 2002 年 10 月需满足 2004 年排放标准（提前 15 个月）。

（3）2007 年及以后排放法规

2000 年 11 月 21 日，美国环保署出台了 2007 年及以后的美国重型柴油机排放法规标准（加利福尼亚 ARB 实际上从 2001 年 10 月开始已经实行与 2007 年美国排放标准相当的标准）。这一法规包括两部分：排放标准和柴油燃料规定。

①排放标准

这一部分包括新的、更加严格的排放标准限值，如表 4 所示。

除了瞬态 FTP 测试，排放认证还包括：

SET 测试：其限值等于 FTP 标准；

NTE 测试：对于 NO_X "族排放限值（FEL）" 低于 1.5g/bhp·hr 水平的发动机，限值为 1.5 倍 FTP 标准；或者对于 NO_X "族排放限值（FEL）" 高于 1.5g/bhp·hr 水平的发动机，限值为 1.25 倍 FTP 标准。

表4　美国环保署 EPA 2007 年及以后重型柴油机排放标准

单位：g/bhp·hr

PM	NO_X	NMHC
0.01	0.2 （族排放限值 1.2~1.5）	0.14

注：表中颗粒排放标准从 2007 年开始全部生效。柴油机的氮氧化物（NO_X）和非甲烷烃（NMHC）排放标准将在 2007~2010 年期间分阶段实施，分段实施将根据销量的百分比：从 2007 年的 50% 达标到 2010 年的 100% 达标。

从 2007 年开始生效的这项法规仍然维持了原来曲轴箱污染物排放的规定，涡轮增压柴油机没有曲轴箱污染物排放限值，但是，在全部的测试过程中，如果曲轴箱有污染物排放到大气中，这些污染物将被计入发动机排放值之中。在这种情况下，曲轴箱排放物的影响也成为发动机排放达标的一个因素。

②柴油燃料规定

柴油燃料的法规限制燃料中的硫含量，公路行驶车辆用油的硫含量从以前的 500ppm 降低到 15ppm（wt.）。炼油厂被要求从 2006 年 6 月 1 日开始生产硫含量为 15ppm 的燃料。到 2006 年 7 月 15 日，炼油厂所销售的公路车用低硫柴油硫含量必须低于 15ppm。对于柴油零售商和批发商而言，公路车用低硫柴油的硫含量必须从 2006 年 9 月 1 日开始低于 15ppm。炼油厂也可以选择一个临时措施，可以在 2009 年 12 月 31 日以前继续生产硫含量 500ppm 的柴油，但其产量不高于总产量的 20%。

超低硫柴油燃料已经被引入市场来为高科技尾气处理装置铺平道路，原来一些不兼容硫的排放处理技术，如柴油颗粒过滤器 DPF 和 NO_X 催化转换器（NO_X catalysts），因为超低硫柴油燃料的引入，业已成为柴油机满足 2007 年排放法规所必需的装置。

(4) 2010 年及以后排放法规

美国环保署在出台了 EPA2007 重型柴油机排放标准后，紧接着就发布并出台了 EPA2010 标准，两者基于同一个框架，所以，除了 NO_X 排放限值正式实施 0.2g/bhp·hr（0.27g/kWh），而停止采用族排放限值 1.2~1.5g/bhp·hr（1.61~2.01g/kWh）标准外，其余的指标与测试条件与 EPA2007 完全一样。EPA2010 标准的执行时间是从 2010 年 1 月 1 日正式开始。

2015 年 3 月 1 日，美国环境保护署（EPA）和国家公路交通安全管理局（NHTSA）联合实施的"国家重型车排放管理计划"进入第二阶段。这项计划旨在提高美国重型卡车燃油经济性、降低温室气体排放量。当第二阶段结束时，重卡燃油消耗量要比 2010 年低 40%，这一目标计划在 2018 年之前完成。

2016 年 8 月 16 日，美国交通运输部（DOT）下属的国家公路交通安全管理局（NHTSA）与美国环境保护署（EPA）联合发布了针对中、重型卡车及客车的"燃油效率和温室气体排放"第二阶段标准，制定了到 2027 年实现减少二氧化碳排放 11 亿吨的目标。

（二）欧洲商用车排放法规

欧洲汽车废气排放标准是欧盟国家为限制汽车废气排放污染物对环境造成的危害而共同采用的汽车废气排放标准。当前对几乎所有类型的车辆排放的氮氧化物（NO_X）、碳氢化合物（HC）、一氧化碳（CO）和悬浮粒子（Particulate Matter，PM）都有限制。对每一种车辆类型，汽车废气排放标准有所不同。欧洲标准是由欧洲经济委员会（ECE）的汽车废气排放法规和欧盟（EU）的汽车废气排放指令共同组成而加以实现的。

欧盟自 1988 年以 88/77/EI-C 指令控制柴油车排气污染物，分阶段实施欧Ⅰ和欧Ⅱ标准。2000 年开始分阶段实施欧Ⅲ、欧Ⅳ、欧Ⅴ和 EEV 阶段排放限制。

表5 轻型商用车的欧洲汽车排放标准

单位：g/km

标准等级	开始实施日期	CO	THC	NMHC	NOₓ	HC+NOₓ	PM	P***
轻型商用车(light commercial vehicles) x≤1305kg 的欧洲汽车废气排放标准(类别 N1-I)							
柴油							
欧盟一期	1994年10月	2.72	—	—	—	0.97	0.14	—
欧盟二期	1998年1月	1.0	—	—	—	0.7	0.08	—
欧盟三期	2000年1月	0.64	—	—	0.50	0.56	0.05	—
欧盟四期	2005年1月	0.50	—	—	0.25	0.30	0.025	—
欧盟五期a	2009年9月	0.500	—	—	0.180	0.230	0.005	—
欧盟五期b	2011年9月	0.500	—	—	0.180	0.230	0.005	6×10¹¹
欧盟六期	2014年9月	0.500	—	—	0.080	0.170	0.005	6×10¹¹
汽油							
欧盟一期	1994年10月	2.72	—	—	—	0.97	—	—
欧盟二期	1998年1月	2.2	—	—	—	0.5	—	—
欧盟三期	2000年1月	2.3	0.20	—	0.15	—	—	—
欧盟四期	2005年1月	1.0	0.10	—	0.08	—	—	—
欧盟五期	2009年9月	1.000	0.100	0.068	0.060	—	0.005*	—
欧盟六期	2014年9月	1.000	0.100	0.068	0.060	—	0.005*	6×10¹¹
轻型商用车(light commercial vehicles) 1305kg<x≤1760kg 的欧洲汽车废气排放标准(类别 N1-II)							
标准等级	开始实施日期	CO	THC	NMHC	NOₓ	HC+NOₓ	PM	P***
柴油							
欧盟一期	1994年10月	5.17	—	—	—	1.4	0.19	—
欧盟二期	1998年1月	1.25	—	—	—	1.0	0.12	—
欧盟三期	2001年1月	0.80	—	—	0.65	0.72	0.07	—
欧盟四期	2006年1月	0.63	—	—	0.33	0.39	0.04	—
欧盟五期a	2011年9月	0.630	—	—	0.235	0.295	0.005	—
欧盟五期b	2010年9月	0.630	—	—	0.235	0.295	0.005	6×10¹¹
欧盟六期	2015年9月	0.630	—	—	0.105	0.195	0.005	6×10¹¹
汽油							
欧盟一期	1994年10月	5.17	—	—	—	1.4	—	—
欧盟二期	1998年1月	4.0	—	—	—	0.6	—	—
欧盟三期	2001年1月	4.17	0.25	—	0.18	—	—	—
欧盟四期	2006年1月	1.81	0.13	—	0.10	—	—	—
欧盟五期	2010年9月	1.810	0.130	0.090	0.075	—	0.005*	—
欧盟六期	2015年9月	1.810	0.130	0.090	0.075	—	0.005*	6×10¹¹

续表

标准等级	开始实施日期	CO	THC	NMHC	NO_X	$HC+NO_X$	PM	P***
轻型商用车(light commercial vehicles)1760kg＜x≤3500kg 的欧洲汽车废气排放标准(类别 N1-III&N2)								
标准等级	开始实施日期	CO	THC	NMHC	NO_X	$HC+NO_X$	PM	P***
柴油								
欧盟一期	1994年10月	6.9	—	—	—	1.7	0.25	—
欧盟二期	1998年1月	1.5	—	—	—	1.2	0.17	—
欧盟三期	2001年1月	0.95	—	—	0.78	0.86	0.10	—
欧盟四期	2006年1月	0.74	—	—	0.39	0.46	0.06	—
欧盟五期 a	2010年9月	0.740	—	—	0.280	0.350	0.005	—
欧盟五期 b	2011年9月	0.740	—	—	0.280	0.350	0.005	6×10^{11}
欧盟六期	2015年9月	0.740	—	—	0.125	0.215	0.005	6×10^{11}
汽油								
欧盟一期	1994年10月	6.9	—	—	—	1.7	—	—
欧盟二期	1998年1月	5.0	—	—	—	0.7	—	—
欧盟三期	2001年1月	5.22	0.29	—	0.21	—	—	—
欧盟四期	2006年1月	2.27	0.16	—	0.11	—	—	—
欧盟五期	2010年9月	2.270	0.160	0.108	0.082	—	0.005*	—
欧盟六期	2015年9月	2.270	0.160	0.108	0.082	—	0.005*	6×10^{11}

注:"＊"仅适用于使用直喷发动机的车辆。

表6 卡车和公共汽车的欧洲汽车排放标准

单位: g/kWh, m

重型柴油发动机(HD Diesel Engines)的欧洲汽车废气排放标准						
标准等级	开始实施日期	Emission test cycle	CO	HC	NO_X	PM	烟雾
欧盟一期	1992年,＜85kW	ECE R-49	4.5	1.1	8.0	0.612	
	1992年,＞85kW		4.5	1.1	8.0	0.36	
欧盟二期	1996年10月		4.0	1.1	7.0	0.25	
	1998年10月		4.0	1.1	7.0	0.15	
欧盟三期	1999年10月 EEVs only	ESC & ELR	1.0	0.25	2.0	0.02	0.15
	2000年10月	ESC & ELR	2.1	0.66	5.0	0.10 / 0.13*	0.8
欧盟四期	2005年10月		1.5	0.46	3.5	0.02	0.5
欧盟五期	2008年10月		1.5	0.46	2.0	0.02	0.5
欧盟六期	2013年12月31日		1.5	0.13	0.4	0.01	

注:"＊"仅适用于发动机每一汽缸容积小于0.75升及额定功率转速少于每分钟3000次的车辆。EEV是"环境友好汽车"。

（三）日本重型车排放法规

日本对汽车排放的控制虽较美国晚，但紧跟美国步伐，其排放标准和法规水平与美国大致相当。日本早就开始关注控制柴油车的 NO_x 和 PM 排放。日本的法规限值有两个数值，即平均值和最高值。任何单个车辆或发动机的排放不能超过最高值，同时在规定期内（如三个月），工厂按一定百分比抽检某一批型号的车辆或发动机，所测得的排放平均值不得超过限值规定的平均值。

日本中重型柴油商用车的排放标准如表 7 所示。重型柴油机的测试程序为 JE05 工况法（热启动版）。2005 年以前，重型柴油机用 13 工况法和 6 工况法测试。从 2005 年开始，汽车和发动机用硫含量为 50ppm 的燃料测试。

表 7　日本重型车排放法规

年度	测试	单位	CO	HC	NO_x	PM
			均值（最大）	均值（最大）	均值（最大）	均值（最大）
1988/89	6 工况	ppm	790（980）	510（670）	DI：400（520）	
					IDI：260（350）	
1994	13 工况	g/kWh	7.40（9.20）	2.90（3.80）	DI：6.00（7.80）	0.70（0.96）
					IDI：5.00（6.80）	
1997[a]			7.40（9.20）	2.90（3.80）	4.50（5.80）	0.25（0.49）
2003[b]			2.22	0.87	3.38	0.18
2005[c]	JE05		2.22	0.17[d]	2	0.027
2009			2.22	0.17[d]	0.7	0.01

注："a" 1997，GVW≤3500kg；1998，3500＜GVW≤12000kg；1999，GVW＞12000kg；"b" 2003，GVW≤12000kg；2004，GVW＞12000kg；"c" 2005 年末完全实施；"d" 非甲烷烃类。

二　商用车油耗法规

（一）美国重型车油耗法规

1. 美国重型车油耗法规

美国法规适用于最大设计总质量 8500 磅以上的重型车辆及配套的重型

发动机。按照美国的车型质量分级，涵盖了从 class2b 到 class8 的全部车型，分为列车牵引车（暂不考虑挂车）、重型皮卡及面包车、作业车辆三大类车型，分别采用不同的试验方法和工况循环。

美国中重型卡车及客车法规采用企业平均评价管理体系，对三类车型及发动机的燃料消耗量和温室气体排放量分别进行评价和管理。法规根据车型参数建立车型燃料消耗量及二氧化碳排放量目标值。对于作业车辆与列车牵引车，法规按照车辆重量、驾驶室类型等进行分组，在每个分组内确定同一燃料消耗量及二氧化碳排放目标值。对于重型皮卡和面包车，法规则根据重量等参数建立与燃料消耗量和二氧化碳排放量之间的目标值曲线。

从美国油耗法规的颁布历史来看，1975 年，美国出台《企业平均油耗标准》；1978 年，轻型乘用车（轿车和后来的城市 SUV）开始受到油耗限值的约束；1979 年，轻型卡车（主要是皮卡，包括采用类皮卡底盘的越野车和大型厢式面包车）也纳入标准当中。

2011 年 9 月，美国发布了 2014 至 2018 年中重型车及发动机燃料经济性及温室气体排放法规（第一阶段标准），这些中重型车包括消防卡车、混凝土搅拌车、重型卡车以及其他各种型号的卡车。根据估算法规实施后将使 2014~2018 年生产的车型在整个使用周期内减少 2.5 亿吨二氧化碳排放及 5 亿桶石油消耗。

2016 年 8 月 16 日，美国交通运输部（DOT）下属的国家公路交通安全管理局（NHTSA）与美国环境保护署（EPA）联合发布了针对中重型卡车及客车的"燃油效率和温室气体排放"第二阶段标准。公布此标准的目的在于，提高商用车燃油效率，减少温室气体污染，保护国家能源安全，促进生产技术创新。美国环境保护署表示，第二阶段排放标准同时也是对总统奥巴马"气候行动计划"（Climate Action Plan）的响应。

第一阶段的"燃油效率和温室气体排放"标准，直到 2017 年末才会全部实施完毕。与之相比，此次公布的第二阶段排放标准是一个更具挑战性、更复杂的管控程序。第二阶段排放标准将分三期执行，到 2027 年全部实施完毕。

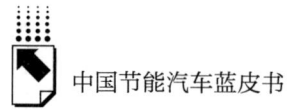

第二阶段规定保留了单独的发动机标准,以提高轻型、中型和重型发动机的认证效率。如表8所示,第1阶段法规将(压燃)柴油发动机的燃料消耗减少5%~9%,第2阶段使柴油发动机油耗进一步减少5%,在两个阶段法规的共同作用下,2027年车型油耗将年减9%~12%。各种分析表明,符合该法规的主要途径将涉及以下内容:减少摩擦、减少寄生负载、可变气门正时和排气、改善废气再循环、燃烧和燃料喷射系统。总的来说,符合法规所需的发动机技术预计将在2017~2027年车型期间增加牵引车发动机的平均技术成本约1600美元,作业车辆发动机的平均技术成本增加400~500美元。此外,法规的新增内容有:发动机制造商可选择一款发动机,在2024~2026年车型施用稍微宽松的标准。根据这一条款,2027年车型标准维持不变,但2018年和2019年车型产生的信用额度可以延续使用到2030年车型。

对于牵引车,第2阶段法规要求2017~2027年车型的每吨英里CO_2减排量达到15%(重载)至27%(卧铺、高顶、8级卡车)。这些CO_2减少主要是来自发动机效率提升,以及油耗法规升级、先进自动变速器、较低滚动阻力牵引车轮胎、改进的牵引车空气动力学、防怠速装置以及传动系统和附件技术等,这些技术被越来越多地用于7级和8级卡车。据机构预计,新法规将使牵引车的平均成本提高大约1万(重型)至1.37万美元(8级高顶卧铺车),包括上面提到的额外发动机成本。考虑到来自提高效率技术后的燃料节省,平均回收期在两年以内。除牵引车,第2阶段计划还包括一套新的法规标准,以提高商用挂车的效率。这些标准建立在加利福尼亚车队需求和美国环保署Smart Way自愿认证的基础上,并承认市场中低成本效率改进。该法规包含挂车制造商的新要求,如降低挂车空气动力学阻力和轮胎滚动阻力的技术。

作业车辆类别包括城市配送卡车、铲斗车、垃圾运输车和其他许多车辆类型。由于它们的工作周期和驾驶模式各不相同,各机构都按重量和任务来划分作业车辆类别。因此,该法规包含根据燃料类型(柴油和汽油)、3个重量等级(轻、中、重)和3个工作循环(城市、多用途和多区域)定义的 18 个单独的 CO_2 标准。这些标准要求 2017~2020 年车型，汽油机作业车辆减少 10%~18% 的 CO_2 排放量，柴油机作业车辆减少 12%~24% 的 CO_2 排放量。

商用皮卡和厢式车类别包括总重 3856~6350kg 的车辆，不受轻型车辆法规的限制。油耗法规在第 1 阶段对利用率低的小型卡车提出更严格的要求，对利用率较高的小型卡车的要求降低，在法规中用工作因数来计算。

表 8 美国第 2 阶段发动机法规

类别	类型	基准:2017 年车型 第 1 阶段法规 g/bhp·hr	最终完全实施: 2027 年车型 g/bhp·hr	2017~2027 年车型 最终实施后的比较 (%)
压燃发动机	牵引车(中型)	481	457	−5
	牵引车(重型)	455	432	−5
	作业车辆(轻型)	576	552	−4
	作业车辆(中型)	558	535	−4
	作业车辆(重型)	525	503	−4
火花点燃发动机		627	627	0

表 9 美国第 2 阶段牵引车、挂车法规

类别	类型	基准:2017 年车型 第 1 阶段法规		最终完全实施： 2027 年车型		CO_2 (%)	燃油经济性 (%)
		g/(t·mile)	mpg	g/(t·mile)	mpg		
7 级牵引车	低顶	119.1	6.8	96.2	8.5	−19	24
	中顶	127.2	6.4	103.4	7.9	−19	23
	高顶	129.7	6.3	100	8.1	−23	30
8 级牵引车 （普通型）	低顶	91.3	5.9	73.4	7.3	−20	24
	中顶	96.6	5.5	78.0	6.9	−19	24
	高顶	98.2	5.5	75.7	7.1	−23	30
8 级牵引车 （卧铺型）	低顶	84.0	6.4	64.1	8.4	−24	31
	中顶	90.2	6.1	69.6	7.7	−23	30
	高顶	87.8	6.1	64.3	8.3	−27	37
重型牵引车		57.0	4.2	48.3	4.6	−15	12
长箱挂车	普通车厢	83.2	6.4	75.7	7.1	−9	10
	冷藏车厢	84.9	6.3	77.4	6.9	−9	10

续表

类别	类型	基准:2017 年车型 第 1 阶段法规		最终完全实施: 2027 年车型		CO_2 (%)	燃油经济性 (%)
		g/(t·mile)	mpg	g/(t·mile)	mpg		
短箱挂车	普通车厢	126.5	8.0	119.3	8.5	-6	6
	冷藏车厢	130.3	7.8	123.1	8.3	-6	6
非空气动力学外形挂车		—	—	—	—	-4~3	3~4
非厢式挂车		—	—	—	—	-4~3	3~4

表 10 美国第 2 阶段作业车辆法规

类别	类型	基准:2017 年车型 第 1 阶段法规		最终完全实施: 2027 年车型		对比结果 (%)	
		g/(t·mile)		g/(t·mile)			
		柴油机	汽油机	柴油机	汽油机	柴油机	汽油机
轻型	市内	482	502	367	413	-24	-15
	多用途	420	441	330	372	-21	-15
	区域	334	357	291	319	-13	-15
中型	市内	332	354	258	297	-22	-15
	多用途	294	314	235	268	-20	-15
	区域	249	275	218	247	-15	-15
重型	市内	338	354	269	297	-15	-15
	多用途	287	314	230	268	-15	-15
	区域	220	275	189	247	-15	-15

2009 年 2 月，奥巴马签署《2009 年美国复兴与再投资法案》（ARRA），推出了总额为 7870 亿美元的经济刺激方案，其目的是切断劳动市场的恶性循环，创造就业机会，拉动消费和投资，从而促进美国经济复苏。其中能源部能源效率和可再生能源局（EERE）获得财政拨款 168 亿美元，随后便启动了"超级卡车奖"，即"超级卡车"计划，并树立了较高的节能目标：长途 8 级（GVWR 车辆总质量超过 33000 磅）重型卡车的油耗降低 50%，其中 30% 可以从整车技术上获取，其他 20% 必须通过发动机解决。

2009 年至今，"超级卡车"计划已进入第二阶段，并提前完成燃油经济性提高 50% 的目标。其中，纳威司达与戴姆勒公司已经与能源部续签，表示会继续进行与"超级卡车"相关节能技术的创新和研发。在此期间,"超级卡车"计划已取得一定的成功,通过政府的财政资金支持,企业对重型车节能技术的研发积极性得以充分调动,极大地推动了行业节能水平的进步。

2. 测试方法

标准规定对不同的车辆应采用不同的测试方法来测量温室气体排放和燃油经济性,对于结构复杂的汽车列车和专用车辆采用模拟计算法,对于结构较简单的重型皮卡和厢式车采用底盘测功机法。

(1) 模拟计算方法

模拟计算法以汽车发动机万有特性数据为基础,通过整车、变速器、驱动桥速比、轮胎及滑行阻力曲线等关键参数来计算车辆特定工况下发动机的对应运行状态,从而计算得到被测车辆的燃料消耗量和CO_2排放。美国标准中单独开发了模拟计算程序GEM,并将发动机和驱动系统的参数作为默认值设定在模型中,用户只需选择车辆类型并输入较少的参数就可以计算出结果。

对于汽车列车、专用车辆的运输效率即CO_2排放和燃油经济性,标准分别采用"g/(t·mile)"和"加仑/(1000t·mile)"指标来评价。为了合理计算这两个指标,程序采用工况加权平均的方法。模拟计算程序中模拟的工况包括加利福尼亚州ARB瞬态工况、65mile/h、55mile/h稳态巡航工况,分别用来模拟车辆的瞬态和稳态性能。

(2) 底盘测功机法

对于重型皮卡和厢式车(class2b和class3),标准采用与轻型车类似的底盘测功机测量方法。测试工况由城市行驶循(city driving cycle)和高速公路行驶循环(highway driving cycle)两部分组成。试验中通过测定汽车尾气排放中的碳排放量(HC、CO和CO_2),利用碳平衡原理计算得出该车型以"英里/加仑"表示的城市道路行驶燃油经济性CFE和高速公路行驶燃油经济性HFE。综合的燃油经济性FE包括55%城市道路行驶燃油经济性和45%高速公路行驶燃油经济性,计算公式如下:

$$FE = \frac{1}{0.55/CFE + 0.45/HFE}$$

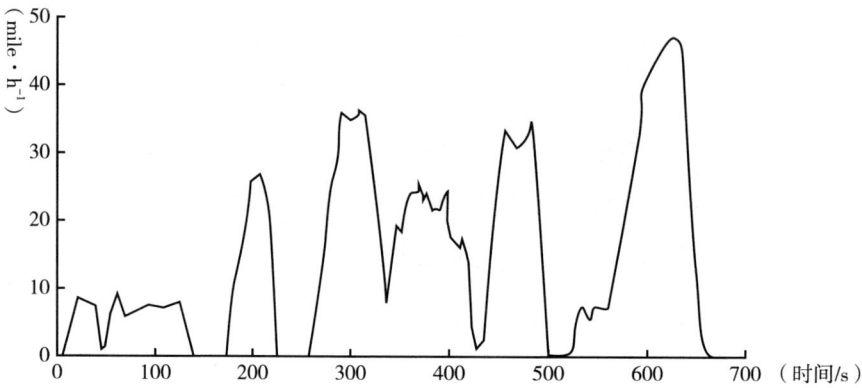

图1 加利福尼亚 ARB 瞬态工况

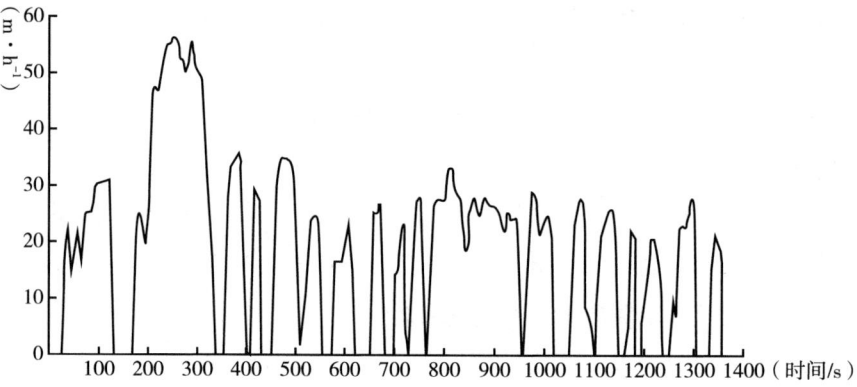

图2 城市行驶循环

注：总试验时间 = 1372s + 505s = 1877s，其中 0 ~ 505s 为冷瞬变阶段，506 ~ 1372s 为稳定阶段，1373 ~ 1877s 为热瞬变阶段；总试验里程 ≈ 7.5 + 3.6 = 11.1mile；平均车速为 19.68mile/h（31.67km/h），23.96mile/h（38.56km/h，不计息速）；最高车速为 56.7mile/h（91.2km/h）。

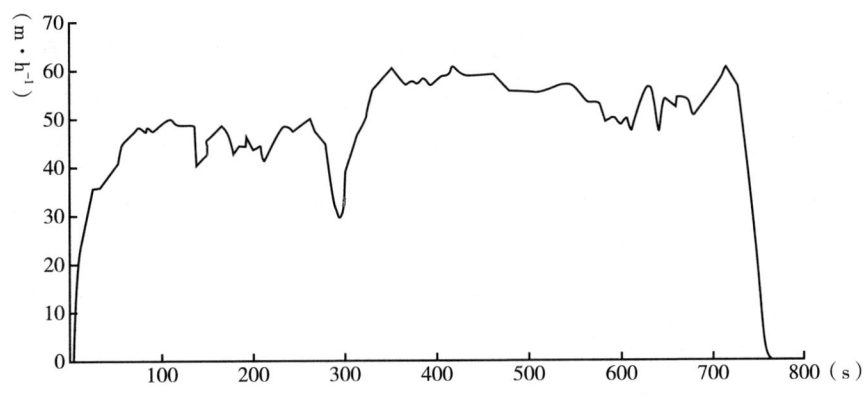

图 3　高速公路行驶循环

注：总试验时间 = 765s + 15s（怠速）+ 765s（取样）= 1545s；总试验里程 = 20.44mile；平均车速为 48.1mile/h（77.4km/h）；最高车速为 59.9mile/h（96.4km/h）。

（二）欧洲商用车油耗法规

欧洲自 1980 年开始陆续颁布了关于燃油消耗量的指令——80/1268/EEC，1989 年、1993 年和 1999 年先后经过 89/451/EEC、93/116/EC 和 1999/100/EC 等指令的修订，现在全称为"关于机动车的二氧化碳排放物和燃油消耗量"、"装有内燃机的轿车的二氧化碳排放量和燃油消耗量测量"，其中只有试验方法，没有限值。

欧洲地区没有特定的燃油限值法规标准，但对未来的新车二氧化碳排放有相关规定，并可根据系数直接得出相应燃油限值。欧洲是通过强制性控制汽车 CO_2 排放法规，降低汽车油耗，节省石油资源。2009 年以来，欧盟新乘用车及轻型商用车开始实施强制性 CO_2 排放标准。该规定要求所有汽车制造商必须生产低 CO_2 车辆，以满足越来越严格的 CO_2 排放目标。政府只要每年公布各车型的实测油耗值，就可以引导用户的购买意向，采用的是市场竞争机制，而不是政府强制控制油耗值。

2009 年 10 月 28 日，欧委会正式采纳了一项关于减少轻型商用车 CO_2 排放的立法提案。该提案规定，在 2014 年，应该有 75% 的新认证车型的

CO_2 排量不超过 175g/km，2015 年这一比例达到 80%，2016 年起所有的车型都需要达到这一标准，对不达标的企业将施行相应的惩罚措施。争取到 2020 年时实现将 CO_2 排量降至 135g/km 的长期目标。该提案与 2008 年底通过的关于降低乘用车 CO_2 排放的立法提案相类似。该项提案旨在履行欧盟在哥本哈根世界气候大会上作出的要制定出具体的降低温室气体排放方案并落实到位的承诺。

此外，欧洲也在着手建立中重型商用车燃料消耗量评价方法。欧洲根据车辆的分类和实际行驶情况开发了相应的瞬态循环工况。其中，货车包括长途运输、区域运送、城区运送、市政公用事业和施工五种工况；客车则包括城区、城际和长途客车三种工况。与中国、美国和日本所采用的"速度—时间"形式的试验工况不同，欧洲更倾向于采用"速度—路程"形式的试验工况。在试验方法方面，欧洲倾向于采用模拟计算法在计算机上模拟测定车辆在各种工况下的燃料消耗量。

欧洲开展的工作包括两项：一是节能潜力分析，二是评价温室气体排放的试验方法研究。欧洲重型商用车质量范围与中国一致，均指最大设计总质量 3500kg 以上的商用车辆，包括货车、牵引车和客车等。欧洲在研究的基础上按照轴数、驱动型式、重量等对重型商用车辆进行细分。

2010 年 12 月 10 日，欧洲理事会、议会和欧盟委员会针对制定轻型商用车 CO_2 排放标准的委员会建议达成一项非正式协议，该协议尚未通过正式批准。新的非正式协议与之前通过的委员会提案相比，主要不同如表 11 所示。

表 11 非正式协议与提案的区别

改变项目	2009 年 9 月 30 日委员会提案	非正式协议
分步导入计划	2014～2016 年分阶段导入，目标值 175g/km，2014 年 75% 满足，2015 年 85%，2016 年 100%	导入截止年份变为 2017 年，即到 2017 年，100% 的新注册车辆都需要达到目标值，目标值不变
长期目标	到 2020 年时达到 135g/km 的 CO_2 排放目标	到 2020 年时达到 147g/km 的 CO_2 排放目标

续表

改变项目	2009年9月30日委员会提案	非正式协议
超标罚款	2014年起,车队CO_2排放超过限值1g,每辆车罚款5欧元,第二克罚款15欧元,第三克25欧元,之后每克罚款120欧元(超过3g的部分)。从2019年开始,罚款为120欧元/克	从2019年开始,每超过1g/km,每辆车罚款95欧元(与乘用车的惩罚措施一致)
超级积分计划	对CO_2排放量在50g/km以下的车辆采取激励措施:核算企业CO_2排放量时,一辆低排放车(<50g/km)折算成2.5辆(2014年),2015年为1.5辆,2016年为1辆	推迟两年实施(电动车以及插电式混合动力货车被纳入积分计划)
		为了保证该方案不会影响环境立法的完整性,在该方案实施期间,生产企业所能申报信用额度的汽车数量被控制在25000辆以内

欧盟委员会已在2011年2月15日发布最新的商用车车辆排放标准决议,针对载重能力为3.5吨以上车辆,企业生产车辆70%的数量须符合175g/km的排放标准,而2017年平均比例更须达到100%。无法达到要求的汽车制造商,2019年开始将被要求缴纳每单位金额(每公克129美元)的增排放罚款。另外,生产排放低于50g/km的车辆,也将能够抵扣车厂在高排放车种的缓冲额度。

2014年3月,欧盟发布了EU333/2014乘用车CO_2排放法规,乘用车延迟到2021年最终全部达标。2011年5月,欧盟确定了轻型商用车2020年及以后的CO_2排放法规。目前其正在制定中重型商用车CO_2的排放法规。

(三)日本重型车油耗法规

1. 油耗法规

日本现行的标准是2015 Fuel Efficiency Targets,由Ministry of Land, Infrastructure, and Tourism(MLIT)于2005年颁布。本标准以2002年油耗为标准,要求卡车:7.09km/L(369.6g CO_2/km),比2002年6.32km/L(414.6g CO_2/km)提升12.2%;客车:6.30km/L(416.0gCO_2/km),比2002年5.62km/L(466.3g CO_2/km)提升12.1%。

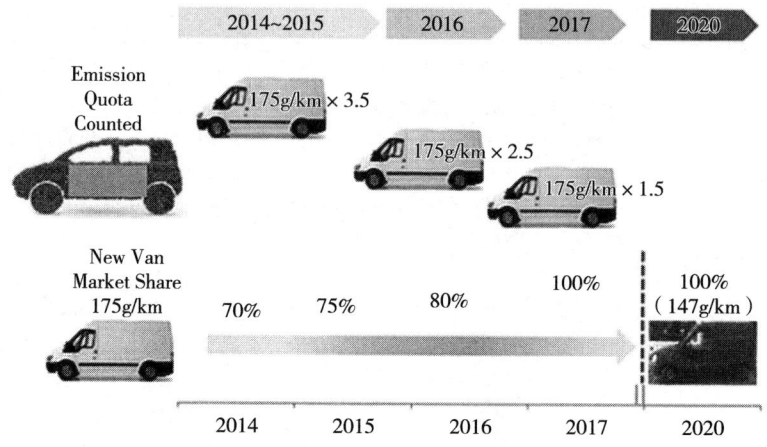

图 4　欧洲商用车 CO_2 排放标准

注：EU for new vans. upper weight limit 3.5 ton when loaded。
资料来源：Energy Trend（February 2011）。

表 12　日本 2015 年重型客车油耗目标

单位：t，km/L

分类	总重量	油耗目标值
1	3.5 < GVW ≤ 8	6.97
2	8 < GVW ≤ 10	6.30
3	10 < GVW ≤ 12	5.77
4	12 < GVW ≤ 14	5.14
5	14 < GVW	4.23

表 13　日本 2015 年重型客车（非运输）油耗目标

单位：t，km/L

分类	总重量	油耗目标值
1	3.5 < GVW ≤ 6	9.04
2	6 < GVW ≤ 8	6.52
3	8 < GVW ≤ 10	6.37
4	10 < GVW ≤ 12	5.70
5	12 < GVW ≤ 14	5.21
6	14 < GVW ≤ 16	4.06
7	16 < GVW	3.57

表 14 日本 2015 年重卡（不含拖拉机）油耗目标

单位：t，km/L

分类	总重量	最大负荷	油耗目标值
1	3.5 < GVW ≤ 7.5	L ≤ 1.5	10.83
2		1.5 < L ≤ 2	10.35
3		2 < L ≤ 3	9.51
4		3 < L	8.12
5	7.5 < GVW ≤ 8		7.24
6	8 < GVW ≤ 10		6.52
7	10 < GVW ≤ 12		6.00
8	12 < GVW ≤ 14		5.69
9	14 < GVW ≤ 16		4.97
10	16 < GVW ≤ 20		4.15
11	20 < GVW		4.04

表 15 日本 2015 年重型拖拉机油耗目标

单位：t，km/L

分类	总重量	油耗目标值
1	GVW ≤ 20	3.09
2	GVW > 20	2.01

表 16 日本 2015 年轻型客车油耗目标

单位：km/L

分类	燃料类型	油耗目标值
1	汽油	8.5
2	柴油	9.7

2. 测试方法

日本在 2006 年认定 3.5 吨以上重型柴油车燃油效率标准。油耗测试方法采用 JE05 市区行车工况（Urban JE05 test）和城市行车工况（interurban transient test）进行测试。其中 JE05 是以东京地区的行驶条件为标准。城际工况是模拟往返东京地区的高速公路及其坡度变化，整个行车时间为3100秒，车速维持在80km/h。根据估算，标准实施后，与2002年相比货车燃料消耗量将下降12.2%，半挂牵引车下降9.7%，客车下降12.1%（其中普通客车下降12.8%，城市客车下降11.1%）。标准适用于最大总质量3500kg以上的重型柴油货车和客车（仅限于乘员11人以上）。标准在研究基础上按照车辆类型和车重进行分级，将重型车划分为四个大类：普通货车T类（包括11个小类）、城市客车BR类（包括5小类）、普通客车B类（包括7小类）和半挂牵引车TT类（包括2小类）。在按照车辆类型、车辆质量进行分类的基础上，日本标准针对每一小类制定了相应的燃料经济性目标值。

表17　日本商用车燃油标准总体概况

车辆种类	燃油种类	实施年度	测试工况	说明
客车（11座以上/GVW3.5吨以上）	柴油	2015年以后	Urban JE05 + imterurban transient test	依车重等级分效率标准。市区巴士分5级,其他巴士分7级
卡车（GVW3.5吨以上）	柴油	2015年以后	Urban JE05 + imterurban transient test	依车重等级、最大载重量区分燃油效率等级,共分11级
挂车（GVW3.5吨以上）	柴油	2015年以后	Urban JE05 + imterurban transient test	GVW≤20t:3.09km/l GVW>20t:2.01km/l

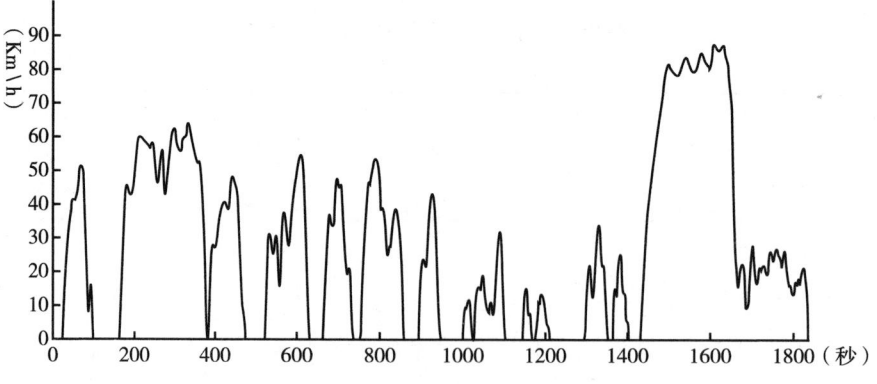

图5　JE05工况循环图

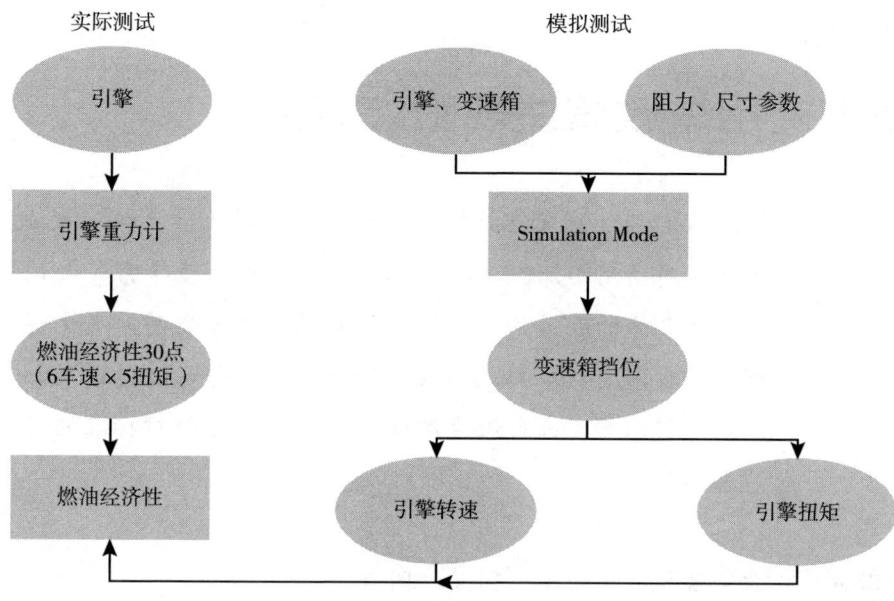

图 6　日本重型车辆测试流程

B.5
我国商用车政策法规跟踪研究

摘　要： 2017年以来，国家在持续推进乘用车油耗及排放标准基础上完善了对商用车油耗及排放相关标准，进一步丰富了我国汽车节能领域的政策法规，继续引导汽车产业发展。本文详细阐述了我国商用车排放法规、油耗法规，并通过同国外相关法规作横向对比进行深度解读，归纳总结了针对标准的升级后各界的反响情况。

关键词： 政策法规　商用车　国五　国六

一　我国商用车排放法规

（一）国Ⅰ和国Ⅱ标准实施进程

欧、美、日三大汽车排放标准体系中，欧洲法规在标准的松严程度、道路交通情况等方面相对较适用于我国的实际情况，故中国在充分吸收欧洲的经验，全面等效采用欧盟（EU）指令、ECE技术内容和部分采用前欧共体（EEC）法规的基础上形成了中国汽车排放法规体系。

国家技术监督局于1999年3月10日发布GB17691-1999"压燃式发动机和装用压燃式发动机的车辆排气污染物限值及测试方法"排放标准（即国Ⅰ、国Ⅱ标准，相当于欧Ⅰ、欧Ⅱ）。2001年4月16日，国家环境保护总局、国家质量技术监督检验检疫总局更新发布了此标准，即GB17191-2001"车用压燃式发动机排气污染的排放限值及测量方法"排放标准，将实施国Ⅱ标准的时间提前了16个月（见表1）。

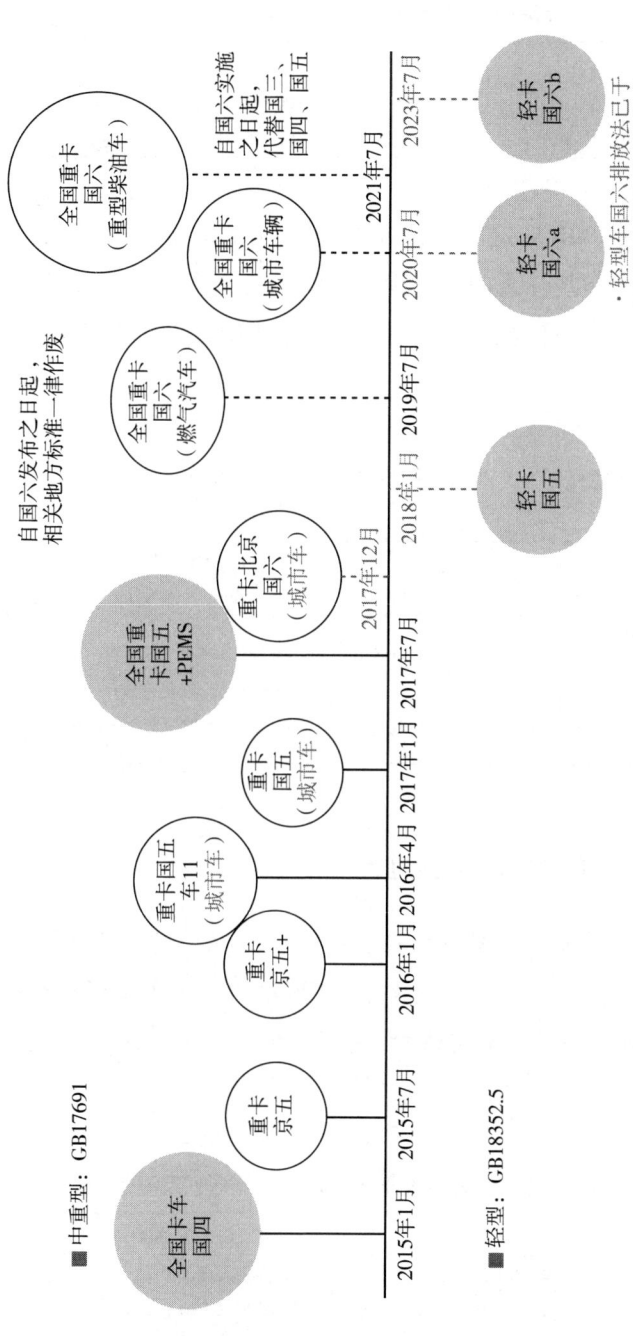

图 1 我国卡车排放实施时间

表1 我国国Ⅱ排放标准的实施时间

标准号	发布日期	生效日期	认证试验	生产一致性
GB17691-1999	1999.3.10	2000.1.1	2005.1.1	2006.1.1
GB17691-2001	2001.4.16	2001.4.16	2003.9.1	2004.9.1

表1为GB17691-2001规定的我国车总重大于3.5吨柴油机排放标准限值。据有关统计，一些主要城市提前实施了此排放目标，如北京和上海分别于2003年1月1日和2003年3月1日开始提前执行国Ⅱ排放标准。

表2 我国车总重大于3.5吨商用车排放标准（GB17691-2001）

单位：g/kWh

实施阶段	实施日期	CO	HC	NO$_X$	PM ≤85kg	PM >85kg	备注
Ⅰ（型式认证/一致性）	2000.9.1 / 2001.9.1	4.5/4.9	1.1/1.23	8.0/9.0	0.16/0.68	0.36/0.40	相当于欧Ⅰ
Ⅱ（型式认证/一致性）	2003.9.1 / 2004.9.1	4.0/4.0	1.1/1.1	7.0/7.0	0.15/0.15	0.15/0.15	相当于欧Ⅱ

（二）国Ⅲ至国Ⅴ阶段标准实施进程

2005年8月，国家环保总局和国家质量技术监督检验检疫总局联合发布了GB17691-2005《车用压燃式、气体点燃式发动机与汽车排气污染物排放限值及测量方法（国Ⅲ、Ⅳ、Ⅴ阶段）》标准及实施时间，2016年4月1日起分步推行。

表3 GB17691-2005标准（车总重大于3.5吨）实施时间及延迟情况

级别	型式认证	生产一致性
国Ⅲ	2007.1.1	2008.1.1 推迟至2008.7.1
国Ⅳ	2010.1.1	2011.1.1 推迟至2014.1.1
国Ⅴ	2012.1.1	2016.4.1 起分步推行

表4 国Ⅲ至国Ⅴ阶段的ESC和ELR试验限值

单位：g/kWh

阶段	CO	HC	NO_X	PM	烟度（M-1）
国Ⅲ	2.1	0.66	5	0.10/0.13	0.8
国Ⅳ	1.5	0.46	3.5	0.02	0.5
国Ⅴ	1.5	0.46	2	0.02	0.5
EEV	1.5	0.25	2	0.02	0.15

表5 国Ⅲ至国Ⅴ阶段的ETC试验限值

单位：g/kWh

阶段	一氧化碳（CO）	非甲烷碳氢化合物（NMHC）	甲烷（CH4）	氮氧化物（NO_X）	颗粒物（PM）
国Ⅲ	5.45	0.78	1.6	5	0.16/0.21
国Ⅳ	4	0.55	1.1	3.5	0.03
国Ⅴ	4	0.55	1.1	2	0.03
EEV	3	0.4	0.65	2	0.02

与GB17691-2001（国Ⅱ）相比，GB17691-2005《车用压燃式、气体点燃式发动机与汽车排气污染物排放限值及测量方法（国Ⅲ、Ⅳ、Ⅴ阶段）》主要有以下变化：

（1）修改采用88/77/EEC指令至2001/27/EC的各项修订指令的技术内容；

（2）较GB17691-2001在试验方法和所用设备方面均有重大变化；

（3）原先用的十三工况有改动（ESC）；

（4）增加了负荷烟度试验（ELR）和欧洲瞬态工况（ETC）试验；

（5）额外增加了3个随机工况点的NO_X测量，防止只满足工况点要求的技术作弊行为。

此外，GB17691-2005《车用压燃式、气体燃料点燃式发动机与汽车排气污染物排放限值及测量方法（中国Ⅲ、Ⅳ、Ⅴ阶段）》还增加了以下要求：

（1）从第Ⅳ阶段开始，增加了车载诊断系统（OBD）或车载测量系统

(OBM）的要求；

（2）耐久性要求，第Ⅲ阶段，如有后处理装置，应在正常寿命期内有效工作；第Ⅳ阶段，应在正常寿命期内，排放控制装置正常运转；

（3）第Ⅳ阶段要求在用车的符合性。

自1999年国家技术监督局公布车用柴油机有关排放法规以来，各主机厂及汽车厂对降低现生产商用车柴油机的排放已作了大量的攻关研究，并取得明显的成效。目前，多数厂家产品都能通过国Ⅲ排放标准，有不少机型已能达到国Ⅳ排放标准。

表6 国五排放实施时间表

时间	车辆	范围	
2016年	4月1日	所有进口、销售和注册登记的轻型汽油车、轻型柴油客车、重型柴油车（仅公交、环卫、邮政用途）	东部十一省市（北京、天津、上海、辽宁、河北、山东、江苏、浙江、福建、广东、海南）
2017年	1月1日		全国
	7月1日	所有制造、进口、销售和注册登记的重型柴油车	
2018年	1月1日	所有制造、进口、销售、注册登记的轻型柴油车	

（三）国Ⅵ标准施行情况

1. 国Ⅵ标准概况

2016年，环保部发布了《车用压燃式、气体燃料点燃式发动机与汽车排气污染物排放限值及测量方法（中国第六阶段）》的征求意见稿。

2018年5月22日，生态环境部批准了《重型柴油车污染物排放限值及测量方法（中国第六阶段）》的发布稿，并于2018年6月22日正式发布。标准在编制过程中，主要参考了联合国欧洲经济委员会（UNECE）第49号法规《关于对装有压燃式发动机汽车级点燃式发动机汽车所排放的气态和颗粒物进行核准的统一规定》中的有关规定。

与 GB17691-2005《车用压燃式、气体燃料点燃式发动机与汽车排气污染物排放限值及测量方法（中国Ⅲ、Ⅳ、Ⅴ阶段）》相比，国六的主要变化有：

①加严了污染物排放限值，增加了粒子数量排放限值，变更了污染物排放测试循环；

②增加了非标准循环排放测试要求和限值（WNTE）；

③增加了整车实际道路排放测试要求和限值（PEMS）；

④增加了耐久性要求；

⑤增加了排放质保期的规定；

⑥对车载诊断系统的检测项目、阈值及监测条件等技术要求进行了修订；

⑦增加了排气管口位置和朝向的要求；

⑧增加了实际行驶工况有效数据点的氮氧化物排放浓度要求；

⑨增加了降低原机氮氧化物排放的要求；

⑩修订了生产一致性和在用符合性的检查判定方法；

⑪增加了新生产车的达标监管方法；

⑫增加了双燃料发动机的型式检验要求；

⑬增加了替代用污染控制装置的型式检验要求；

（1）适用对象

装用压燃式、气体燃料点燃式发动机的 M2、M3、N1、N2 和 N3 类汽车级发动机的型式检验、生产一致性检查、新生产车排放监督检查和在用车符合性检查。

（2）实施时间

自 2019 年 7 月 1 日起，所有生产、进口、销售和注册登记的燃气汽车应符合本标准要求；自 2020 年 7 月 1 日起，所有生产、进口、销售和注册登记的城市车辆应符合本标准要求；自 2021 年 7 月 1 日起，所有生产、进口、销售和注册登记的重型柴油车应符合本标准要求。

（3）限值要求

在 2020 年 1 月 1 日后，不满足"国六"排放要求的新发动机不得生产、

表7 国Ⅵ发动机标准循环排放限值

试验	CO (mg/KWh)	THC (mg/KWh)	NMHC (mg/KWh)	CH$_4$ (mg/KWh)	NO$_X$ (mg/KWh)	NH$_3$ (ppm)	PM (mg/KWh)	PN (#/KWh)
WHSC工况（CI[1]）	1500	130	—	—	400	10	10	8.0×10^{11}
WHSC工况（CI[1]）	4000	160	—	—	460	10	10	6.0×10^{11}
WHSC工况（PI[2]）	4000	—	160	500	460	10	10	6.0×10^{11}

注：CI[1] = 压燃式发动机；PI[2] = 点燃式发动机。

表8 整车试验排放限值*

发动机类型	CO(mg/KWh)	THC(mg/KWh)	NO$_X$(mg/KWh)	PN**(#/KWh)
压燃式	6000	—	690	1.2×10^{12}
点燃式	6000	240(LGP) 750(NG)	690	—
双燃料	6000	1.5*WHTC限值	690	1.2×10^{12}

注："*"应在同一次试验中同时测量CO$_2$并同时记录；"**"PN限值从6b阶段开始实施。

销售和投入使用。自2020年1月1日起，新注册的汽车将会接受生产企业自查和环保达标监管主管部门的抽查。

（4）具体措施

①企业自查

动机系族在进行型式检验时，发动机生产企业应同时制定在用符合性计划，发动机生产企业的在用符合性自查应以发动机系族为基础进行。包括试验的时间表和抽样计划等，并向环保达标监管主管部门报备。发动机生产企业应尽量选择不同车辆生产企业的车辆进行试验，并公开在用符合性自查报告。

车型（系族）在进行型式检验时，车辆生产企业应同时制定在用符合性计划，车辆生产企业的在用符合性自查应以车型或车型系族为基础进行，可涵盖改装车企业生产的扩展车型。包括试验的时间表和抽样计划等，并向环保达标监管主管部门报备。车辆生产企业应尽量选择车型系族内不同车型进行试验，并公开车型（系族）的在用符合性自查报告。

②监管主管部门的抽查

如国务院生态环境主管部门证实某一车型（车型系族）不满足本标准要求，应通知车辆生产企业，并要求生产企业按本标准相关条文采取整改措施。生产企业应在收到通知后 60 个工作日内，向国务院生态环境主管部门提交整改措施计划。整改措施计划应在规定时间内，由生产企业负责实施。并且生产企业应保存每一台车辆或发动机的环境保护召回、维修或改造记录，保存期至少 10 年。

（5）技术要求和试验一般要求

①对发动机的污染物排放产生影响的组件，其设计、制造和装配上，应能在发动机正常使用时满足本标准及其实施措施的规定。

②生产企业应采取技术措施确保车辆在整个正常使用条件下的全寿命期内，能够有效控制排气污染物排放。

③所述的措施应确保排放控制系统使用的软管、接头，及其连接安全性，符合原始设计图要求。

④发动机（车辆）在本标准规定的试验条件下进行排放试验，其结果应符合本标准规定的相应限值。

⑤任何能影响排放的发动机系统和部件的设计、制造和安装，应使发动机在正常使用条件下符合本标准的规定。生产企业应确保符合本标准的非标准循环排放要求，使车辆在可能运行的环境条件范围及可能遇到的运行工况范围内，有效控制污染物的排放。

⑥装有钒基 SCR 催化剂的车辆，在全寿命期内，不得向大气中泄漏含钒化合物；并在型式检验时提交相关的资料（如温度控制策略及相关测试报告等），证明在车辆使用期间的任何工况下，SCR 的入口温度低于 550 度。

⑦禁止使用降低排放控制装置功效的失效策略。所有针对污染控制装置的篡改都属于排放不达标。

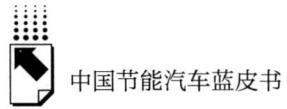

⑧电控系统安全性应满足 F.4.8 的要求。

⑨生产企业应将该机型排放控制策略信息整理成文件包,并满足 A.3.5 的要求。

⑩车辆的排气管口不得朝向右侧和正下方,其设计应便于排放检测,从外侧明显可见,鼓励高于车身,危险货物运输车和专项作业车的排气口因车辆结构限制不能满足要求的,应向国务院生态环境主管部门报备。

⑪车辆生产企业应最大限度降低发动机原机(后处理装置前端)的 NO_x 排放,并将原机情况(数据)及测试方法向国务院生态环境主管部门报告。

⑫生产企业应明确告知用户及时添加并使用符合要求的反应剂,以保证车辆在实际使用中能够满足本标准的排放要求。

(6) 整车寿命与质保

表9 整车寿命与质保

分类	有效寿命期*	
	行驶里程(km)	使用时间(年)
用于 M1、N1 和 M2 车辆	200000	5
用于 N2 类车辆,最大设计总质量不超过 12 吨的 N3 类车辆;M3 类中的Ⅰ级、Ⅱ级和 A 类车辆;最大设计总质量不超过 7.5 吨的 M3 类中的 B 级车辆	300000	6
用于最大设计总质量超过 16 吨的 N3 类车辆;M3 类中的Ⅲ级车辆;最大设计总质量超过 7.5 吨的 M3 类中的 B 级车辆	700000	7

注:"*"有效寿命期中的行驶里程和实际使用时间,两者以先到为准。

另外,标准中同时对整车的寿命和质保做了一定的要求。其中 M1、N1、M2 类车辆须全部满足 8 万公里和 5 年使用时间的标准,M3、N2、N3 类车辆须全部满足 16 万公里和 5 年使用时间的标准。

2.国Ⅵ标准解读

国六重型车标准参考了欧Ⅵ重型发动机的排放法规:一是排放限值、测量循环、耐久性要求；二是非标准循环排放、在用符合性要求、OBD 要求和氮氧化物控制提示。

在标准制定中，增加 OBD 方面、整车检查方面以及排放质保期要求。

国六重型车标准在 8 个方面提出了具体要求。

①六阶段重型车污染物排放目标是氮氧化物和 PM 下降 60% 以上，增加颗粒物料散（PN）限值。

②在发动机标准测量循环方面，采用瞬态循环（WHTC），与车辆实际运行更接近，增加低速低负荷占比，考虑冷启动排放等。

③在非标准测量循环方面，要防止控制装置仅在认证工况下起作用，其他工况不起作用。

④在双燃料发动机和汽车技术要求方面，考虑了柴油模式和非柴油模式，它的排放限值以及 OBD 都有专门测量的要求。

⑤在排放耐久性方面，对于 M1、M2、N1 来说，现在增加到 20 万公里，M3 和 N3 车增加到了 30 万公里，7.5 吨以上的 M3 类车和 16 吨以上的 N3 车增加到了 70 万公里，相比国五延长 40%~60%。

⑥在超 OBD 限值限扭方面进行了责任区分，比如控制系统劣化，导致排放超过了 OBD 的阈值，不应该由使用者承担，但是如果车主没有按要求添加尿素，或者是添加了不合格的尿素，导致氮氧化物控制出现了问题，这是车主的责任。

⑦OBD 试验和氮氧化物合格的发动机装到整车上还能否满足要求，国六对此提出了检测方法。不仅如此，OBD 还要具备远程监控功能。

⑧在整车排放控制要求方面，原来的标准只测发动机，发动机装到整车上后，有两种检测方法：一是整车道路车载法试验（PEMs）；二是整车实验室试验，需要测试国六新增内容。

除了这八个方面，重型车国六标准进一步强化了耐久性要求。国五阶段，根据车型不同，耐久性里程分别为 10 万公里、20 万公里、50 万公里；而国六阶段，相应车型的排放耐久性里程要求，分别增加到 20 万公里、30 万公里、70 万公里，基本能涵盖车辆的整个使用寿命。此外，标准还增加

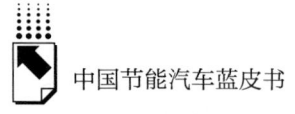

了排放相关零部件质保期要求,规定在质保期内出现非人为故意的故障或损坏,企业应当承担相关维修费用。

同时,标准强化生产一致性、在用符合性等事后监管要求,在型式检验的耐久性试验方面,适当放松了要求。企业可以按照标准规定的耐久性试验程序进行试验,也可以根据经验,采用替代的耐久性试验方法进行试验,或者选择标准指定的劣化系数,这些均大大降低企业检验成本。

由于重型车实际道路排放与法规测试之间存在很大差异,尽管新车排放标准一再加严,重型柴油车的实际道路排放控制效果却并不理想,部分车型的 NO_x 排放甚至出现不降反升。

为解决这一问题,国六标准做了一系列调整。

首先是采用了全球统一的重型发动机瞬态循环(WHTC)。将 WHTC 适用范围由国五的公交、邮政和环卫等城市车辆扩展到全部重型车。这一循环增加了低速低负荷的占比,更加注重考核车辆在低速低负荷工况下的排放状况。

更重要的是,增加了非标准循环排放控制要求。国五标准以前,标准仅考核发动机在标准循环工况下的排放量,对于标准工况以外的排放状况不进行考核。

为了防止恶意作弊现象,国六标准参考欧六法规,增加了非标准循环排放控制要求,包括发动机台架试验(WNTE)和整车实际道路车载排放试验(PEMS)两个方面。WNTE 通过随机选取 15 个工况点进行发动机台架的排放测试,PEMS 则是对整车进行实际道路的车载排放测试。

标准还增加了对高海拔排放的相关要求。海拔升高将直接导致发动机燃烧恶化,致使其动力性、经济性和排放控制性能明显下降,国六将海拔要求从欧六的 1700m 提高至 2400m,基本覆盖了我国人口密度较大、机动车保有量较多的高海拔大城市。

3. 国Ⅵ与京Ⅵ

2015 年,北京市环保局发布了北京第六阶段机动车排放地方标准(以下简称"京六标准")征求意见稿,包括轻型汽车、重型发动机和重型汽车

3个标准，分别为《轻型汽车污染物排放限值及测量方法（北京第六阶段）》（征求意见稿）、《重型车用压燃式、气体燃料点燃式发动机排放污染物排放限值及测量方法（北京第六阶段）》（征求意见稿）、《压燃式、气体燃料点燃式重型汽车排气污染物排放限值及测量方法（北京第六阶段）》（征求意见稿）。

重型发动机京六标准的制定，继续沿用了欧洲Ⅵ号排放标准，并在此基础上加严了NO_x控制措施要求，加严了非循环排放的要求。新制定的测试评价标准的测试方法、测试限值以及监管思路都发生了较大的变化，标准的实施将在很大程度上缓解重型车发动机台架测试达标、整车实际道路排放结果远远超标的问题，从而解决北京市重型车辆排放失控问题。

据了解，新标准限值更加严格，一方面新标准增加了颗粒物质量（PN）的要求，另一方面新标准中各项污染物平均限值将比目前实施的国五标准加严约50%。

新标准在测试循环方面引入了冷热态的 WHTC 循环、稳态测试循环 WHSC 以及非循环排放测试循环 WNTE，与此前国五标准型式核准测试的 ESC 稳态循环和 ETC 瞬态循环相比，增加了发动机在低转速和低负荷的测试比例，能更全面地反映发动机实际工作情况，加强对城市运行车辆（如公交、环卫车等）NO_x排放的控制，同时扩大了控制区域范围。

新标准对发动机的 OBD 功能要求更加完善，加严了 OBD 系统报警限值，其中NO_x和颗粒物 PM 分别加严了 66% 和 75%。全寿命的概念也要求，只要车辆在使用，即使超过了有效寿命，仍然要保持 OBD 系统的监控功能。

京六标准中，轻型汽油车的排放标准将比目前实施的国五标准严格 40%，重型柴油车严格 50% 左右，这也可以在一定程度上降低尾气排放的氮氧化物、一氧化碳等污染物对环境的影响。北京市在执行各个阶段排放标准和相应其他标准的时间，均比全国统一标准时间早一些。

在此次征求意见的京六标准中，有一项为"重型汽车排放标准"。据了解，京六重型汽车标准是国际首创的标准，目前包括我国在内的世界各国对新车排放仅制定了重型发动机标准，尚无重型汽车的新车排放标准。

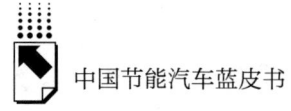

新制定的重型汽车京六标准,采用整车底盘测功机排放测试方法,同时要求车辆满足国家油耗标准,避免利用失效控制装置等手段篡改车辆标定。新标准指出,"在汽车全寿命期内,未经环保核准部门批准,不得对制造商采取的技术措施、汽车装备的排放和OBD系统进行任何的改造"。

京六征求意见稿面世后,关于汽车行业可能存在基于两种不同检测方法、两种不同的排放标准的问题,立刻引来了热议,同时使每个汽车企业都拉紧了一根"弦"。因为,面对参照美标的"京六"和以欧洲标准为参照的"国六",企业需要增加成本、调整技术路线,而同时完成这两套标准还需要更长的准备时间。这一系列的困惑成为两年来困扰中国汽车行业、汽车企业以及在这条产业链上的零部件企业的核心问题。

中国汽车工业协会和环保部沟通的结果是京六将停止推进,困扰车企的两个排放标准的问题终于结束了。在2016年6月13日中汽协的产销数据月度发布会上,中汽协带来了好消息,纷纷扰扰了两年多的环保标准京六与国六之争最终将以国六统一告终。

二 我国商用车油耗法规

(一)我国商用车油耗法规沿革

1. 我国重型商用车油耗

我国重型商用车油耗限值经历了以下三个阶段。

QC/T924-2011《重型商用车辆燃油消耗量限值》(第一阶段)自2012年7月1日起实施,属于汽车行业标准(推荐性),但按强制性对待,确定了客车、货车和半挂牵引车的分质量区间的燃油消耗量限值。

GB/30510-2014《重型商用车辆燃油消耗量限值》(第二阶段)规定,新申请型式核准车型自2014年7月1日起实施,在产车型2015年7月1日起实施。在第一阶段三个车型划分的基础上,增加了自卸汽车和城市客车的燃油消耗量限值,较第一阶段加严10.5%~14%。

2016年,《重型商用车燃料消耗量限值》(第三阶段)征求意见稿发布,确定了重型商用车2020年燃料消耗量限值在2015年的基础上加严15%的目标,重型商用车面临巨大的节能压力。

表10 货车燃料消耗量限值

单位:L/100km

最大设计总质量	燃料消耗量限值(第一阶段)	燃料消耗量限值(第二阶段)	燃料消耗量限值(第三阶段)
3500 < GVW ≤ 4500	15.5[a]	13.0[b]	11.5[b]
4500 < GVW ≤ 5500	16.5[a]	14.0[b]	12.2[b]
5500 < GVW ≤ 7000	18.5	16.0	13.8
7000 < GVW ≤ 8500	22.0[a]	19.0[b]	16.3[b]
8500 < GVW ≤ 10500	24.0[a]	21.5[b]	18.3[b]
10500 < GVW ≤ 12500	28.0[a]	25.0[b]	21.3[b]
12500 < GVW ≤ 16000	31.0	28.0	24.0
16000 < GVW ≤ 20000	35.0	31.5	27.0
20000 < GVW ≤ 25000	41.0	37.5	32.5
25000 < GVW ≤ 31000	47.5	43.0	37.5
GVW > 31000	50.0	43.5	38.5

注:"a"对于汽油车,其限值是表中相应限制乘以1.3,求得的数值圆整(四舍五入)至小数点后一位(第一阶段)。"b"对于汽油车,其限值是表中相应限制乘以1.2,求得的数值圆整(四舍五入)至小数点后一位(第二阶段和第三阶段)。

表11 半挂牵引车燃料消耗量限值

单位:L/100km

最大设计总质量	燃料消耗量限值(第一阶段)	燃料消耗量限值(第二阶段)	燃料消耗量限值(第三阶段)
GVW ≤ 18000	38.0	33.0	28.0
18000 < GVW ≤ 27000	42.0	36.0	30.5
27000 < GVW ≤ 35000	45.0	38.0	32.0
35000 < GVW ≤ 40000	47.0	40.0	34.0
40000 < GVW ≤ 43000	49.0	42.0	35.5
43000 < GVW ≤ 46000	51.5	45.0	38.0
46000 < GVW ≤ 49000	54.0	47.0	40.0
GVW > 49000	56.0	48.0	40.5

表12 客车燃料消耗量限值

单位：L/100km

最大设计总质量	燃料消耗量限值（第一阶段）	燃料消耗量限值（第二阶段）	燃料消耗量限值（第三阶段）
3500 < GVW ≤ 4500	14.0[a]	12.5[a]	10.6[b]
4500 < GVW ≤ 5500	15.5[a]	13.5[a]	11.5[b]
5500 < GVW ≤ 7000	17.0	15.0[b]	13.3[a]
7000 < GVW ≤ 8500	19.0	16.5	14.5
8500 < GVW ≤ 10500	21.0	18.5	16.0
10500 < GVW ≤ 12500	22.5	20.0	17.7
12500 < GVW ≤ 14500	23.5	21.5	19.1
14500 < GVW ≤ 16500	25.0	22.5	20.1
16500 < GVW ≤ 18000	26.0	24.0	21.3
18000 < GVW ≤ 22000	27.5	25.0	22.3
22000 < GVW ≤ 25000	30.0	27.5	24.0
GVW > 25000	33.0	29.5	25.0

注："a"对于汽油车，其限值是表中相应限制乘以1.3，求得的数值圆整（四舍五入）至小数点最后一位。"b"对于汽油车，其限值是表中相应限制乘以1.2，求得的数值圆整（四舍五入）至小数点最后一位小数。

表13 自卸汽车燃料消耗量限值

单位：L/100km

最大设计总质量	燃料消耗量限值（第一阶段）	燃料消耗量限值（第二阶段）
3500 < GVW ≤ 4500	15.0	13.0
4500 < GVW ≤ 5500	16.0	13.5
5500 < GVW ≤ 7000	17.5	15.0
7000 < GVW ≤ 8500	20.5	17.5
8500 < GVW ≤ 10500	23.0	19.5
10500 < GVW ≤ 12500	25.5	22.0
12500 < GVW ≤ 16000	28.0	25.0
16000 < GVW ≤ 20000	34.0	29.5
20000 < GVW ≤ 25000	43.5	37.0
25000 < GVW ≤ 31000	47.0	40.5
GVW > 31000	49.0	41.5

注：重型商用车第一阶段燃料消耗量限值标准未对自卸汽车进行规定。

2. 我国轻型商用车油耗法规

我国于2007年发布实施第一部油耗限值法规GB 20997-2007《轻型商

用车辆燃料消耗量限值》，要求车辆必须按照规定的实施时间达成第Ⅰ、Ⅱ阶段限值要求。国务院于2012年发布的《节能与新能源汽车产业发展规划（2016~2020年）》也对未来轻型商用车平均燃料消耗量提出了要求，到2020年使轻型商用车新车燃料消耗量接近国际先进水平。为了促进我国轻型商用车的健康发展，缩小与国际先进水平的差距，第二部油耗限值法规GB 20997－2015《轻型商用车辆燃料消耗量限值》应运而生，明确了第Ⅲ阶段油耗的限值要求和实施的时间。

轻型商用车指的是能够燃用汽油或柴油燃料，最大设计车速大于等于50km/h的N1类和最大设计总质量不超过3500kg的M2类车辆。法规对不能燃用汽油或柴油的车辆，以及专用车辆不适用。N1类车辆指的是最大设计总质量不超过3500kg的载货车辆，M2类车辆指的是包括驾驶员座位在内、座位数超过9个且最大设计总质量不超过5000kg的载客车辆。

标准继续采用燃料消耗量限值的评价体系，即单车必须满足限值要求，如不满足就不允许出售，且暂不采用企业平均燃料消耗量CAFC评级体系。同时，保留了汽油机和柴油机、N1类和M2类在限值上的差异化，且每一类型车辆继续考虑了特殊车辆相比普通车辆在限值上有5%的宽松，但取消了针对自动变速箱的优惠条件，保留了N1类全封闭厢式车辆、N1类罐式车辆和全轮驱动车辆。各类型车辆的第Ⅲ阶段限值如表1、表2所示。以整车整备质量为基准，共划分为16个质量段，每个质量段设定对应的限值。随着质量的增加，燃料消耗量限值也相应地增加。与柴油车相比，汽油车的限值相对宽松。与N1类车型相比，M2类车型的法规要求更为严格。

表14 N1类车辆第三阶段油耗限值

单位：L/100km

整备质量 Mcm(kg)	普通		特殊	
	汽油车	柴油车	汽油车	柴油车
Mcm≤750	5.5	5.0	5.8	5.3
750＜Mcm≤865	5.8	5.2	6.1	5.5

续表

整备质量 Mcm(kg)	普通		特殊	
	汽油车	柴油车	汽油车	柴油车
865 < Mcm ≤ 980	6.1	5.5	6.4	5.8
980 < Mcm ≤ 1090	6.4	5.8	6.7	6.1
1090 < Mcm ≤ 1205	6.7	6.1	7.0	6.4
1205 < Mcm ≤ 1320	7.0	6.4	7.4	6.7
1320 < Mcm ≤ 1430	7.4	6.7	7.8	7.0
1430 < Mcm ≤ 1540540	7.8	7.0	8.2	7.4
1540 < Mcm ≤ 1660	8.2	7.3	8.6	7.7
1660 < Mcm ≤ 1770	8.6	7.6	9.0	8.0
1770 < Mcm ≤ 1880	9.0	7.9	9.5	8.3
1880 < Mcm ≤ 2000	9.5	8.3	10.0	8.7
2000 < Mcm ≤ 2110	10.0	8.7	10.5	9.1
2110 < Mcm ≤ 2280	10.5	9.1	11.0	9.6
2280 < Mcm ≤ 2510	11.0	9.5	11.6	10.0
2510 < Mcm	11.6	10.0	12.2	10.5

表15　M2类车辆第三阶段油耗限值

单位：L/100km

整备质量 Mcm(kg)	普通		特殊	
	汽油车	柴油车	汽油车	柴油车
Mcm ≤ 750	5.0	4.7	5.3	4.9
750 < Mcm ≤ 865	5.4	5.0	5.7	5.3
865 < Mcm ≤ 980	5.8	5.3	6.1	5.6
980 < Mcm ≤ 1090	6.2	5.6	6.5	5.9
1090 < Mcm ≤ 1205	6.6	5.9	6.9	6.2
1205 < Mcm ≤ 1320	7.0	6.2	7.4	6.5
1320 < Mcm ≤ 1430	7.4	6.5	7.8	6.8
1430 < Mcm ≤ 1540	7.8	6.8	8.2	7.1
1540 < Mcm ≤ 1660	8.2	7.1	8.6	7.5
1660 < Mcm ≤ 1770	8.6	7.4	9.0	7.8
1770 < Mcm ≤ 1880	9.0	7.7	9.5	8.1
1880 < Mcm ≤ 2000	9.5	8.0	10.0	8.4
2000 < Mcm ≤ 2110	10.0	8.4	10.5	8.8
2110 < Mcm ≤ 2280	10.5	8.8	11.0	9.2
2280 < Mcm ≤ 2510	11.0	9.2	11.6	9.7
2510 < Mcm	11.5	9.6	12.1	10.1

（二）我国重型商用车油耗测试方法

目前，油耗测试方法主要依据 GB/T27840 – 2011《重型商用车辆燃油消耗量测试方法》。该标准于 2011 年发布，2012 年 1 月 1 日起实施，是我国自主制定的第一个商用汽车节能标准，确定了测试工况、模拟计算方法、行驶阻力测定和综合燃油消耗量计算等，虽然属于推荐性标准——但按强制性对待。该标准的制定，由工业和信息化部组织、全国汽车技术标准化委员会牵头，发动汽车生产企业、发动机生产企业进行充分验证，在充分考虑国内重型商用车发展现状的基础上，确定了以 C – WTVC 循环（以世界统一的重型商用车辆瞬态车辆循环 WTVC 为基础，调整加速度和减速度形成的驾驶循环）为主要测试工况、以底盘测功机法和模拟计算法为主要方法的测试规程。

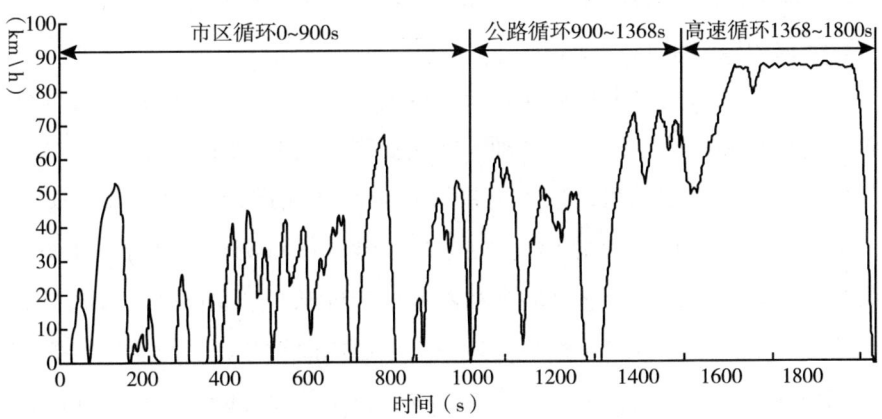

图 2　中重型商用车 C – WTVC 循环

GB/T 27840 – 2011《重型商用车辆燃料消耗量测量方法》以世界重型商用车辆瞬态循环（World Transient Vehicle Cycle，WTVC）为基础，调整加速度和减速度形成的 C – WTVC 驾驶循环为试验工况，适用于最大总质量超过 3500kg 的燃用汽油或柴油的重型商用汽车（仅包含运输类，不包括专用作业类、全轮驱动类产品），按照用途和使用条件将车辆分为半挂牵引车、自卸汽车、货车（不含自卸汽车）、城市客车和客车（不含城市客车）五大类，由于车辆特性和使用条件不同，试验工况也不同，在进行道路行驶阻力滑行时初始速度要求也不一致。

1. 模拟计算法

模拟计算法则是以汽车发动机万有特性试验数据为基础，将整车、变速器、轮胎等关键参数输入计算机程序，通过计算机程序模拟试验车辆在 C - WTVC 循环下的运行状态，计算试验车辆的燃料消耗量。模拟程序需要输入的整车参数包括车辆类型、整车整备质量、最大设计总质量、最大设计载质量、最大设计牵引质量（仅适用于半挂牵引车）、额定载客人数（含驾驶员）、驱动型式、轴数、轮胎型号等。需要输入的发动机参数包括发动机万有特性、发动机反拖扭矩、发动机外特性扭矩、发动机怠速转速及怠速燃料消耗量、发动机额定转速、发动机最高转速等，发动机参数按 GB/T18297 - 2001 中相关规定进行测定。该试验方法具有数据可靠、重复性好的优点，成本也比较低。

2. 底盘测功机法

底盘测功机法是将车辆驱动轮置于试验室的转鼓上，通过道路滑行获得车辆的目标行驶阻力，以此为基础，在底盘测功机进行阻力设定，通过连接油耗仪（质量法或容积法，采用流量计直接对油耗进行测量）或排放分析仪（碳平衡法，对排气中的 CO、HC、CO_2 含量进行测量，计算出油耗值）进行燃料消耗量的测定。该试验方法测试数据可靠、重复性好，适用于基本型车辆，即在同一系族内车辆总质量最大、迎风面积最大、轮胎净负荷半径最小或断面宽度最大、总传动比最大，对于该车型装配的发动机，在同一厂家、同一系族的限制条件下，一般选取功率最大的发动机进行测量。

三 国内外商用车排放法规对比

（一）排放标准对比

1. 我国与欧洲对比

我国商用车排放法规主要参考欧洲，图 3 为我国与欧洲标准对比。

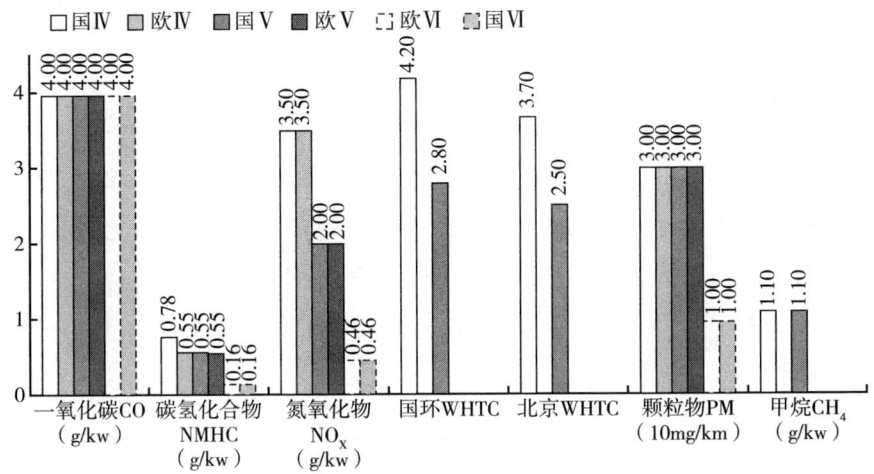

图3 我国与欧洲重卡排放限值对比

2. 欧、美、日、中对比

表16 排放标准对比

时间	欧洲	美国		中国		日本	
2000年	欧Ⅲ NO$_X$:5.0 PM:0.10	EPA1998	NO$_X$:5.34 PM:0.14	国Ⅰ	NO$_X$:8.0 PM:0.36	JP97	NO$_X$:4.5 PM:0.25
2001年							
2002年							
2003年		EPA2004	NO$_X$:3.40 PM:0.14	国Ⅱ	NO$_X$:7.0 PM:0.15	JP2003	NO$_X$:3.38 PM:0.18
2004年							
2005年	欧Ⅳ NO$_X$:3.5 PM:0.02					JP2005	NO$_X$:2.0 PM:0.027
2006年							
2007年		EPA2007	NO$_X$:1.63 PM:0.013	国Ⅲ	NO$_X$:5.0 PM:0.10		
2008年							
2009年	欧Ⅴ NO$_X$:2.0 PM:0.02			国Ⅳ	NO$_X$:3.5 PM:0.02	JP2009	NO$_X$:0.7 PM:0.01
2010年							
2011年		EPA2010	NO$_X$:0.27 PM:0.013	国Ⅴ	NO$_X$:2.0 PM:0.02		
2012年							
2013年以后	欧Ⅵ NO$_X$:0.4 PM:0.01			国Ⅵ	NO$_X$:0.46 PM:0.01		
2019年以后							

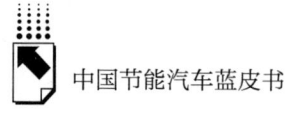

（二）测试标准对比

1. 中国

由于中国尚未开发重型车行驶工况，标准是以世界重型车辆瞬态循环为基础调整加速度和减速度形成 C-WTVC 驾驶循环，由市区、公路和高速工况三部分组成。针对不同车型的实际行驶条件，标准对货车、自卸汽车、客车、城市客车、半挂牵引车在市区、公路和高速工况下的行驶里程进行了调查，确定了相应运行比例以加权计算综合燃料消耗量，使燃料消耗量结果与中国道路运输条件和车辆技术特点相适应。

2. 美国

美国法规里重型皮卡及面包车采用与轻型汽车相同的试验方法及驾驶循环，但是车辆试验质量有所不同。除重型皮卡及面包车外，列车牵引车与作业车辆均采用计算模型计算燃料消耗量及 CO_2 排放量，采用的工况循环包括瞬态循环、55mph 循环和 65mph 循环三部分，但是作业车辆与列车牵引车在不同驾驶循环的权重系数有所不同。

3. 日本

日本相关标准规定所有重型车辆采用 JE05 和坡道工况。其中 JE05 循环代表了城市工况，80km/h 坡道工况代表了城间工况，不同类型的车辆对应不同的城间比。

4. 欧洲

欧洲重型车辆 CO_2 排放法规目前正在制定过程中。欧洲除进行节能潜力分析、试验方法研究外，还专门根据车辆实际行驶情况开发了相应的瞬态循环工况。其中，货车包括长途运输、区域运送、城区运送、市政公用事业和施工五种工况；客车则包括城区、城际和长途客车三种工况。与中国、美国和日本所采用的"速度—时间"形式的试验工况不同，欧洲更倾向于采用"速度—路程"形式的试验工况。

四　国内外商用车油耗法规对比

（一）油耗法规对比

针对轻型商用车，欧洲要求CO_2排放目标由2012年的180.2g/km下降至2020年的147g/km，降幅为18.4%；美国要求到2020年CO_2排放目标为162g/km；日本要求到2022年平均燃料经济性水平达到17.9km/L，较2012年的14.2km/L降幅约为20.7%。

针对重型商用车，美国、日本、欧洲等国家或地区均已制定或正在制定重型车燃料消耗量及温室气体排放法规。美国规定的重型商用车是指最大设计总质量大于3856kg（8500磅）的重型车辆及配套的发动机，包含列车牵引车、重型皮卡及面包车、作业车辆3大类，采用企业平均油耗的评价体系，要求2018~2025年CO_2排放较2010年下降30%。日本规定的重型商用车是指最大总质量大于3500kg的重型柴油货车和客车，包含普通货车T类、城市客车BR类、普通客车B类和半挂牵引车TT类4大类，采用领跑者方式，即选择每个小类燃料经济性最好的5%的车型的平均燃油经济性作为标准未来目标值，至2015年CO_2排放较2002年下降11.3%。欧洲规定的重型商用车是指最大设计总质量大于3500kg的商用车辆，包含货车、牵引车和客车3大类，油耗相关标准正在制定中。

年份	2012	2013	2014	2015	2016	2017	2018	2019	2020	2021	2022	2023	2024	2025
日本				第1阶段					第2阶段					
美国			第1阶段					第2阶段						
加拿大			第1阶段					第2阶段						
中国	第1阶段			第2阶段					第3阶段					
欧盟								监控、研讨		第1阶段				
印度									第1阶段					
墨西哥									第1阶段					
韩国									第1阶段					

注：斜线部分为预计结果。

图4　各国重型车辆效率法规预计实施时间

图 5 汇总了中国、美国和日本目前和未来重型商用车燃料消耗量标准的下降幅度,其中美国已经发布了到 2027 年的法规,对我国标准制定参考意义较大。我国第三阶段标准需在第二阶段标准基础上加严约 10.9%,可与美国未来标准降幅持平;若延续第二阶段标准下降趋势,第三阶段将在第二阶段基础上下降 23.7%。因此,按照《节能新能源汽车产业发展规划(2012~2020 年)》和《中国制造 2025》中提出的 "2020 年商用车新车油耗接近国际先进水平" 的发展目标,我国第三阶段较第二阶段下降幅度不应低于 10%,以缩小与国际先进水平的差距。

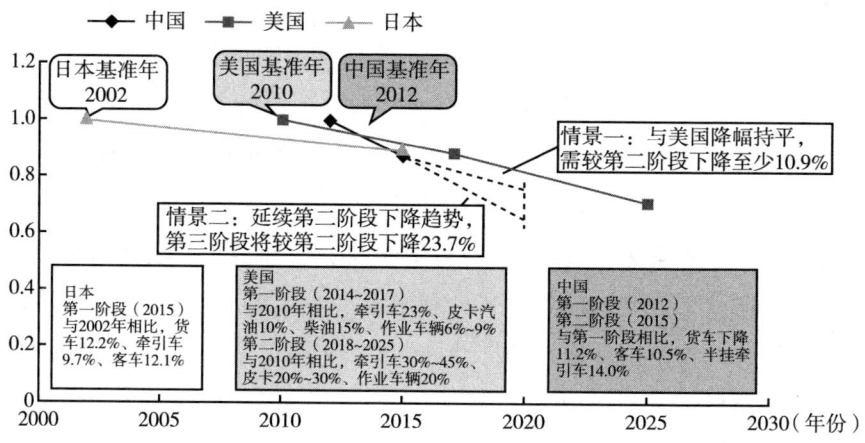

图 5 中、美、日重型车油耗下降幅度对比

(二)油耗测试模型对比

总体上看,中、美、日计算模型原理接近,均是根据车辆参数、行驶阻力和试验工况等计算得到的发动机瞬时转速和扭矩对发动机万有特性数据进行插值和积分计算,但具体的试验工况、评价单位、输入参数等存在较大差别。表 17 总结了中、美、日重型商用车燃料消耗量计算模型在车型分类、试验工况、评价单位等方面的差异。

表17 中美日重型车油耗计算模型对比

类别	中国	美国	日本
适用范围	GVW＞3.5t	GVW＞3.9t	GVW＞3.5t
车型分类	货车 客车 半挂牵引车 自卸汽车 城市客车	皮卡及面包车 列车 牵引车 作业车辆	货车 牵引车 普通客车 城市客车
试验工况	C-WTVC循环	瞬态循环 55mph循环 65mph循环	JE05 80km/h坡道
载荷状态	满载	非满载	非满载
评价单位	L/100km	gal/(1000t·mi/le) gal/100mi/le	km/L

总体上看，中、美、日重型商用车燃料消耗量计算模型的差异主要体现在以下三个方面。

一是适用范围和车型分类的差异，同一车型在不同计算模型和标准体系中对应不同的分类和限值；二是试验条件的差异，包括试验工况和载荷状态等，其中主要试验工况的特征参数对比如表18所示；三是计算模型输入和输出参数的差异，计算模型输入参数和考虑的影响燃料消耗量的因素越多，就越能反映车辆真实的燃料消耗量水平。

表18 中、美、日重型车主要工况对比

工况名称	C-WTVC综合	瞬态循环	JE05
时间(s)	1800	668	1830
距离(km)	20.51	4.586	13.89
最高车速(km/h)	87.8	76.43	87.6
平均车速(km/h)	40.997	24.78	27.39
最大加速度(m/s^2)	0.917	1.341	1.592
最大减速度(m/s^2)	-1.033	-1.251	-1.831
平均加速度(m/s^2)	0.317	0.379	0.396
平均减速度(m/s^2)	-0.449	-0.539	-0.453
怠速时间(s)	186	109	447
怠速比例(%)	10.3	16.3	24.4

产品技术篇

B.6
乘用车节能技术发展动态研究

摘 要： 数据表明，传统燃油乘用车节能潜力超过30%，发展节能汽车是解决我国能源环境问题的重要手段以及汽车发展的必然趋势。本文选取了发动机、轻量化、低摩擦、混合动力、可替代燃料、先进电子电器等六个领域，对全球乘用车主流领域节能技术原理、应用情况、经济性和节能效果等内容进行深入研究。

关键词： 发动机 低摩擦 混合动力 可替代燃料 先进电子电器

目前，汽车燃油经济性和环保要求日益严苛，企业必须应用多样化的技术来满足迫在眉睫的节能减排要求。对内燃机汽车而言，提升动力传动总成效率、低摩擦、轻量化、混合动力技术等是节能减排最有效的几大途径，也是汽车产业技术创新研究的热点。近两年来，企业研发应用进程不断推进，各领域节能技术推陈出新，持续挖掘传统内燃机汽车的节能潜力。

一 发动机技术

（一）DSF 停缸技术

汽车停缸控制节油装置可根据汽车负载情况（节气门位置、发动机转速、车速、挡位、水温、空调等）对气缸进行控制，在需要时立即关闭进、排气门和相应的喷油系统，通过停止部分气缸工作来减少发动机排量，提升效率，一般可达到3%～8%的节能效果。但传统停缸技术容易导致发动机与整车的NVH性能恶化，目前在平衡性较好的V6、V8发动机上应用较多。

由德尔福与美国Tula公司共同开发的DSF新型停缸技术克服了平稳性问题，扩大了适用范围，实现了更高的燃油经济性。这项技术全称为动态跳跃点火技术（Dynamic Skip Fire），通过车载计算机控制所有气缸保持工作状态，且在运行中持续不断地针对各气缸作出点火、停缸决策，当四缸发动机以3000rpm的转速运行时，每分钟可做6000次决策。细致精确的控制，使得发动机保持在合理的工作温度和良好的NVH性能。普通系统与DSF系统NVH性能对比如图1所示：在常规发动机节流操作中，激发光谱与发动机转速息息相关，振动幅度也由节流决定，利用DSF技术可以改变车辆动力总成的扭矩，从而以灵活而系统的方式解决噪声、振动和声振粗糙度问题。

DSF技术通过消除泵气损失和优化燃烧来提升燃油经济性。DSF系统对发动机控制策略如图2所示，DSF技术通过计算获得各转速下车辆实际扭矩输出需求，并实时搭配停缸数量，以把控车辆行驶动力，提升效率。油耗检测数据显示，在城市加郊区工况的OEDC循环下，与传统停缸系统相比，根据不同的驾驶循环的需求，搭载了DSF系统的4缸发动机将节省6%～8%的油耗，CO_2排放量至少可降低50%。

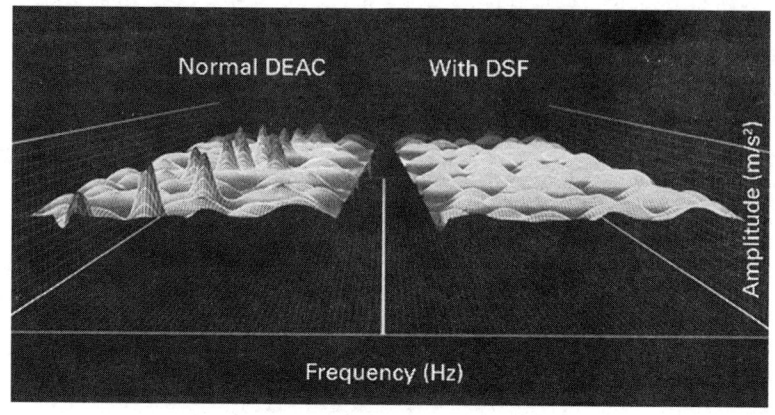

图 1　DSF 的 NVH 性能图

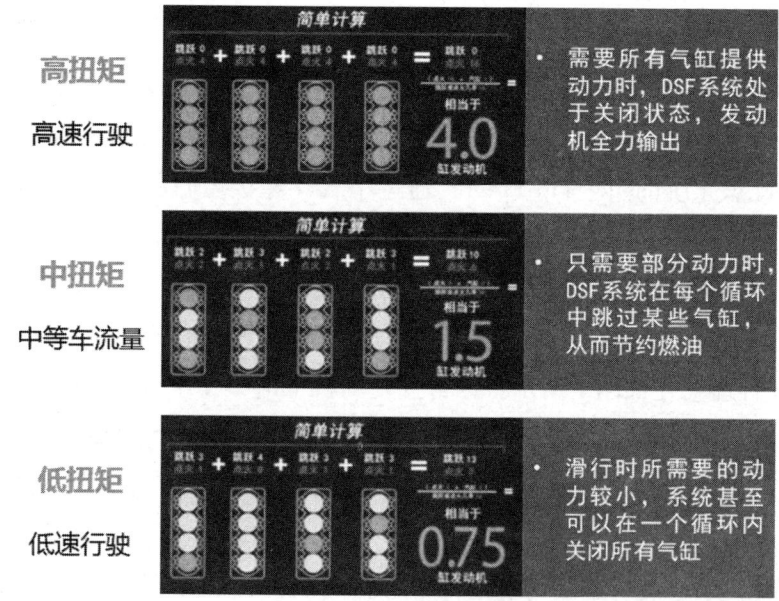

图 2　DSF 发动机的控制策略

此外，如果将 DSF 与德尔福的 48V 轻型混合动力系统相结合，实现在低发动机转速及烧成密度下顺畅地输出扭矩，相较于 4 缸 turbo-GDi 基准版发动机，该系统二氧化碳最大减排幅度将达到 20%。

（二）发动机启停技术

发动机自动启停技术（STT）主要是指在汽车短暂停车的状态下，汽车发动机处在空转状态，汽车的发动机会自动停止工作，以此来达到节省燃油和减少尾气排放量的目的。发动机自动启停技术主要形式包括分离式起动机、集成起动机、马自达 SISS 智能启停系统。

1. 分离式起动机—发电机启停系统

分离式起动机—发电机（Separate Motor Generator，SMG）Start-stop 系统采用独立的起动机和发电机，起动机提供发动机起动时所需的功率，而发电机则为起动机提供电能。如图3所示为博世公司研发的分离式起动机—发电机 Start-stop 系统，该系统的特点是起动机更小、更轻、成本低；系统零件少，安装方便；系统的部件与传统部件尺寸基本一致，可直接配备至各种车辆上。目前，宝马、大众、奔驰、奥迪、雷诺等车企均装备了此类 Start-stop 系统，长安 CX30 车型、长城、吉利、上汽、奇瑞等自主品牌也相继推出了匹配该系统的车型。

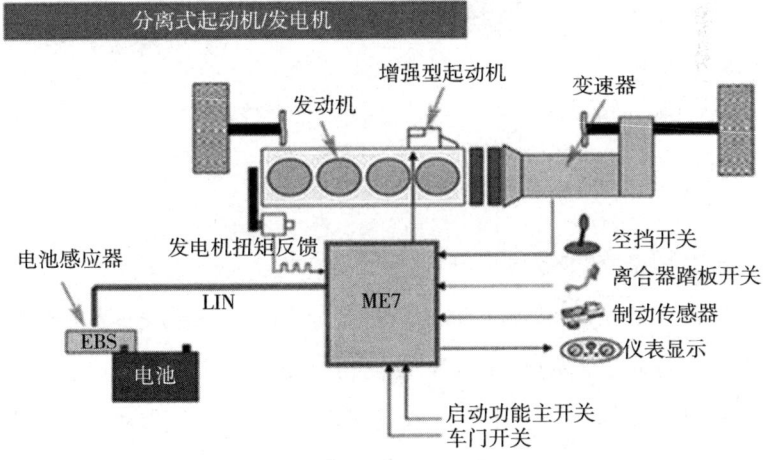

图3 分离式起动机—发电机启停系统的基本结构

2. 集成式起动机—发电机启停系统

集成式起动机—发电机启停系统是通过永磁体内转子和单齿定子来激励的同步电动机，能将驱动单元集成到混合动力传动系统中。该系统的特点是长期运行能力强、耐久可靠；转矩高，可在冷态下起动发动机；可实现起动、电动、制动能量回收等功能。法雷奥研发的 i–Start 系统便属于此种类型，如图 4 所示为 PSA e–HDi 车型装备的法雷奥 i–Start 系统，其电控装置集成在发电机内部，在临时停车时发动机停转，只要一挂挡或松开制动踏板汽车会立即自动起动发动机。

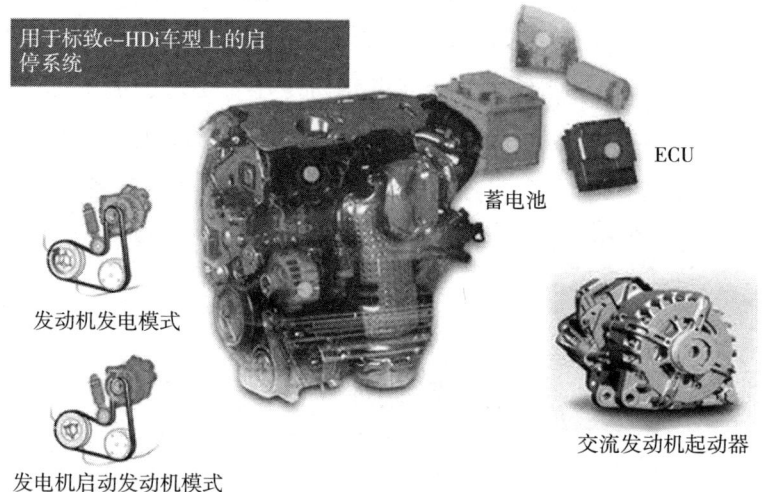

图 4　法雷奥 i–Start 系统

3. 马自达 SISS 智能启停系统

马自达汽车公司的 SISS（Smart Idle Stop-Start）启停系统和前述两种系统不同，它不是通过起动机来起动发动机，而是通过在气缸内进行燃油直喷，燃油燃烧产生的膨胀力来重新起动发动机。如图 5 所示，当发动机停转时，活塞停在合适位置，一旦系统接收到重新起动发动机的信号，少量燃油直接喷射到进入压缩行程的气缸内，点燃后的混合气推动活塞进入做功行程，带动曲轴旋转，从而起动发动机。该系统的特点是智能控制、效率高，无需起动机就可实现 Start-stop 功能。目前该系统已用于日本市场销售的 Mazda2、Mazda3 和 Mazda6 部分车型上。

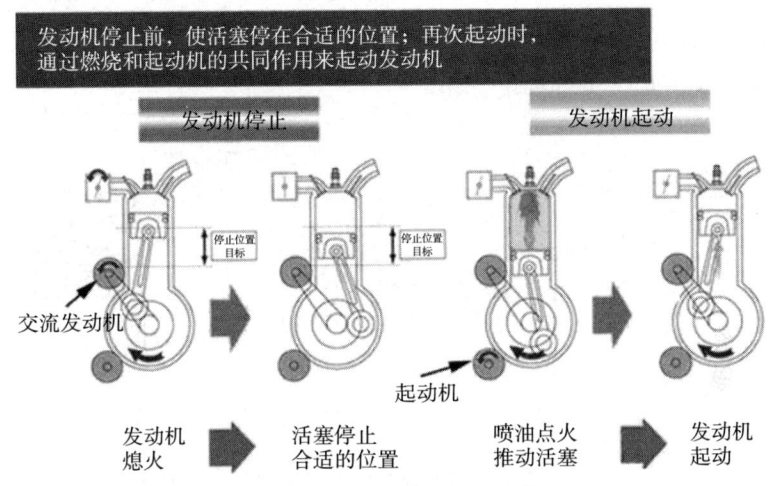

图 5　马自达 SISS 智能 Start-stop 系统工作原理

（三）稀薄燃烧技术

汽油机稀薄燃烧包括进气道喷射稀燃系统（PFI）、直接喷射稀燃系统（GDI）和均质混合气压燃系统（HCCI）。

1. 进气道喷射稀燃系统（PFI）

轴向分层稀燃系统的燃烧方式如图 6 所示，发动机采用篷顶形燃烧室，火花塞中心布置。在进气冲程初期（见图 6-a），随着活塞的向下运动，缸内形成较强的涡流，通过对进气系统的合理配置，使该涡流的轴心与气缸中心大体一致，形成沿气缸轴线的涡流运动。通过控制喷油时刻，使喷油器在进气后期喷油（见图 6-b），因为油气混合气最后进入气缸，所以气缸内形成了上浓下稀的分层效果。这样形成的涡流在压缩后期虽然随着活塞的上行逐渐衰减，但涡流的分层效果仍大体一直保持到了压缩上止点，以利于点火燃烧（见图 6-c）。

在这种燃烧系统中影响稀燃效果的主要因素是缸内涡流的强度和喷油定时。涡流强度越强，缸内混合气上下混合的趋势就越小，分层效果保持得就越好；涡流强度越弱，分层效果保持得就越差。而喷油定时则决定了缸内混合气浓度梯度的分布形式：在进气后期喷油，将形成上浓下稀的梯度分布；反之，则形成上稀下浓的梯度分布。

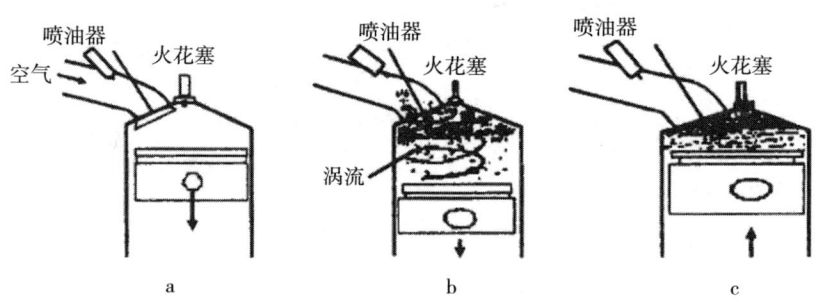

图6　涡流轴向分层示意图

2. 直接喷射稀燃系统（GDI）

在不采用助燃方法组织稀燃时，进气道喷射汽油机的空燃比超过27非常困难，但直接喷射稀燃系统超过这一界限非常容易。与缸外进气道喷射稀燃汽油机相比，缸内喷射稀燃汽油机具有泵气损失小、传热损失小、充气效率高、抗爆性好及动态响应快等特点。发动机超稀薄空燃比的利用和工作方式的改变有不少优点，如绝热指数增加和传热损失较少，取消节流降低了泵吸损失，燃油蒸发引起缸内温度降低，提高了汽油机可工作的压缩比，燃油在进气冲程中对进气的冷却提高了充气效率，使得它的燃油经济性可提高25%左右，动力输出相比进气道喷射的汽油机增加近10%。例如，丰田D-4T发动机应用直喷涡轮增压发动机搭载的直喷技术，极大地提高了燃油使用效率。

3. 均质混合气压燃系统（HCCI）

HCCI稀薄燃烧技术通过使汽油采用压燃点火方式，可以有效提高空燃比，提升发动机效率，减少污染物排放，非常具有发展前景。HCCI发动机最大的问题是压燃的工作范围非常狭窄，从压燃切换到火花点火的过程非常不顺畅：当发动机转速过低的时候，常出现低温导致失火；转速过高的时候常因点燃时间过短出现失火，在压力较高的区域则容易出现爆震。

马自达 SKYACTIV - X 所应用的可控压燃技术（Spark Controlled Compression Ignition，SPCCI）从技术上解决了上述问题。SPCCI 工作原理如图 7 所示：SPCCI 技术保留了火花塞，当发动机活塞走到上冲程的上止点时，火花塞发出电弧点燃小部分混合气，爆炸产生压力，进一步提升其他混合气的气压，从而达到自燃压力临界点，点燃整个气缸内的油气混合物。在这种模式下火花塞主要的作用是增加气缸压力，实现整个气缸内同时燃烧。马自达第二代发动机搭载的"快速响应式辅助进气"模块，提升了气缸的填充率和压力，扩大了压燃模式的工作范围，也提升了压燃与点燃模式之间的切换平顺性。据测算，第二代创驰蓝天发动机的燃油效率将比上一代提升30%，但这项技术还未实现市场化应用，最早将于2019年搭载车型上市。

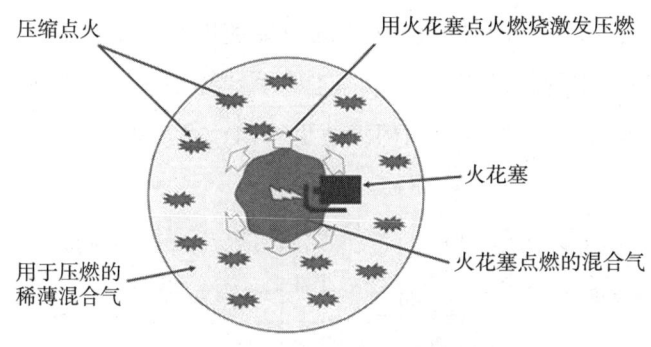

图 7　SPCCI 工作原理

（四）热管理系统

汽车发动机只有在适当的温度状态下，才能保持优良运行状况，燃烧更充分，效率也更高。如果发动机运转时温度不够，就会造成燃油燃烧不充分，同时润滑油流动性差，造成摩擦力增加，从而使发动机效率降低并且排放出更多污染物,还会加快组件的磨损。因此,热管理系统的重要作用是使发动机尽快升温,缩短其在低温状态下的运行时间,并使其保持恒温。

奇瑞发动机的热管理系统,就像是发动机的"变频空调"。这台"变频空调"运用了开关式水泵、电子节温器、集成缸盖水套、横流式水套等技术,使发动机在启动后能够快速升温,降低摩擦功,提高热效率,在实现降油耗目标的同时,减少了污染颗粒物的排放。奇瑞第三代发动机的热管理系统如图8所示,热管理系统应用开关式水泵技术,它可以配合电控系统,根据发动机实际运转工况发出的指令,实现对冷却系统水流量的控制。在减少热量损失的前提下,暖机速度提升了20%左右,大大提升了工作效率。这项技术既能满足散热需要,又能实现快速暖机,从而降低整机油耗。此外,奇瑞电子节温器技术也是一大创新,可根据发动机运行转速、负荷状态、进气温度、冷却液温度等计算目标温度,精准调控水温,让发动机实际温度稳定在105~110℃范围,确保发动机始终在合理的温度下工作。在冷却水的水流控制方面,奇瑞发动机将排气歧管集成在缸盖上,有效降低了排气温度,减少了热量损失,同时加快发动机升温速度。在缸体缸盖的内部结构上,奇瑞采用了独创的横流式水套,这种水套体积小,不仅有利于温度提升,还可以使冷却水在发动机内部流速更均匀、换热更充分,保证整机的高效换热。

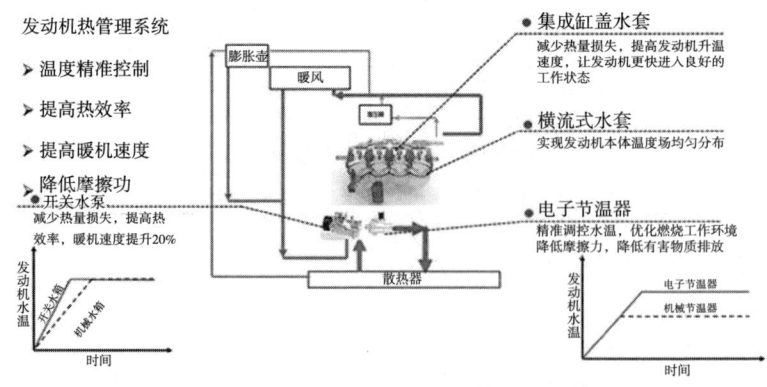

图8 奇瑞第三代发动机的热管理系统

大众集团在第三代 EA888 发动机上推出了创新型发动机热能管理系统（ITM）。该系统是针对发动机和变速箱的一项智能冷启动和暖机程序，可实现全可变发动机温度调节。创新温度管理是作为一个模块与水泵一起安装在发动机较冷的一侧发动机温度调节执行器 N493 旋转阀组件（其位置是通过螺钉固定到气缸盖下方的进气侧曲轴箱上，装配位置如图 9 所示）。N493 旋转阀组件采用了两个机械连接的旋转阀来控制调节冷却液液流，当系统检测到系统某个组件的温度达到了设定的温度范围后，发动机控制单元会根据维普图控制相应的执行器（N493 的异步电机）驱动旋转阀 1 与 2，因此可实现不同的开关位置，缩短预热阶段；并结合缸内集成排气歧管以及燃油双喷射系统，进一步缩短发动机的预热运转阶段，从而将发动机温度控制在 86~107℃。

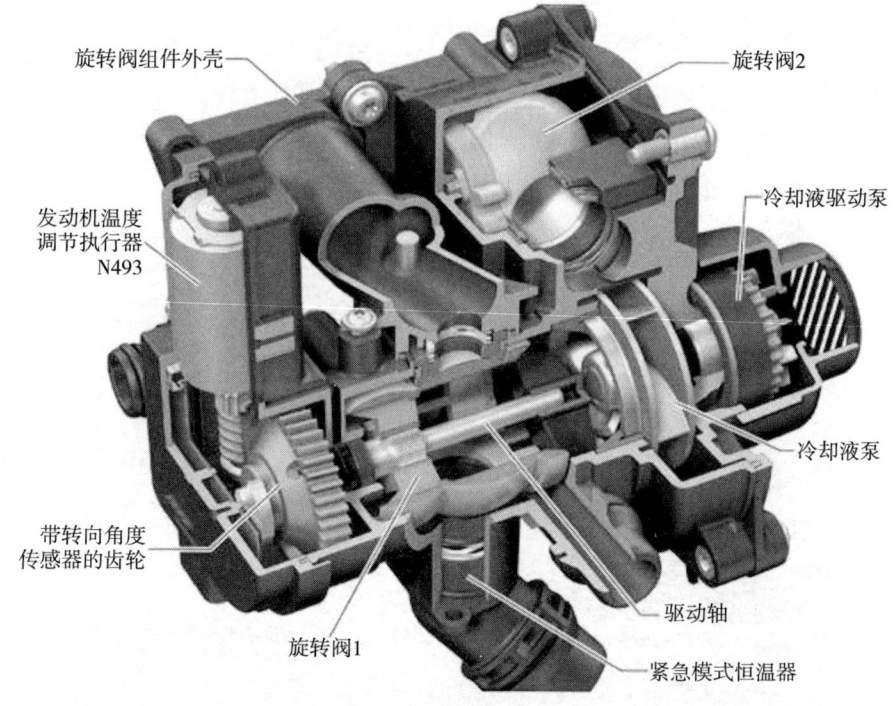

图 9　发动机温度调节执行器

二 轻量化技术

由于节能环保的需要,轻量化已成为世界汽车发展的潮流。轻量化是未来技术发展走向之一,随着汽车模块化和电动化的发展,轻量化技术的研究正在变得越来越重要。

(一)轻量化的结构设计与优化

通过结构优化设计来实现汽车零部件的精简、整体化与轻质化是实现轻量化较常用的一种方式。大陆集团旗下 ContiTech 开发的空气弹簧采用了一个独创的塑料材质活塞,它能够最大限度地利用活塞缸内部空间,以提高驾乘舒适性。ContiTech 使用了一种可靠的焊接工艺,把两个重要的组件连接在一起,俗称两段式设计。两段式塑料活塞的缸内空间利用率等同于质量较大的钢制活塞,解决了舒适性的问题。ContiTech 通过一种全新的仿真手段,再加上采用塑料作为活塞材料,新型活塞比钢制弹簧重量降低 75%,具体数字为每个空气弹簧潜在的可减轻重量为 12 千克。

图 10 ContiTech 空气弹簧

（二）轻量化材料

1. 非金属材料

东京大学伊藤耕三（Kozo Ito）教授在内阁府 ImPACT 项目（2014 年推出）的支持下，正在为车身、车轮、车窗等汽车零部件研发更坚固、更轻量化的聚合物材料，目的是使用此类材料将汽车重量减半，加速电动汽车的普及。研究团队计划在 2018 年推出首辆由高性能聚合物材料制成的汽车。

由笠原达（Tatsuya Kasahara）领导的住友化学公司团队正研究塑料，替代用于车窗的金属和玻璃，以减轻汽车重量。轮胎制造商普利司通（Bridgestone）在研究生产更耐用的橡胶，使轮胎重量更轻，并取得了相关进展。同时，东丽株式会社（Toray Industries）也在研发新技术，将树脂与聚轮烷材料混合，可将塑料张力提高 8 倍，弯曲强度达到原来的 50 倍。据悉，该原型车将于 2018 年下半年推出，由于采用了坚韧的聚合物材料，包括车身板材中使用了碳纤维增强型塑料，预计该车将比现有车型轻 38%。但成本是该技术应用的主要障碍。

2. 金属材料

（1）高强钢

高强钢在碰撞性能、制造成本方面较铝、镁合金具有明显的优势，能够在降低汽车整备质量的基础上不大幅度提高造车成本。为了应对汽车轻量化的趋势，国际钢铁企业联合投入了大量资金，开展了超轻质钢铁车身（ULSAB）、超轻质钢铁覆盖件（ULSAC）和超轻质钢铁车身—先进汽车概念（ULSAB‐AVC）等多个项目，研发新型高强钢和超高强钢材料的汽车。

（2）铝合金

理论上铝制汽车可以比钢制汽车减轻重量达 30%~40%，其中铝质发动机可减重 30%，全铝车身比钢材减重 40% 以上，汽车铝轮毂可减重 30%。大量使用铝合金的汽车，平均每辆汽车可降低质量 300kg。目前铝合金材料的应用主要集中在车身、底盘、发动机和车轮四个系统，涉及的零件包括：车身结构件、车身覆盖件、车门、底盘支架、发动机缸体缸盖、轮毂等。目前知

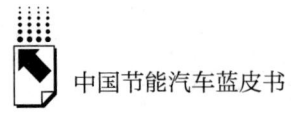

名应用车型有奥迪 A8、捷豹 XFL、福特 F-150、特斯拉 Model S 等。

(3) 镁合金

镁合金的密度比铝合金还要轻 33%、比钢材轻 77%,是工业金属结构材料中最轻的材料。采用镁合金可以在铝合金基础上进一步减轻 15% ~ 20%。目前北美三大汽车公司的某些车型上已经实现了单车使用 20 ~ 40kg 镁合金的水平。欧洲和日本也在加快镁合金在汽车零件上的应用。目前,汽车上已经实现了 60 多种零部件应用镁合金制造,应用车型有福特 Ranger、雪佛兰 Corvette、Jeep1993、保时捷 911 等。

(4) 钢铝混合车身

钢铝混合车身也是未来的一种趋势。最新款的宝马 3 系、宝马 5 系、奔驰 S 级、奥迪 A8、特斯拉 Model 3 的车身都是由多种材质混合搭配组成,其中奥迪 A8 抛弃了全铝车身,车身钢铁含量从上一代的 8% 变到了 40%,车身结构中高强度钢材的比例大大增加,再加上少量的镁合金和碳纤维材料,铝合金的比重只占到整个车身结构的 58%。由于高强钢相对于传统钢材具有减重作用,同时具备明显的价格优势,可同时满足轻量化、安全性、造价低等条件,从轻量化角度来说,它是考虑安全性、成本、减重效果之后,平衡出来的解决方案。

(三) 轻量化工艺

汽车轻量化工艺主要包括材料连接工艺与材料加工工艺等。

1. 汽车轻量化材料连接工艺

汽车轻量化连接技术包括激光焊接、搅拌摩擦焊、锁铆技术、自锁铆、胶粘连接等技术,通过上述先进连接技术将轻量化构件连接成零部件总成或车身,以达到较好的刚度和结构强度。

新一代奥迪 A8 车身的连接方式达到了 14 种,包括 MIG 焊、点焊、保护焊、远程激光焊等 8 种热连接技术和专门针对铝材的冲铆连接、用于不同材料拼接的自攻螺栓、卷边连接等 6 种冷连接技术。

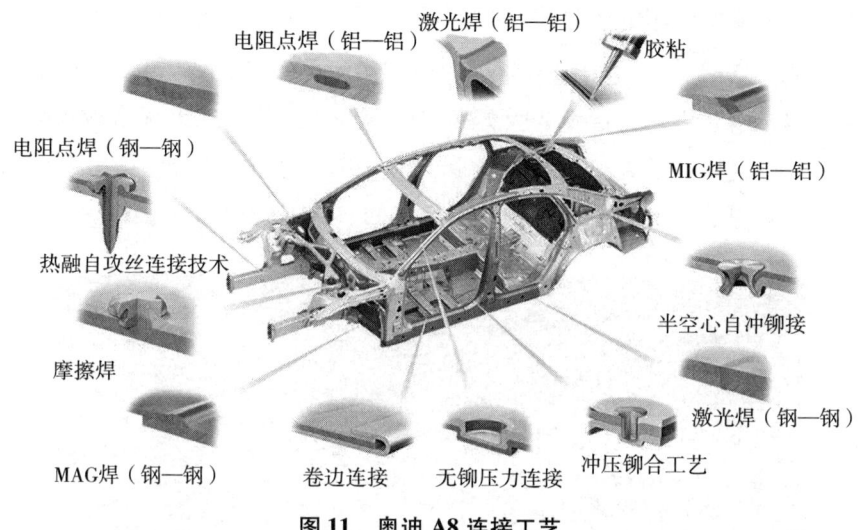

图 11 奥迪 A8 连接工艺

2. 材料加工工艺

JFE 钢铁研究所开发出一种新的成形技术——JFE 智能冲压成形技术，主要针对高强度薄板在汽车难成形部件上的应用，并开始进行部件的开发和试制研究。该技术的一个显著特点是通过优化薄钢板与冲压模间的摩擦行为来控制成形冲程，以避免加工过程中过大的冲压载荷，从而可使强度达 980 MPa 的材料应用于难成形部件，过去冲压这类部件只能使用 780 MPa 级的材料。

另外，镁铝合金超塑性成形、板材和管材的电磁成形、无模多点成形及板材的变截面辊压等新技术、新工艺正在不断完善、成熟，进而推动车身轻量化。

三 低摩擦技术

减小汽车行驶阻力是实现节能减排的重要途径。汽车行驶阻力主要包括：空气阻力、内部摩擦阻力以及滚动阻力。全球各个汽车企业从低风阻车身设计、低内阻产品设计和低滚阻产品设计入手，降低汽车的能耗和排放。

（一）低风阻设计

风阻系数与汽车油耗在一定程度上是成正比关系的，因此降低空气阻力系数，对于降低汽车的燃料消耗有重要的实际意义。例如，奥迪于9月推出的纯电动 SUV 车型——奥迪 e-tron。该车采用非全封闭式前格栅，在中间为通风造型，能获得相关设施的吸气和关键部件的散热。在进气格栅两侧以及底部配置进气口，最终将风阻系数降到 0.28Cd。此外，宝马新 5 系采用双肾型进气格栅，并对车身进行优化设计，使风阻系数仅为 0.22Cd。

图 12　奥迪 e-tron

（二）低内阻产品

汽车发动机中的摩擦是不可避免的，而且由发动机本身结构和工作特性所致，其所形成的摩擦都是有害而不利于发动机正常使用的。有资料和实验显示，发动机由于摩擦造成的损耗占汽车总损耗能量的 17% 左右。目前，降低发动机摩擦损耗的主要措施有涂层技术、机油的精确控制、采用低黏度机油等。

菲亚特旗下的工业制造公司柯马推出了一项叫作 PTWA（Plasma Transferred Wire Arc，线材等离子电弧喷涂）的技术。PTWA 技术通过热喷涂法快速对铝制汽缸内孔细密喷涂钢液微粒，钢液的厚度在 0.1~0.15mm，经过处理后的缸体摩擦损耗将会大幅度减小。除了减小气缸与缸体之间的摩擦损耗之外，PTWA 技术还可以使发动机汽缸重量减轻 0.5 公斤，从而使发动机运行效率更高。

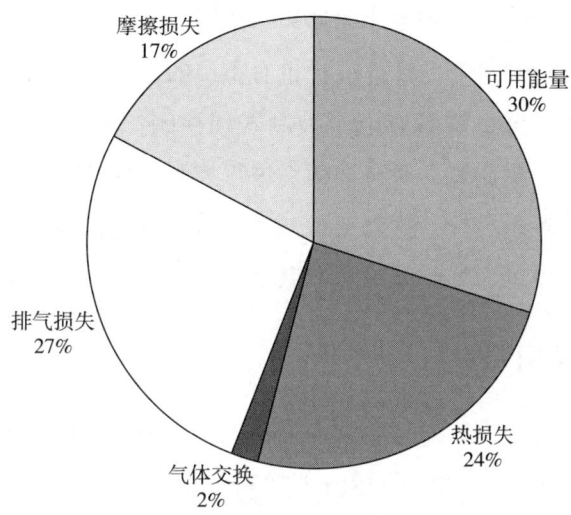

图 13　发动机能量流动

图 14　PTWA 耐磨涂层

适当降低机油的黏度可以降低机油的剪切力,从而降低自身的摩擦损失;如今应用较多的低黏度机油主要有壳牌喜力 HX7 5W -40/SN、壳牌喜力 HX3 15W-40/SL 以及美孚 1 号 0W-20 等。

机油的精确控制对降低摩擦损耗也有重要的作用。例如，活塞冷却的机油喷射停止系统，该系统具有电子控制式切换阀，可依据发动机冷却液温度、发动机转速、负荷等，对机油喷射进行控制，降低机油的过度消耗与稀释，降低摩擦损耗。另外，这套系统也可降低发动机热机时活塞冠面的积碳，而积碳的减少可为抑制低速早燃做贡献。

（三）低滚阻轮胎

在汽车行驶过程中，滚动阻力会损耗汽车动力，提高汽车能量损耗。研究表明，乘用车 14%~20% 的燃料消耗是由轮胎滚动阻力造成的。目前许多企业开始研发并应用低滚阻轮胎以实现节能减排。比如，固特异发布了一款低滚阻轮胎，这款轮胎是专为电动性能车而开发的，因其拥有低滚阻的特性，更适合瞬间扭矩更大的电动车型，该款轮胎最大的特点是耐磨性相比传统轮胎可增加 30%。固特异表示正在与汽车厂商洽谈这款轮胎的推广事宜，预计 2019 年将会有车型搭载此款轮胎。

图 15　固特异低滚阻轮胎

四 混合动力

按照电气化等级的不同，混合动力可以分为微混、弱混、中混、强混、混合策略插电混动、增程式插电混动这6个级别。从低到高，电池的容量依次增大，同时电池和电机能够输出的功率也依次增大，车辆可以更多地使用电力驱动，以此来提高燃油效率，或者是增加纯电续航里程。表1列出每个级别能够实现的功能，主电机功率，电池容量、电压、类型、效率、成本以及常见构型。

表 1 各级别混动参数

项目	自动启停	微混 (micro)	弱混 (mild)	中混 (moderate)	强混 (full)	混合策略混动 (blended PHEV)	增程式混动 (EREV)
减少怠速	✓	✓	✓	✓	✓	✓	✓
动能回收		✓	✓	✓	✓	✓	✓
停机滑行		可能有	✓	✓	✓	✓	✓
加速助力			✓	✓	✓	✓	✓
纯电行驶				可能有	✓	✓	✓
高速纯电					可能有	✓	✓
全工况纯电							✓
主电机功率（kW）	2~3	5~6	10~15	15~20	30~55	50~100	85~160
电池电压（V）	12	12~25	36~48	110~160	200~280	320~420	320~420
电池容量（kWh）	0.1~0.2	0.2~0.4	0.25~0.5	0.5~1	1.3~1.6	4.4~8.8	15~30
电池类型	铅酸	铅酸	铅酸/镍氢	镍氢	镍氢/锂离子	锂离子	锂离子
节省燃油（%）	2~4	4~7	8~12	15~20	25~35	—	—
增加成本（美元）	180~350	500~800	1000~2000	1500~3500	2000~4000	4500~8000	9000~12000
纯电续航（km）						17~40	55~120
常见构型	P0/P1	P0/P1	P0/P1/P2/P3/P4	P1/P2/Ps	P2/Ps/P3/P2P4/串联/串并联/PSD	P2/Ps/P0P4/P2P4/串并联	Ps/P4/P1P4/PsP4/串联/PSD

（一）典型混合动力系统简介

1. 48V 轻混动力系统

48V 系统的基本思想是将系统电压提高到 48V，使其带动更大功率的车载系统，实现和车上其他系统更好地整合。目前主流的 48V 系统核心部件包括 48V 电机、48V 锂离子电池组、48V/12V（DC/DC）转换器以及相应的控制模块。相较于高压混合动力系统，48V 微混系统能够以 1/3 的成本提供全混合动力 2/3 的好处，燃油经济性提高 15%～20%。

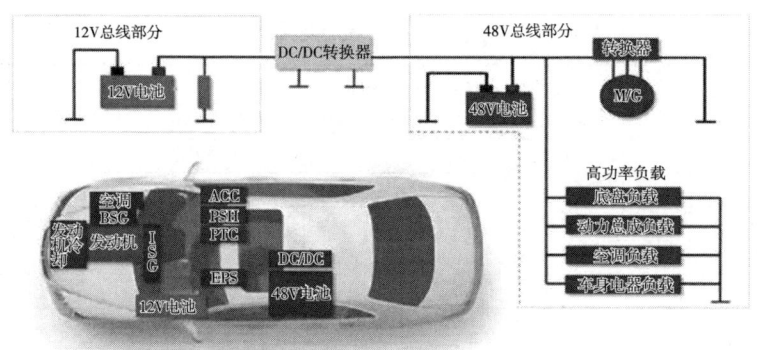

图 16　48V 系统架构

在欧美，车企和汽车零部件供应商都青睐于 48V 轻混技术（MHEV）：奥迪 A8、奔驰 S 级等旗舰车型上早有应用；大众规划推出高尔夫 MHEV 版；博世、德尔福、法雷奥等供应商巨头都在研发 48V 轻混方案，麦格纳甚至已经推出集成 48V 电机的 7HDT300 双离合变速箱。在中国，吉利于 2018 年 5 月推出的博瑞 GE MHEV，成为国内首款量产的 48V 轻混 B 级车型。

奔驰的 48V 微混系统：助力电机被称为 ISG，整合发动机和变速箱之间，进一步增强其助力效果。设计时除去发动机皮带对发电机的传动，缩短发动机尺寸，降低皮带传动噪音，而且随着电压的提高，在传统的废气涡轮增压基础上再增加电子涡轮，彻底根除发动机在低转速时的"涡轮迟滞"现象。

博瑞 GE MHEV 采用的法雷奥提供的第一代 48V 轻混方案百公里油耗

5.8L。这套混动系统属于最初级的 P0 混动,节油效果比较有限,为 8% ~ 15%。简单来说,就是通过一台更高电压和功率的启发电一体机,减小发动机负荷(甚至在部分滑行工况下实现停机),让发动机可以快速启动的同时,也能起到充电的作用,实现节油减排。P0 ~ P4 电机位置如图 15 所示。

图 17　奥迪 48V 微混系统

2. 舍弗勒 P2 混合动力模块

2018 年 3 月,舍弗勒全球首个 P2 混合动力模块在江苏太仓制造基地正式投产,该模块可以应用于采用不同类型变速箱的车型,可覆盖从中混到插电式强混的应用,是舍弗勒针对汽车动力总成电气化开发的一款模块化解决方案。该模块安装在传统内燃机和变速箱之间,包含一个高功率密度的永磁同步电机、一个干式 K0 离合器和一个中心式电机执行机构。整个系统可集成 25 ~ 80kW 的电机,通过离合器传递高达 250Nm 的扭矩(在结合单向离合器后可提高至 800Nm)。该模块可以实现多种驱动模式,包括纯电驱动车

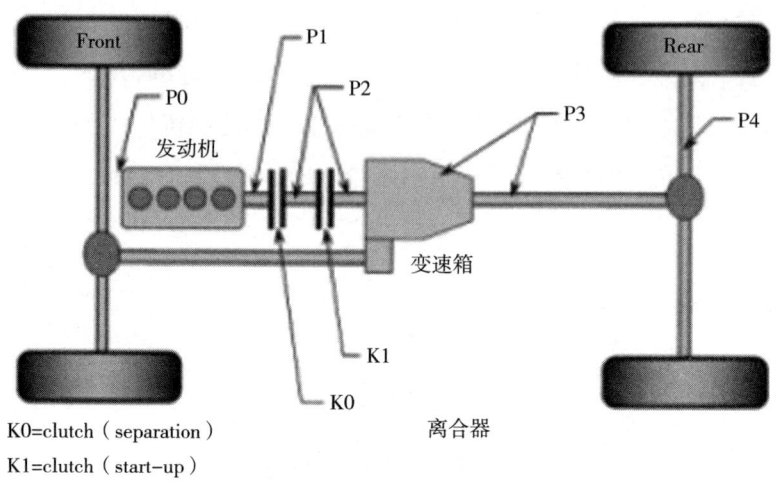

图 18　P0～P4 电机位置

注：P0，位于发动机前端，与皮带轮相连；P1，位于发动机内，电驱系统直接带动曲轴；P2，位于发动机与变速箱之间；P3，位于变速箱输出轴端；P4，驱动电机集成于后桥内。

辆起步和行驶、纯发动机驱动行驶、电机助力、在纯电驱动行驶中通过电机启动发动机，以及制动能量回收。搭载该模块的车辆在电机和发动机共同驱动模式下具有出色的车辆动力性能，当配备于插电式混合动力汽车（大于 50km 纯电续航里程）时，该模块可提高至少 70% 的燃油经济性。

目前，首个搭载舍弗勒 P2 混合动力模块的长安逸动 PHEV 已于 2017 年 10 月正式上市。

3. 比亚迪"P0 + P3 + P4"架构

P0 电机（BSG 皮带启动/发电机）负责自启停、能量回收、扭矩辅助；P3 电机和 P4 电机分别驱动前后轮，实现"全时电四驱"，兼顾动力与经济。由于"P0 + P3 + P4"同时存在，第三代 DM 技术的动力联合方式比丰田的模式更丰富、动力更强，可以实现发动机驱动、纯电行驶、动能回收、串联驱动、油电并联四驱等混联模式，覆盖了日常驾车的种种工况。

"P0 + P3 + P4"构型可以让每一个电机都发挥最大效用，同时燃油发动没有采用偏重经济性但牺牲动力的阿特金森循环方式，保留了性能优势。搭载第三代 DM 技术的全新一代唐 DM，最大功率达到 441kW（600PS），最大扭矩达到 950Nm，系统功率与扭矩相比第二代 DM 分别提升 19% 和 16%，最快破百时间达 4.3 秒。同时配有大功率 BSG 电机，最高动能回收发电效率可达 94%，使得它能够实现快速充电，在某些工况充电速度可超过耗电速度，最终可达到 1.6L/100km 的超低综合油耗。

作为节能汽车的重要组成部分，混合动力汽车技术不断成熟、行业竞争力不断增强。在一系列宏观政策的指引下，中国汽车产业正在发生深刻变化，混合动力作为当前最成熟、高效的节能技术路径，在我国有望迎来快速发展，为我国实现汽车产业强国目标提供有力的支撑。

（二）自主混合动力系统应用跟踪研究

由科力远公司和吉利汽车联合研发应用的 CHS 系统，是国内目前唯一拥有自主知识产权并实现规模产业化应用的自主乘用车混动系统。

1. 搭载车型能耗现状

目前，搭载 CHS1800 平台的产业化车型共有 4 款，搭载 CHS2800 平台的产业化车型共有 1 款，各车型能耗表现如表 2 所示。其中吉利 HEV 车与吉利 CVT 原型车的公告和路试油耗（采用跟车对比测试方法）对比如图 19 所示。由图 19 可知，搭载 CHS1800 产品的帝豪 HEV 车比帝豪 CVT 车节省能耗 35% 以上。

表 2 开发车型能耗情况

品牌	类型	B 条件油耗（L/100km）	纯电续驶里程（km）	百公里综合能耗（L/100km）	排放	备注
吉利	HEV – ClassA	—	—	4.9	国V	已上市 搭载CHS1800
吉利	PHEV – ClassA	4.7	61	1.4	国V	已上市 搭载CHS1800
小康	HEV – SUV	—	—	5.8	国V	已公告 搭载CHS1800
小康	PHEV – SUV	5.2	70	1.4	国V	已公告 搭载CHS1800

续表

品牌	类型	B 条件油耗（L/100km）	纯电续驶里程（km）	百公里综合能耗（L/100km）	排放	备注
长安	HEV-MPV	—	—	5.6	国Ⅵ	摸底试验搭载 CHS2800

2. 能耗改善原因分析

图 20 为帝豪 HEV 能耗公告试验数据，可知其实现能耗改善的主要原因有发动机起停、发动机无级调速和制动能量回收三项。

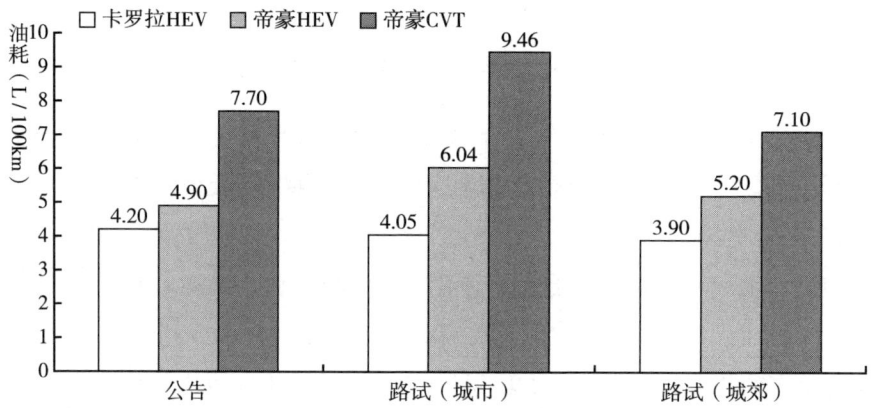

图 19 帝豪 HEV 车、帝豪 CVT 车、卡罗拉 HEV 车油耗对比

注：①帝豪 HEV 和帝豪 CVT 车均搭载 1.8L 自然吸气发动机；②路试油耗值为多次测量的平均值。

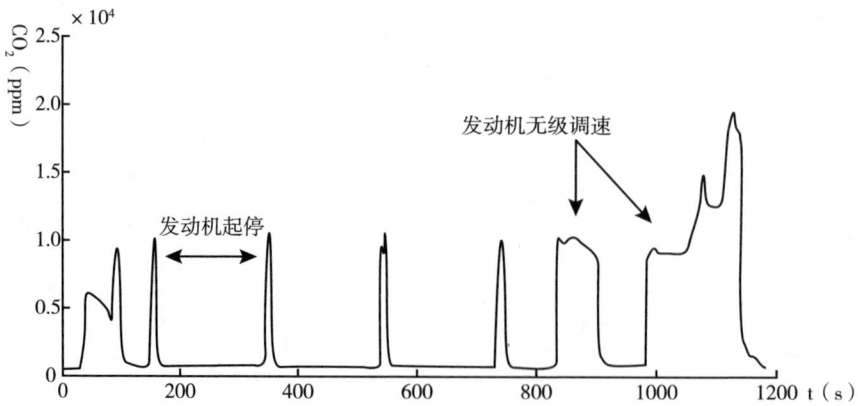

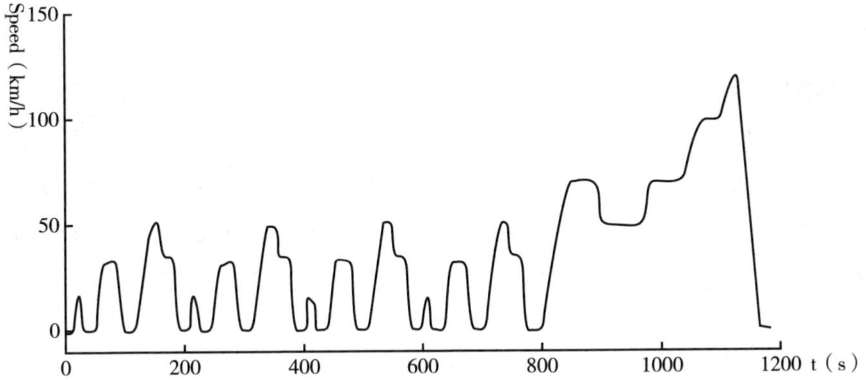

乘用车节能技术发展动态研究

（a）CO_2排放

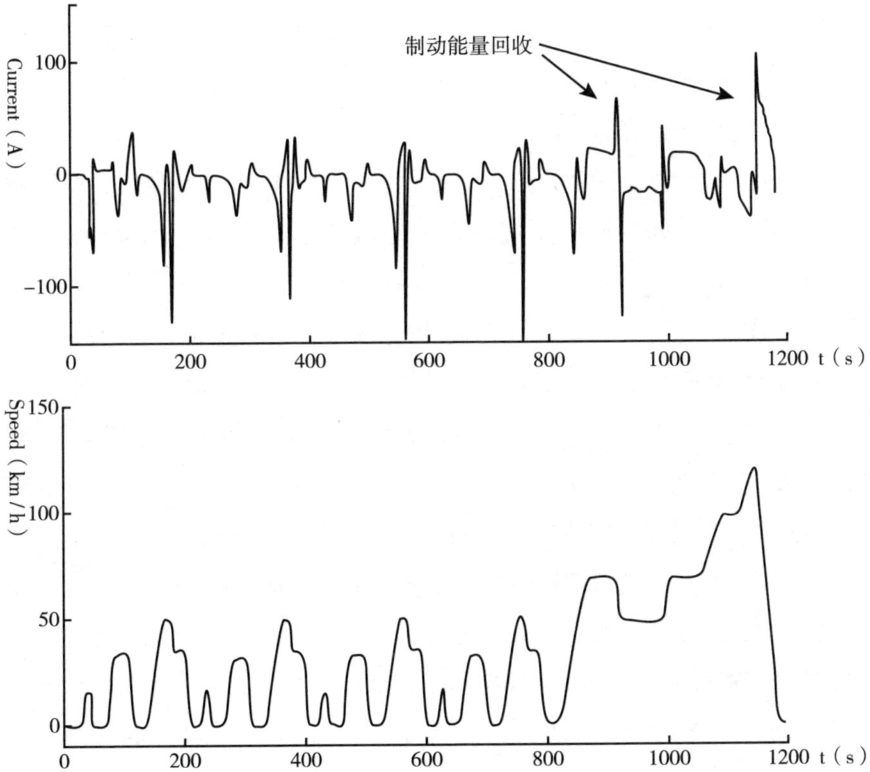

制动能量回收

（b）动力电池电流

图20　帝豪HEV车油耗排放数据

（1）发动机起停

如图20（a）所示，工况测试开始后发动机立即起动，但发动机转矩因催化器未起燃而受到限制，因此该阶段CO_2排放量较少。当催化器起燃完毕且发动机热机后，发动机停机进入纯电动模式。随后的三个城市工况中，整车主要以纯电动模式运行，发动机工作时间短，发动机燃油消耗量及CO_2排放量明显减少。所以，发动机起停技术是实现帝豪HEV车比帝豪CVT车节能的主要原因。

（2）制动能量回收

如图20（b）所示，不论纯电动模式还是混合动力模式，在制动工况中动力电池电流为正，整车动能经电机回收并存储至动力电池，并应用于后续纯电动驱动或混合动力电机助力，提升了整车的燃油经济性。所以，制动能量回收功能是实现帝豪HEV车比帝豪CVT车节能的主要原因。

（3）发动机无级调速

如图20（a）所示，在城郊工况的两个70km/h匀速行驶段，CO_2排放量不同，说明在相同的整车工况下，发动机工作点不同，CHS1800产品具备无级调速功能。虽然帝豪CVT车也具备无级调速功能，但其发动机转矩与输出端转矩，以及发动机转速与输出端转速必须满足同一速比关系。而CHS1800产品则通过复合行星排和双电机实现了发动机转速、转矩与输出端转速、转矩的完全解耦。因此，发动机无级调速功能是实现帝豪HEV车比帝豪CVT车节能的主要原因。

3. 与市场主流混动车型的油耗对比

帝豪HEV与卡罗拉HEV的公告油耗及路试油耗对比如图19所示，可知，目前帝豪HEV与卡罗拉HEV的公告油耗差距仍有15%，城市工况路试油耗差距仍有33%，城郊工况路试油耗差距仍有25%（CHS1800和THS结构和工作原理等的对比，在上年度蓝皮书中已说明，这里不再重复）。

4. 下一步优化措施

为进一步提升CHS混合动力系统的节能效果，科力远在第一代CHS1800平台产品的基础上，对结构、控制和匹配等方面进行优化，开发出第二代 CHS2800 平台产品。具体优化措施如表 3 所示，两代产品的杠杆示意如图 21 所示。

表3 CHS2800 动力总成节能改进措施（对比 CHS1800 动力总成）

序号	CHS1800	CHS2800	改善效果
1	湿式制动器 B1	多模离合器 B1	结构紧凑 传递转矩大 自由端摩擦转矩较小
2	无	增加 C0 离合器	增加一个纯电动速比 减小纯电动噪音 改善起停平顺性 提升制动能量回收效率(不用倒拖发动机)
3	无	增加 C1 离合器	增加一种功率分流模式 增加两种 P2 并联混合动力模式,改善动力性
4	复合行星排	传统行星排组合	增加传递转矩 减小齿轮噪音
5	转子泵	叶片泵	减小噪音 高低压油路分离，降低能耗
6	传统主减速器	行星排式主减速器	减小变速箱尺寸和重量
7	转矩控制为主、功率控制为辅的软件策略	功率控制为主，转矩控制为辅的软件策略	提升能量管理效率 提升动力电池寿命
8	高耦合度软件架构	低耦合度软件架构	提升软件可扩展性和可维护性 降低"共因故障"发生率
9	传统自然吸气发动机	缸内直喷增压发动机	降低发动机燃油消耗率 扩大发动机高效工作区
10	传统催化器 （起燃 40~50s）	新型催化器 （起燃 10~20s）	改善发动机工作点 优化起停时机

（1）采用多模离合器

CHS1800 产品在行星架处设有湿式制动器 B1，而 CHS2800 产品在行星架处设置多模离合器 B1，如图 22 所示。采用该方案后，使制动器 B1 的传递转矩增大（处于"单向锁止"状态时），带排损失减小（处于"自由"状态时），并且使制动器 B1 总成的结构尺寸减小，简化了结构设计难度。

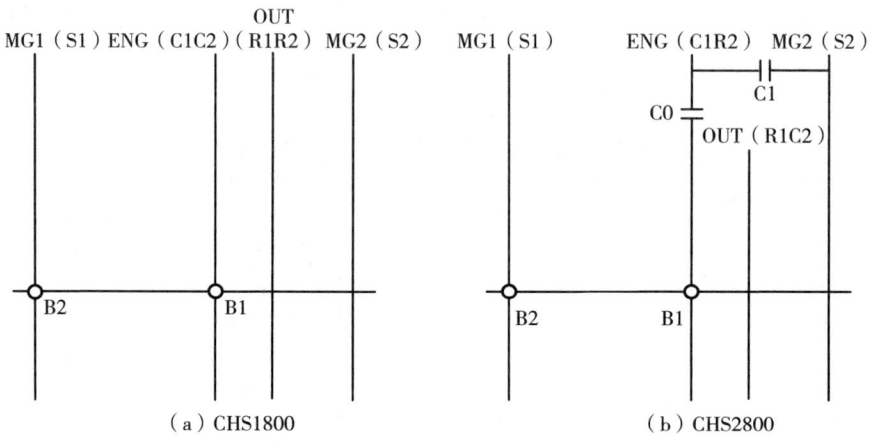

图21 产品结构杠杆示意图

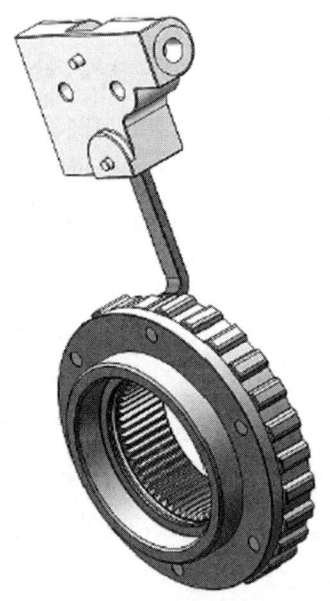

图22 多模离合器B1

（2）增加C0离合器

CHS1800产品纯电动时，湿式制动器B1锁止，电机输出转矩驱动车辆前行。由于发动机与行星架直接刚性连接，当纯电动车速过高时，电机转速上升，电机噪音增加，效率下降。当系统纯电动至混合动力模式切换时，发动机（未喷油点火）泵气阻力转矩将直接传递至整车传动系，影响整车平顺性。

如图 23 所示，通过增加 C0 离合器，使 CHS2800 纯电动时多了一个速比（2 挡纯电动），提升了电机的运行效率。由于发动机未与行星架刚性连接，高速纯电动时（3 挡纯电动模式）行星架转速不受限制，降低了电机的运行转速。系统纯电动至混合动力模式切换时，通过控制 C0 离合器接合，有效避免发动机泵气转矩直接传递至整车传动系，改善模式切换过程平顺性。同时，制动能量回收时断开发动机与传动系的连接，避免发动机倒拖而提升制动能量回收效率。

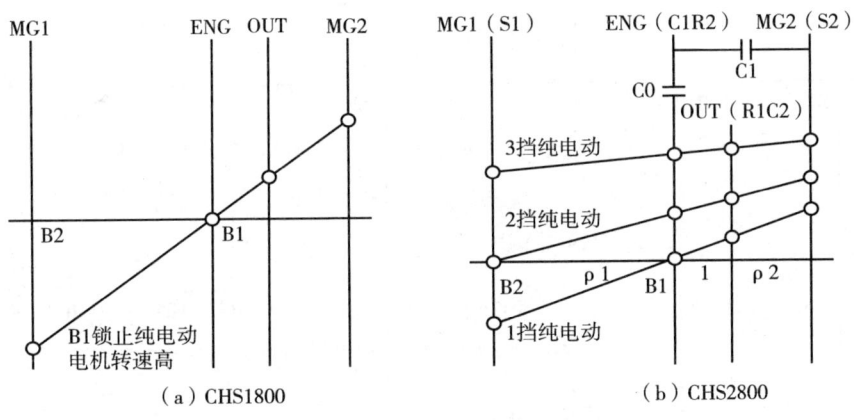

图 23　CHS1800 和 CHS2800 纯电动模式对比

（3）增加 C1 离合器

CHS1800 产品只有一种功率分流模式，系统高效工作区间有限。由于发动机和电机非同轴相连，二者转矩无法线性叠加，电机动力性未能充分发挥。CHS2800 产品通过增加离合器 C1，使系统增加了一种功率分流模式和两种 P2 并联混合动力模式（如图 24 所示），使系统效率和动力性大幅提升。

（4）采用传统行星排组合

CHS1800 平台采用的新型复合行星排虽然结构紧凑，且相较于传统拉维娜式行星排更适合用于功率分流混合动力系统。但其传递转矩能力受结构尺寸约束，且齿轮噪音表现不佳，影响了产品线的拓展。CHS2800 平台则采用传统行星排组合，充分利用了 SUV 或 MPV 的前机舱空间，增加了系统输出转矩，并改善了齿轮噪音表现。

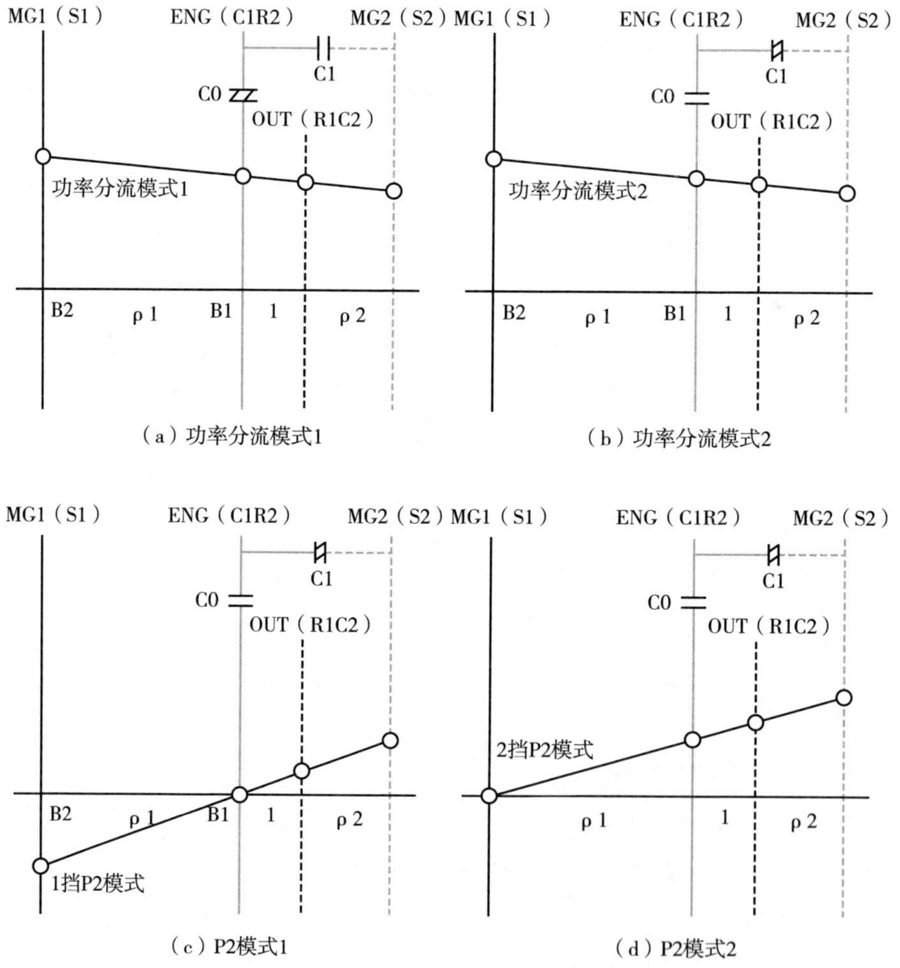

图 24　CHS2800 功率分流模式及 P2 模式

（5）采用叶片泵

CHS1800 平台采用传统齿轮泵，由于仅使用制动器 B1 和 B2，采用高低压油路共用油源的设计方案。而 CHS2800 增加了湿式离合器 C0、C1，以及多模离合器 B1。对液压系统的技术要求明显增加，因此，采用高低压油路独立供油的叶片泵，如图 25 所示。采用该供油方案后，液压噪音和液压系统能耗明显降低。

（a）CHS1800-齿轮泵　　　　（b）CHS2800-叶片泵

图 25　CHS1800 和 CHS2800 油泵对比

（6）行星排式减速器

CHS1800 产品由于输出转矩较小，采用传统齿轮进行减速。而 CHS2800 因输出转矩较大，为进一步控制产品尺寸和重量，采用行星齿轮进行减速。

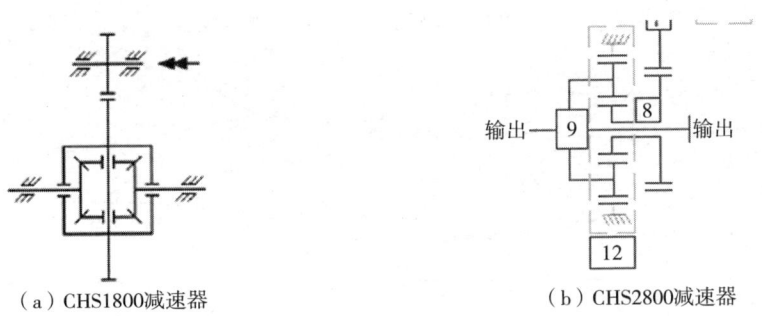

（a）CHS1800减速器　　　　（b）CHS2800减速器

图 26　CHS1800 和 CHS2800 减速器对比

(7)功率控制优化

CHS1800平台控制软件以转矩控制为主、功率控制为辅。而CHS2800平台控制软件则以功率控制为主、转矩控制为辅。因此,系统运行期间动力电池功率始终能控制在期望范围内,保证了动力电池的健康状态,提升了动力电池使用寿命。同时,精准的功率控制方案有效地保障了整车能量管理策略的实施。

(8)软件架构优化

CHS1800平台控制系统采用高耦合度软件架构,因此容易产生"共因故障"。而CHS2800平台控制系统采用低耦合度软件架构,有效降低"共因故障"的发生概率,并且提升了软件的扩展性和可维护性。

(9)匹配缸内直喷增压发动机

CHS1800产品匹配的发动机为传统自然吸气发动机,发动机燃油消耗率较高且高效区狭窄。而CHS2800产品匹配的发动机为缸内直喷增压发动机,发动机燃油消耗率较低且高效区宽阔。匹配新发动机后,进一步发挥了功率分流变速箱的"无级变速"效能,极大地提升了整车燃油经济性。帝豪PHEV和长安HEV所匹配发动机的特性曲线如图27所示。

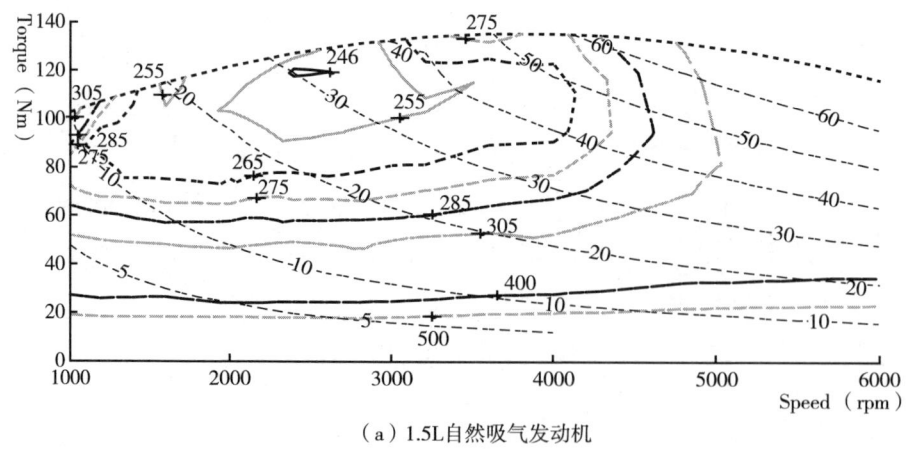

(a)1.5L自然吸气发动机

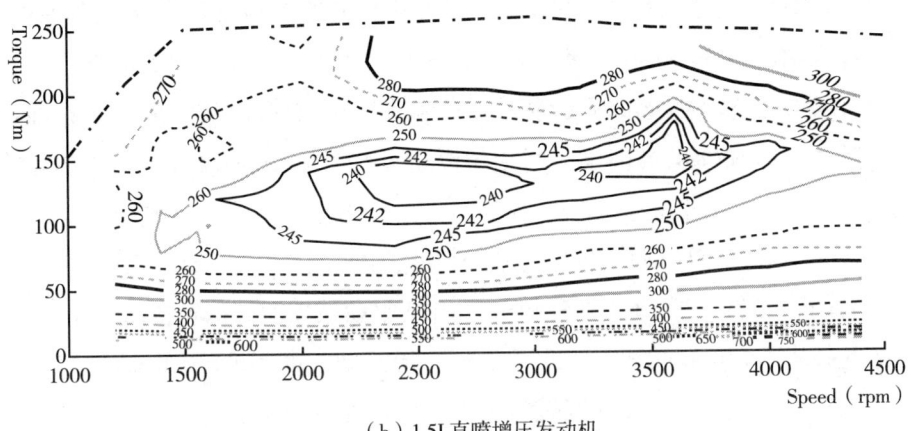

(b) 1.5L直喷增压发动机

图 27　CHS1800 和 CHS2800 匹配发动机特性对比

（10）缩短催化器起燃时间

CHS1800 产品所匹配发动机的催化器起燃时间为 40~50s，为满足排放要求，起燃过程中发动机输出转矩受到限制。CHS2800 产品所匹配发动机的催化器起燃时间为 10~20s，使发动机能够快速进入高效区工作，并且使系统更早地进入起停控制模式。

五　替代燃料

节能减排无疑是当今汽车行业亟须解决的问题之一，在汽油和柴油之外，引入新的清洁能源是解决问题的根本所在。使用替代燃料将减轻并最终消除因石油供应紧张带来的各种压力以及对经济发展产生的负面影响。

（一）压缩天然气（CNG）

天然气汽车是当前最成熟、应用最广泛的一种替代燃料汽车。相关资料显示，压缩天然气 CNG（Compressed Natural Gas），是汽车运输行业中首选的环保燃料。相比传统的汽油或者柴油发动机，CNG 燃烧更加充分，污染物排放也更低。能够使排放尾气中的 CO 减少 97%、碳氢化合物减少 72%、氮氧化合物减少 39%、CO_2 减少 24%、SO_2 减少 90%、噪音减少 40%。而且 CNG 不含铅、苯等致癌的有毒物质。CNG 燃料中没有重烃，所以燃料在燃烧过程中可以减少积炭现象，可延长汽车大修时间 20% 以上，润滑油更换周期延长到 1.5 万公里。

当大多数汽车厂商将全部重点放在电力驱动时，奥迪选择双管齐下——电力驱动和天然气驱动，并分别开发出电驱动技术（e-tron 技术）和 CNG 双燃料技术（g-tron 技术）。最近，海外新发布一款 A5 Sportback g-tron 车型。该车型搭载奥迪 g-tron 双燃料技术。该燃油供给系统是在普通燃油车的基础上又增加了一套液化天然气储存和输送装备。燃油经济性方面，双离合版本车型以天然气为燃料时，消耗量为 3.8kg/100km，续航里程可达 500km，成为一款真正的天然气车。当天然气储量下降到 0.6kg 以下时，将切换至汽油模式，并能够增加 450km 的续航里程。

菲亚特动力科技引入最新款天然气发动机——Cursor 13 Natural Gas。该款天然气发动机动力强大，当转速为 1900rpm 时，可实现最大功率 460hp。当转速为 1100rpm 时，可实现峰扭矩 2000Nm。相较于菲亚特动力科技推出的 8.7L 天然气发动机，Cursor 13 NG 最大功率和峰值扭矩的增幅分别超过了 15% 和 18%。相较于柴油发动机，这款新发动机的二氧化碳排放量降低了 9%。若采用生物甲烷，二氧化碳排放量将接近于零。相较于符合欧六标准的柴油发动机，Cursor 13 NG 发动机的颗粒物降幅可达 98%，氮氧化物排放值降低 48%。

（二）甲醇燃料车

甲醇是一种清洁燃料，甲醇汽车是一种低排放汽车，据测算，以甲醇为代表的醇基燃料代替燃煤锅炉并作为车用燃料，空气中 PM2.5 将减少 80% 以上、二氧化硫将减少 95% 以上、氮氧化物将减少 90% 以上、二氧化碳减排 50% 以上。

吉利在近期完成的第一阶段测试中，车队由 6 辆吉利帝豪甲醇车组成，

乘用车节能技术发展动态研究

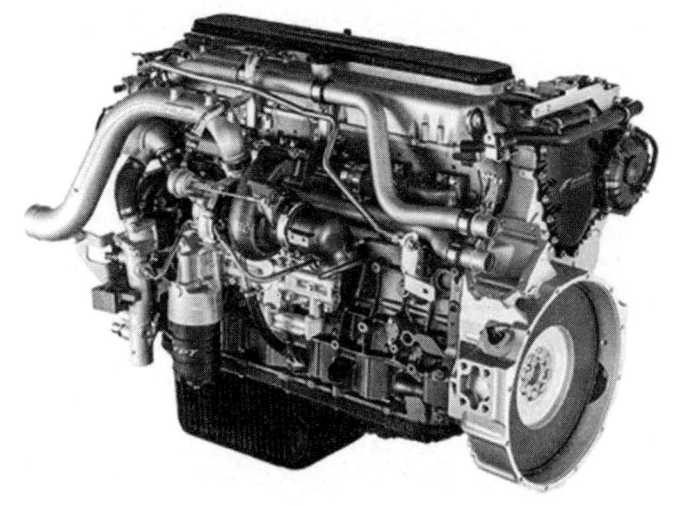

图 28　Cursor 13 Natural Gas

车队行驶了约 15 万公里（约合 9.3 万英里），平均百公里耗醇 15.36 升，每升甲醇 1.9～2.5 元，与天然气相比燃料经济性相当，运行经济性较好。

吉利帝豪搭载一款 1.8 升发动机，最大功率为 127 马力，可使用汽油和甲醇燃料，为解决在低气温状况下车辆启动困难的问题，该车配备 50 升甲醇油箱及一个 10 升汽油箱。车辆启动时使用汽油，当发动机气温达到预设温度时，自动转换使用甲醇燃料。与传统汽油车相比，该车型平均 WTW（从油井开采到车辆使用整个过程）碳排放减少了 70%。

图 29　吉利帝豪甲醇车

115

我国甲醇汽车在长期发展过程中已经完全掌握零部件生产核心技术，并已经具备自主研发和生产能力。

六 先进电子电器

（一）排气热能回收

汽车传动系统产生的1/3能量以热能的形式通过排气系统流失。在对采用朗肯循环的小型车用汽油机排气余热回收系统进行的研究中，通过发动机排气能量分析发现，在主要运行工况内，通过排气带走的能量占所消耗燃料能量的25%~40%，排气温度为500~750℃，具有较大的回收潜力。

作为世界首例，佛吉亚成功在现代新款IONIQ混合动力车和插电式混合动力车上装载了紧凑型排气热能回收系统，根据美国环保署联邦测试程序（FTP20）测试，可节省近3%的燃料消耗。排气热能通过整合在排放管线上的气体/液体交换器进行回收。近3kWh能量被输送到发动机冷却系统，用来加热发动机和驾驶舱。这样可使混合动力车长期处于电动模式，从而提高燃料的经济性并减少CO_2的排放。此外，汽车制造商可以缩小或者舍弃昂贵的电子辅助座舱加热器。一旦达到设定的冷却温度，将激活控制阀，使该系统完成分路，避免发动机过热。

佛吉亚紧凑型排气热能回收系统重量不足3kg，并提供最佳的包装方式，以方便在靠近汽车发动机的位置安装，从而最大化回收余热。该方案在市场同类产品中颇具竞争优势，通过更快速地预热发动机和提高电动模式使用率，可节省约7%的燃料消耗。

（二）悬架能量回收

汽车在道路上行驶时，路面不平会引起汽车的振动。通常情况下这部分振动机械能由汽车悬架减振器以摩擦的形式转化为热能，最终耗散在空气中。随着汽车节能要求的提高，一种既可以改善汽车的行驶平顺性又可以回收振动能量的馈能悬架应运而生。

馈能悬架根据不同结构形式可以分为机械式、电磁式及混合式,以电磁式馈能悬架为例,采用机/电转换装置(电机)代替传统阻尼器,将车轮和车体之间相对运动化为直线或旋转运动,进而驱动电机进行发电,将车轮或车身的振动能量转换为电能进行存储,用于悬架的主动控制或者为其他电器设备供电。

奥迪是较早投入相关产品开发的企业之一。早在2014年奥迪就在开发一款用来回收"悬架能量"的系统。与前面所说的馈能悬架原理一致,在车行驶过程中,减震器会逐渐升温,由此产生的热量一般都会散逸到空气中浪费掉,而奥迪推出的新系统通过发电机将这些能量回收。回收的能量都将储存在电池组中,用来为混动车动力总成中的电机或传统汽车的电力电器元件供电。这项系统可以减轻内燃机的工作负荷,提升燃油经济性。在测试中,奥迪所开发的eROT震动能量回收系统在德国的普通道路上回收功率能够达到$0.1 \sim 0.15$kW。在新铺装的路面上回收功率仅有3W左右,而在老旧破损的路面上功率能够达到613W。通过悬挂回收的能量储存在容量0.5kWh电压48V的蓄电池中。这一原型车每公里的二氧化碳排放削减了3克。据专家预测,在这一技术的帮助下,未来的混动车型每百公里能够节约燃油0.7L。

(三)电子水泵、电控硅油离合器

发动机内的风扇、水泵及其他组件加在一起占了发动机功耗的$10\% \sim 20\%$,仅风扇在高负荷运转的情况下就占了$8\% \sim 10\%$。如果把这些功耗降下来,发动机的性价比至少提升一个点。

博格华纳目前所生产的ATCP电子冷却水泵,当发动机运转时,集成控制器直接与发动机控制器对话,维持能使发动机保持最佳状态的流速,根据具体的应用需求,在$0 \sim 100\%$实现动态变化,延长系统寿命、提高燃油效率并降低排放;当发动机关闭时,ATCP将热能传输到加热器中心(或热交换器),使得辅助系统保持最佳的工作温度。

电子控制性离合器不同于传统的双金属感控制模式,它可直接读取发动机控制模块 ECU 信号,由离合器内部电磁阀根据发动机各部位温度传感器所提供的信息控制冷却风扇的转速,从而实现更为精确、迅速的反应。根据博格华纳热能系统欧洲技术中心测试,采用电子控制硅油风扇离合器技术的冷却系统,与固定风扇冷却系统相比,可减少消耗发动机功率 4.2%,与采用传统双金属感控硅油离合器技术的冷却系统相比,可减少消耗发动机功率 1.2%。

图 30　电控硅油离合器

图 31　电子水泵

B.7
商用车节能技术发展动态研究

摘　要： 商用车销量虽在市场中占比较小，但燃油消耗占到了车用汽柴油消费量的52.5%，发展商用车节能技术将对汽车产业降低能耗贡献巨大。本文基于商用车节能技术路线分析，对典型节能技术及典型企业技术产品进行了深入研究，并对发展先进节能技术所带来的整车技术成本及单项技术成本提升进行了预测。

关键词： 商用车　节能技术　经济性

一　商用车节能技术路线

（一）商用车燃料使用

随着空气污染加剧、节能压力加大，世界各国针对汽车的燃料消耗量和排放法规正不断加严。重型商用车作为生产资料，具有单车燃料消耗量大、年行驶里程长的特点，对该类重量级别的商用车实施节能管理将会极大改善环境质量和降低油耗水平。

随着商用车保有量的增加及其占公路运输的比重加大，商用车节能技术变得越来越重要。

商用车的节能减排已成为各大汽车厂商的发展重点，图3总结了国际大型汽车制造商重型汽车节能目标。

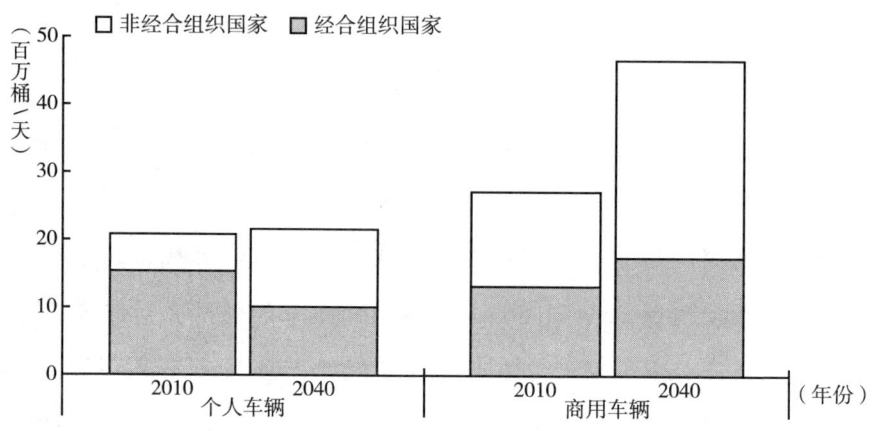

图1 2010年和2040年商用车燃料使用趋势

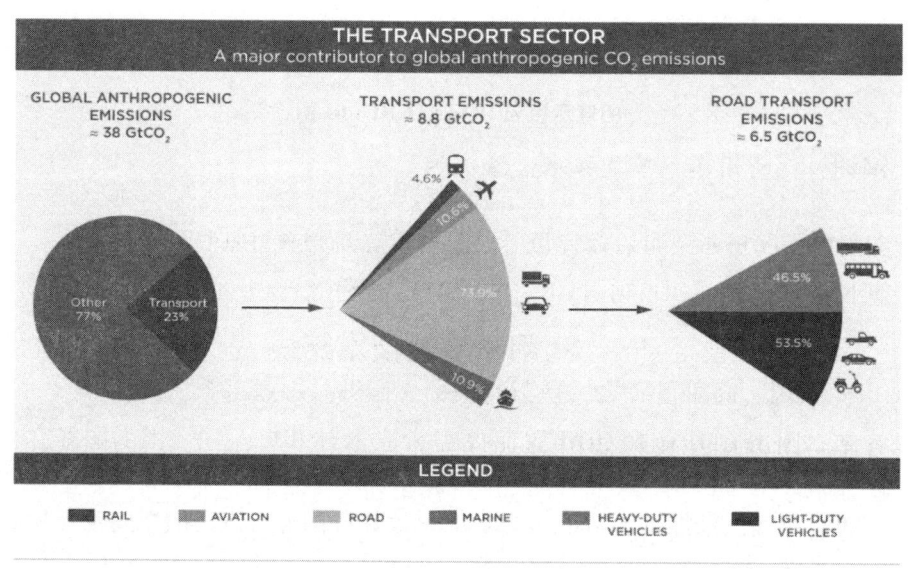

图2 商用车CO_2排放占比

（二）商用车节能技术方向

卡车油耗影响因素主要有人的因素、车的因素及路的因素三个方面，其中车的影响因素最大，每一个大的影响因素下面细分了具体系统的影响因素，各个系统的影响因素里面又细分了具体的影响要素，详见图4。

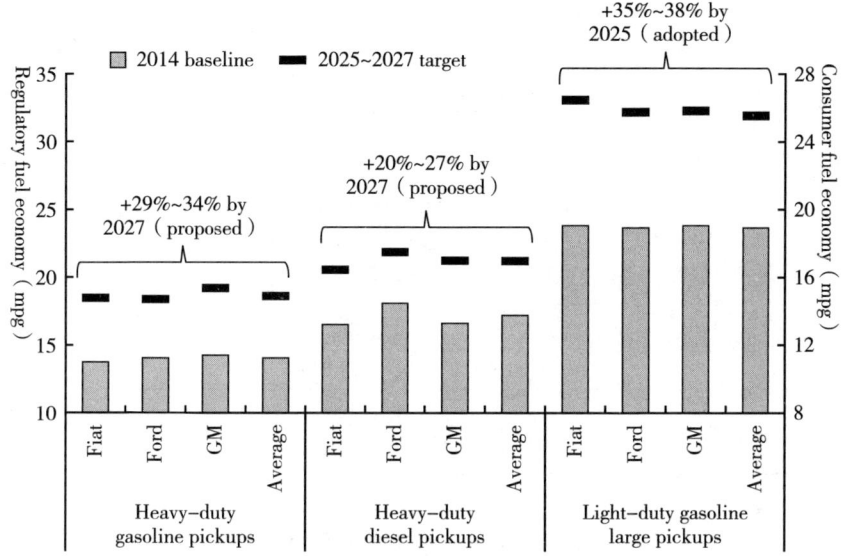

图3 各公司商用车油耗值预测

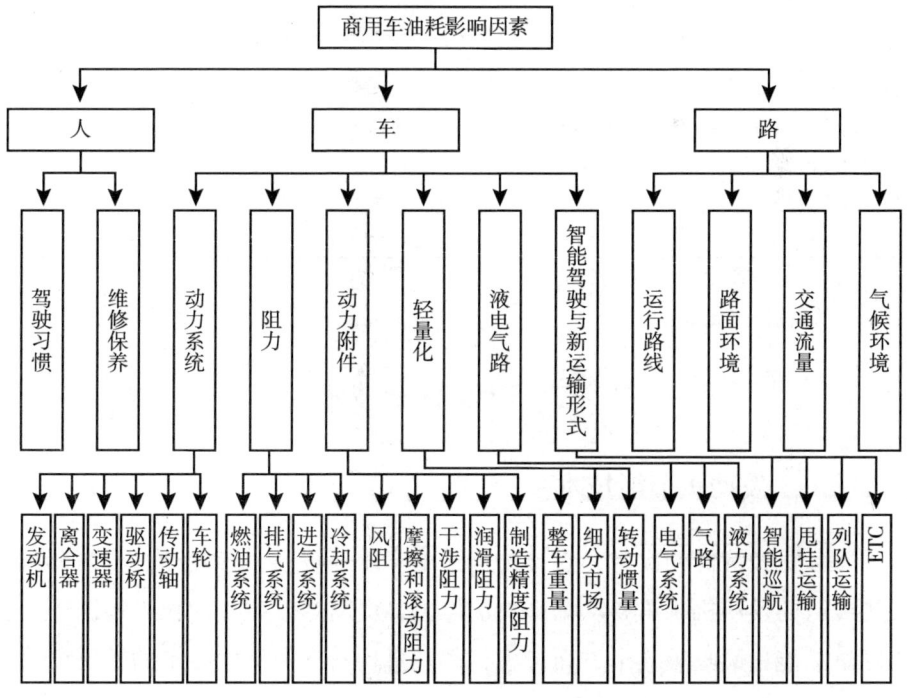

图4 商用车油耗影响因素

表1　传统节能技术的潜力挖掘

序号	技术类别	技术优化方向
1	高压共轨技术	喷油压力提升至200MPa以上
2	燃烧的改善	多次喷射，优化喷油规律，均质燃烧
3	增压器优化	VGT技术，提高低速扭矩和动态响应，扩大发动机经济范围；两级增压技术，提升低速扭矩和满负荷时的性能；增压复合技术，提升对废气和涡轮过剩动力的利用效率
4	电控附件	水泵、空压机、节温器等附件的电控，实现实时控制，可以提升能M利用效率，避免不必要的能S损耗
5	变速器	AMT、DCT技术，减少驾驶员个体差异的影响，提升换挡效率，确保发动机工作在经济范围

表2　国际机构对整车相关节能技术的效果评估

单位：%

技术	国际能源署（IEA）评估	国际清洁交通委员会（ICCT）评估	美国高速公路安全管理局（NHTSA）评估
悬浮桥	—		1
轻量化	2~5	2~5	0.5~5
空气动力学（整流罩）	0.5~5	10~20	2~10
主动空气动力学套件	5		
低滚阻轮胎	5	2~4	4
自动轮胎充气系统	—	0.5~2	—

二　典型节能技术

（一）发动机节能技术

发动机经济性的优劣，直接决定了整车的经济性，各发动机厂商都在开发更经济的发动机，主要从提高喷油压力、提高热效率、优化工作循环、熄火断缸、能量回收等几个方面考虑，国际机构对动力节能技术的效果评估如表3所示，相比较而言，能量回收和重混的节能效果较为显著。

表3 国际机构对动力总成节能技术的效果评估

单位：%

技术	国际能源署（IEA）评估	国际清洁交通委员会（ICCT）评估	美国高速公路安全管理局（NHTSA）评估
涡轮增压/小型化	5	1~5	1~3
喷油控制,优化燃烧	5	2~4	1~2
可变油泵、水泵	1~4	0.5~4	1~3
可变空压机	3.5	—	—
机械增压复合	4	0.5~4	2.5
电子增压复合	7	0.5~5	4~5
底循环、余热回收	1.5~10	2~8	6~10
降低怠速时间	—	4~7	2~9
AMT	4~6	2~3	4~8
启停系统	5~10	0~2	1~3
能量回收（飞轮量合动力）	城区:15~22；长途:5~15	3~5	5~9
能量回收（液压混合动力）	城区:12~25；长途:12	—	—
重混	城区:15~30；长途:4~10	—	10~30

（二）空气动力学

据统计经验，车辆高速行驶时，空气阻力所造成的油耗约占总油耗的50%，因此各主机厂都在致力于不断降低风阻系数，包括驾驶室造型圆润化设计、遮阳罩和防护栏的安装、导流罩的安装等。

汽车外部的气流规律研究发现，设计出更加合理的车身结构，在适当的位置装置导流板或扰流板，可以巧妙地利用局部气流的冲刷作用来降低汽车风阻系数。不同位置的导流板的节能效果如表4所示。

表4 国内商用车空气动力学节能技术效果评估

单位：%

技术	节油效果	空阻变化
车顶导流板	4~0	5~20
侧导流板	2~3	4~5

续表

技术	节油效果	空阻变化
底盘导流板	2~4	4~7
尾部导流板	4~6	6~10

以曼恩卡车为例，驾驶室顶部导流罩、侧翼扰流罩和导流罩用于弥补牵引车和挂车高度差和间隙，以保证气流平顺流过，减小气流对挂车前端的二次冲击，减小侧向风所带来的风阻；货箱包角（圆弧形）可与导流罩和扰流罩形成一体化，将风阻降到最低；驾驶室顶部圆弧形设计用于保证气流良好的通过性等。

①前部侧面扰流罩
②驾驶室顶部导流罩
③驾驶室顶部侧翼扰流罩
④驾驶室侧翼导流罩
⑤车身侧面扰流板
⑥货箱包角
⑦挂车车轮扰流板

图5 曼恩卡车减阻动力学组件

气流扩散器目前被广泛应用于F1赛车及乘用车领域。在没有气流扩散器的情况下，气流从车辆底部流出后由于截面积增大，在车辆后方极易产生涡流，一方面会在车辆后方形成负压区，使得车辆的压差阻力比较大；另一方面涡流会阻挡气流的排出，使得气流在底部堆积，增大气流对底部凸出物的干扰阻力。气流扩散器是在车辆后部下方加装几个隔板把从车辆底部流出来的气流分隔开，抑制车辆后方涡流的形成，产生一种"抽气效应"，使挂车底部的气流顺利排出，减少干扰阻力，减小车尾的负压区，减小整车的压差阻力。

商用车节能技术发展动态研究

图 6　气流扩散器

涡流发生器在商用车上也有应用。其原理与乘用车的鲨鱼鳍天线类似，即将气流由层流边界层转捩为湍流边界层（小的涡流），湍流边界层的压力比较小，可以抑制涡流的发生，使气流更容易贴着车身表面流动，避免气流发生分离。

图 7　涡流发生器

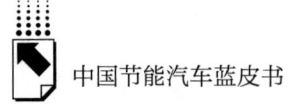

（三）轻量化技术

研究显示，如果汽车整车重量降低10%，燃油效率可提高6%~8%。通常车身约占汽车总质量的30%，空载情况下，约70%的油耗用在车身质量上。因此，车身变轻对于提升整车的燃油经济性、车辆控制稳定性、碰撞安全性都大有裨益。我国目前商用车车型结构偏大、偏重的趋势十分明显，商用车重量平均比欧洲汽车重17%：国内载重40吨的牵引车自重为9吨，国外先进同等车型车重仅有7吨；国内自卸车自重则比国外多出3~4吨。

轻量化发展倚赖新材料、新工艺以及新技术的发展。例如铝合金、高强钢等材料在商用车上的应用。就货车而言，其质量分数钢铁为80%~84%、铝合金（含镁合金）为3.5%~4.5%、非金属为3.5%~4.5%、橡胶为7%~8%、其他为1.5%~2.5%。就客车而言，其质量分数钢铁为70%~80%、铝合金（含镁合金）为1.5%~2.5%、非金属为8%~10%、橡胶为3%~6%、玻璃为2%~3%、其他为2%~3%。与国际先进水平相比，我国钢铁的质量分数相对较高，而铝合金（含镁合金）及非金属的质量分数相对较低。

高强度钢的应用研究表明，某40吨厢式半挂车车厢采用Q235制车厢自重6.5吨，采用T610L制车厢自重5.2吨，采用TH800制车厢自重4.6吨，在重型自卸车车厢上采用高强钢，也可以取得明显的减重效果。表5表明在某仓栅式汽车车厢上，应用700MPa及以上高强钢代替普通钢可减重1.3吨。

表5　高强钢在某仓栅式半挂车车厢的应用

部位	普通产品用钢（规格与强度级）	轻量化产品用钢（规格与强度级）	普通产品重量(kg)	轻量化产品重量(kg)	减重(kg)
翼板	14/16mm Q235	8mm 700MPa	876.2	470.1	406.1
腹板	8mm Q235	5mm 700MPa	758.5	468.1	290.4
地板	3mm Q235	1.5mm 1200MPa	693.6	346.8	346.8

续表

部位	普通产品用钢（规格与强度级）	轻量化产品用钢（规格与强度级）	普通产品重量（kg）	轻量化产品重量（kg）	减重（kg）
边梁	6#槽钢 Q235	3mm 折弯件 700MPa	327.3	149.6	177.7
立柱	立柱外罩（4mm 带内封板、宽度 180）Q235	立柱外罩（3mm 不带内封板、宽度 120）700MPa	252.0	141.3	110.7
合计	—	—	2907.6	1575.9	1331.7

高工作应力（600MPa 以上）少片变截面板簧的开发与应用表明，将钢板弹簧工作应力由原来的 450～550MPa 提高到 600～650MPa，极限应力由原来的 900～1000MPa 提高到 1000～1100MPa，整车满载偏频达至IJ1.4～1.7Hz，相比等截面钢板弹簧减重可达到 30%～40%。欧美等汽车制造业发达的国家和地区的钢板弹簧悬架，约 75% 的板簧工作应力处于 600Mpa 以上，约 50% 的产品工作应力处于 700～800MPa 范围内，约有 50% 整车满载偏频为 1.2～1.3Hz，接近空气悬架的偏频，具有较高的舒适性。我国大部分板簧工作应力处于 450～550MPa，具有很大轻量化的潜力。

（四）节油改装技术

柴油机工作时，曲轴箱里的气压常常高于外界大气压力，使曲轴箱里的机油向外渗漏，或向上窜至燃烧室内燃烧，造成机油浪费。这一现象，在单缸柴油机上表现得尤为突出。在单缸柴油机上加装一个负压阀，以减少机油的渗漏和蹿烧，可节约机油 20% 左右。

将节油减烟器垂直固定在喷油泵的前端油路中，接上直流电源，应用在柴油机上减烟效果显著，既能减少环境污染，还可节油 5% 左右。

在柴油机上安装使用惯性增压器，柴油机功率一般可提高 15%，油耗下降 3%～5%。安装时应保证进气管内壁清洁光滑，并在输油管各接头加垫密封，在管子上还要加支撑，以保持其稳定性。

把柴油机回油管接在高压油管上,使回油进入低压油路,这样既可保证正常燃烧,又可收到明显的节油效果。如S195型柴油机原回油管是接在进气管上的,回油呈雾滴状,并随空气进入气缸,达20~59g/h,雾化不好,浪费油料。现把回油管改接在高压油泵进油管上,使回油进入低压油路,可保持正常燃烧,节油效果好。

在柴油机上安装预温装置,通过排气管来预温,提高柴油的温度,降低柴油的黏度。经过预温的柴油进入柴油泵时,雾化效果好,燃烧充分,耗油量明显降低,具体方法有以下两种。一种是单层管预温,在柴油机排气支管的两端各钻11mm的孔,使预温管从排气支管中通过,油管两端各焊有油管接头螺钉,一端与柴油机细滤器的出油管接通。采用单层管预温,一般可使油温提高到56~75℃,耗油量降低5%~6%。另一种是双层管预温,柴油机排气管的两端各钻直径17mm的孔,穿进一根长度为500mm的铁管,铁管与排气支管焊接牢固,再将预温管穿进铁管。油管的两端焊有油管接头螺钉,一端接通燃油细滤器的出油管,另一端接通燃油泵的进油管。采用双层管预温,一般可使柴油温度提高到65℃,耗油量可降低6%~10%。

(五)驾驶策略

驾驶员的责任心和驾驶技术水平对机车油耗有着直接的影响,据测算,激进的驾驶习惯使平均油耗增加10%~20%;东风商用车在近三年的"天龙哥卡车驾驶员大赛"中发现,经过初赛选拔的优秀的驾驶员们在设计的决赛工况中,驾驶相同的车辆,有5.52L/100km的油耗差异。

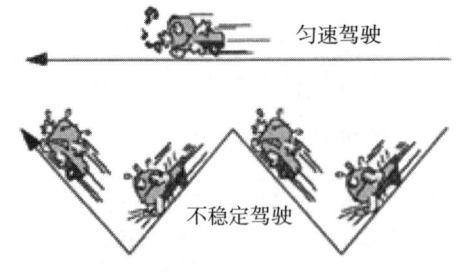

图8 稳定驾驶与不稳定驾驶示意

驾驶节油的关键是看驾驶员能否根据机车的运行条件采用相应的驾驶操作，使人、车配合得当，保持车辆在最佳运行状态。东风商用车研究发现，与油耗相关性最大的指标为油门开度、常用转速和换挡转速。2016年11月，河南某客户采购的东风旗舰6x4车辆8台、17个厢挂，用于甩挂运输，路线为西安到石家庄，标载高速，车辆初始油耗36.3L/百公里，客户抱怨油耗高。客户经理调查后发现：客户司机对国四车辆及14挡箱不熟悉，数据显示在相同路线和工况下不同司机的表现参差不齐（平均车速62.0km/h，常用车速85~95km/h），经过驾驶方式的培训，客户油耗降低到33.4L/百公里。

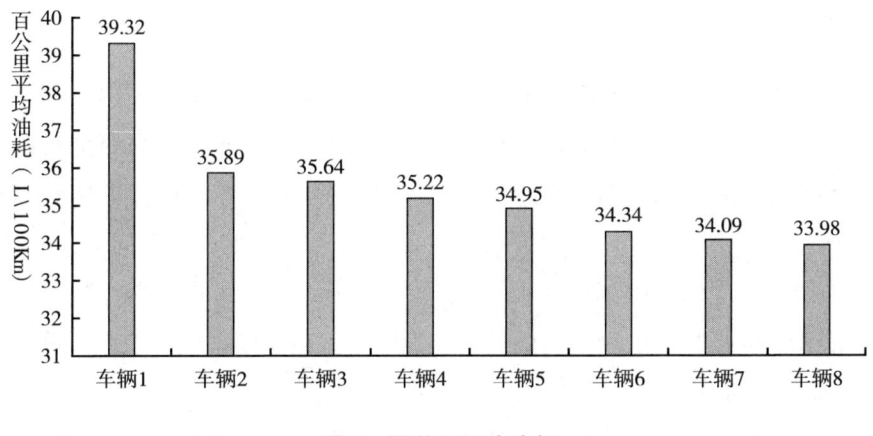

图9　百公里平均油耗

三　典型企业技术产品

（一）三菱FUSO的重卡Super Great

Super Great的设计部长吉泽奠明先生声称，Super Great达到了世界上最优化的牵引系数——CD值为0.44、圆滑立方体的形状、在踏步区增设了通风孔、修改了挡泥板边缘的半径。

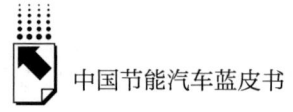

INOMAT-Ⅱ的采用实现了重型载货车无离合器踏板的目的：通过电子控制系统合理地选择齿轮挡位和进行变速，保证发动机在高效区域内运行；通过模糊控制，按照驾驶员的意图自动选择变速时间；安装ECO模式开关，进一步降低了油耗。高扭矩发动机、12挡INOMAT-Ⅱ变速器、低速末端减速齿轮的有机组合，提高了以高速运行为主的燃油经济性。

13L重型车用发动机的特点是配备最新燃油喷射系统X-Pluse和依日本路况优化的可变几何增压涡轮。X-Pulse系统的燃油喷射压力比过去提高了30%以上，采用4气门DOHC结构提高燃烧效率，兼顾了动力性、经济性和环保性。

（二）日野PROFIA系列(也称"日野700")

日野PROFIA车是绿色运输时代的一匹"黑马"，安装了AIRLOOP（清洁柴油发动机系统），在降低NO_x、PM排放的同时，通过提高燃油经济性降低CO_2排放量，集环保和经济亮点于一身，符合世界最严格的中长期排放法规。

采用了先进的抗阻驾驶室外形设计，辅以全新设计四点全浮式悬挂系统，最大限度吸收纵向和横向的震动，驾驶室人体工学的设计有效地降低了驾驶员的工作强度。

配备的发动机装置采用电控增压系统，不仅能够准确地控制吸入风量，实现燃油的彻底燃烧，而且可提升涡轮的效率，在大幅提高发动机功率的同时降低了油耗。发动机减速器ECU直接控制排气门可产生强大而精准的发动机制动性能，大幅度提高行车安全性并减少刹车片的磨损。VGT的使用更加强化了其制动力及可靠性；ECU直接依据发动机转速改变涡轮叶片角度而产生不同流速的进气量，使发动机由低速到高速区域内均可获得精确与强大的增压效果。采用24气OHC设计，大幅度提升进排气效率且降低摩擦阻力，有效地节省了燃油。搭载高压共轨喷射系统和VGT，充分展示了高马力高扭矩的性能。完全兼顾节油、高马力、环保等特性。

手自一体变速器"Pro Shift12"与DPF（柴油颗粒过滤器）"DPR"的

使用，减少了 CO_2、NO_X 及 PM 的排放量。根据燃油限值的规定，超过 20t 的卡车为 4.04km/L，20t 以下的卡车为 3.09km/L，而 PROFIA 的部分车型在重型车模式下的燃效值分别为 4.05km/L（24.69L/100km）和 3.10km/L（32.26L/100km），满足标准要求。采用轻质和高刚性铝微型壳体，由于 9 挡箱的宽范围和多挡化，可与小排量发动机匹配，有利于节油和提高动力性。由于所有挡位都可同步，变速性能优越。

为提高运输质量、降低运营成本，日野公司研制的高强度新型车辆底盘和滚成型大梁采用了铝合金等轻质材料，合理巧妙的部件布局大幅度降低了车辆自重，从而有效地提高了载重效率和车体架装自由度。采用可变截面钢板弹簧，在提高运输质量的同时，减轻了重量，且延长了弹簧的使用寿命。

在节油模式配备方面，所有车（5AT 车除外）搭载日野节油行驶系统，均可控制燃油的消耗量。汽车通过加速控制和模糊控制来抑制不利用油门操作，对节油运行起着辅助作用。

（三）日产柴 Quon 车

日产柴一向致力于通过提高燃油经济性来降低 CO_2 排放。Quon 重型载货车牵引车搭载 GH11 型发动机，总排量 10836cc，该发动机以单体燃油喷射器（unit fuel injector）和 FLENDS 尿素 SCR 系统为亮点，并采用了轻重量高性能 VGT。装备车辆满足 2015 年日本重型车燃油消耗标准。通过使用单体燃油喷射器可产生超高喷射压力，燃油雾化良好，燃烧效率较高，因而改善了燃油经济性。虽然这一过程 NO_X 排放量增加了，但利用 FLEND 尿素 SCR 系统又可以降低 NO_X 排放量。

采用 ESCOT 自动变速器，可缓解驾驶员的疲劳，更加人性化，且可对低速区域进行微妙的控制：开关 ON 时，从起步到停止，不需要变速操作；在 E、D 模式下，更加精确地推测重量、坡度，选择最佳的齿轮匹配；增加 "ECONOMYE/D" 功能，可以控制发动机的转速，在惯性行驶过程中，通过副变速器齿轮的切换来切断发动机制动，控制车速下降；装备 ESCOT ROLL 可以减少两次加速时的燃油消耗，有利于驾驶节油。

（四）freightliner 超级卡车

在美国中部卡车展上，Daimler Trucks North America 旗下品牌 freightliner 展出一款燃油性极佳的超级卡车：满载时重 36.3 吨，18 个车轮，在 93km/h、105km/h 的高速公路，48～72km/h 的城市道路以及怠速等工况下进行测试，得出百公里综合油耗为 19.28L，整车效率提高了 115%，制动效率提升了 50.2%。

图 10 freightliner 超级卡车

超级卡车从各个细节设计上尽量降低风阻，提高燃油经济性。超级卡车采用了低滚动阻力轮胎，更省油的轴比以及自动变速器的预测换挡技术，在外形上采用低风阻设计，如可自动调整开启角度的主动进气格栅、流线型设计的车身、侧裙的加装、封闭式轮毂罩等。另外，超级卡车配备自动滑行系统，能够在适当的路况下切断动力，自动滑行，减少燃油的消耗。采用智能控制系统，能够根据 GPS 地图实现提前换挡，减少不必要的动力损耗。

（五）沃尔沃超级卡车

沃尔沃超级卡车的基础车主要参数如表 6 所示，项目分为两个阶段进行。

表6 沃尔沃超级卡车研发阶段

基准车辆	沃尔沃 D13 系列 马力:485HP 变速箱:手动,前进挡位10,倒挡数1挡	发动机怠速	载荷:31350 磅 毛重:336501 磅 总重:650001 磅
阶段	节省燃油	驾驶室减重	减重
第一阶段	牵引车空气阻力降低 20% 轮胎滚阻降低 12% 13LTC + 第一代余热回收 400rpm 降速 w/AMT 6x2 车桥 + 润滑油液位控制	驾驶室内外 LED 等	轻量化挂车(MY2012) 轻量化挂车线束铝材料驱动轴 宽基车轮 + 轮胎 6x2 配置
第二阶段	空气阻力减少 >40% 减少轮胎滚阻 >20% 预测巡航控制 小型化 + 涡轮增压 + 第二代余热回收 可变润滑油/冷却液泵减少摩擦,降低润滑油压力	改善驾驶室绝热效果双区域 24V A/C 系统 15kWh 能量优化电池 预测动能回收太阳能光电板(驾驶室空气流通 + 照明 + 滑流充电)	铝质底盘减重 >40% 发动机小型化(13L 变为 11L) 综合挂车空气动力学装置 CF 牵引车整流罩/发动机罩/车顶再生 CF 踏步铝驾驶室侧壁板

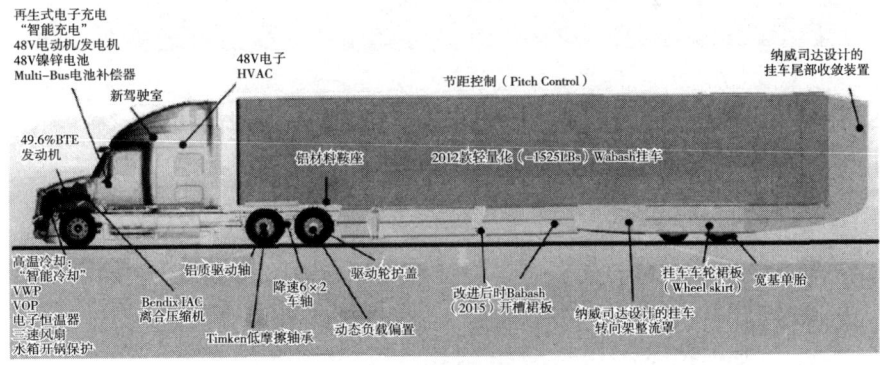

图11 技术开发路线

沃尔沃将货运效率提高 50% 的方法依赖于整车技术集成,使用仿真来预测部件提升对整车效率提升的作用,以识别和评估最有希望的技术。这些仿真表明空气动力学的改进和滚动阻力的降低会导致下坡时需要更大的制动力来控制汽车速度。预测性汽车控制装置和扭矩管理工具也许可以解决这一问题。通过计算机流体动力学仿真优化整车几何尺寸（牵引车和挂车），以平衡动力系统冷却和空气动力学的要求。

图12给出了沃尔沃的空气动力学概念。空气动力学阻力降低20%则货运效率提10%，道路试验已经验证了这一点。阻力降低目标被设定为40%，货运效率提升约16%。低滚动阻力轮胎的使用目标是（与基础车辆相比）将负载降低20%进而带来货运效率提升约5%。

图12　沃尔沃空气动力学概念

四　技术经济性分析

（一）整车技术经济性分析

根据International Council on Clean Transportation（ICCT）的报告，每英里重型车燃料消耗量减少38%，预计技术成本增加为：发动机成本为1100~4000美元，变速器成本为4500~5700美元，空气动力学成本为1600~1800美元，卡车轻量化成本为3600~6700美元，拖车空气动力学成本为2700美元,拖车轻量化成本为1700~3000美元。

到2025年,最先进的技术将会使油耗降低到现在的54%,预计将会增加的技术成本中,发动机成本为5300~10400美元,变速器成本为4500~5700美元,卡车的空气动力学成本为2900~4700美元,卡车的轻量化成本为7000~12700美元,混合动力系统成本为15000~17000美元,拖车空气动力学成本为1900~4800美元,拖车轻量化成本为3000~5100美元。

高效节能技术的成本不仅包括直接生产成本,还应包含使用的间接成本。如表7所示,有关费用随相关技术的复杂性而变化。表7指出技术的间接成本大致比直接制造成本高出20%~50%(根据是否有保修对成本的影响)。一般来说,相对于现有技术而言,目前销售的或者难度适中的技术被认为是低复杂性的。

表7 高效技术间接成本占总成本的比例

类别	技术复杂等级	2014~2021年 有保修	2014~2021年 无保修	2022年 有保修	2022年 无保修
发动机技术	低	0.006	0.149	0.003	0.122
	中等	0.022	0.213	0.016	0.165
	高1	0.032	0.249	0.016	0.176
	高2	0.037	0.398	0.025	0.265
卡车技术	低	0.013	0.165	0.006	0.134
	中等	0.051	0.252	0.035	0.190
	高1	0.073	0.352	0.037	0.233
	高2	0.084	0.486	0.056	0.312

(二)单项技术成本

每一项技术的应用,都会带来成本的增加。通过针对几项技术进行单独的成本分析,由于预测的不确定性,分别进行了偏低和偏高的预测。

表8 单项技术成本预测

技术		重量变动(lb)	偏低的估计值(美元)			偏高的估计值(美元)		
			2020	2025	2030	2020	2025	2030
发动机技术	2010年	0	0	0	0	0	0	0
	2017年	50	1074	972	947	2795	2528	2463
	2020年	50	1650	1467	1431	4891	4348	4241
	长期	350	6612	5710	5571	12473	10772	10510
驱动形式	6×4	0	0	0	0	0	0	0
	6×2	-400	0	0	0	175	158	154
传动技术	手动	0	0	0	0	0	0	0
	AMT	80	3563	3223	3140	4400	3981	3878
	DCT	104	5024	4467	4357	6205	5516	5381
混动技术	否	0	0	0	0	0	0	0
	是	400	17629	15225	14855	19588	16917	16505
发动机大小	100%	0	0	0	0	0	0	0
	90%	-268	-439	-391	-381	-439	-391	-381
	85%	-401	-657	-584	-570	-657	-584	-570
卡车空气动力学装置	2010年	0	0	0	0	0	0	0
	阶段1	250	1296	1165	1136	1456	1310	1276
	中等	250	1296	1165	1136	1456	1310	1276
	高级	250	1817	1589	1550	2080	1819	1775
	长期	350	3608	2888	2763	5859	4690	4487
拖车空气动力学装置	2010年	0	0	0	0	0	0	0
	阶段1	0	0	0	0	0	0	0
	中等	200	450	404	394	910	819	798
	高级	400	1291	1129	1102	3120	2728	2662
	长期	700	2378	1904	1821	6033	4829	4620
卡车滚阻	2010年	0	0	0	0	0	0	0
	阶段1	0	150	135	131	182	164	160
	中等	-150	430	376	367	454	397	388
	高级	-320	650	520	498	661	529	506
	长期	-380	742	594	569	742	594	569
拖车滚阻	2010年	0	0	0	0	0	0	0
	阶段1	0	0	0	0	0	0	0
	中等	-80	191	167	163	215	188	184
	高级	-130	255	204	195	267	214	204
	长期	-300	714	557	446	426	714	557

B.8 商用车排放技术发展动态研究

摘　要： 面对商用车排放法规的不断加严，各大商用车生产企业积极研发商用车排放技术。目前，各大企业已运用了涡轮增压、废气再循环、高压共轨燃油喷射系统、柴油机排气后处理装置，以及发动机电子控制等多项技术。本文基于柴油车排放污染物及尾气净化原理，深入研究了目前国内外企业在商用车排放技术方面的发展现状，并对未来商用车后处理系统升级成本进行了对比分析。

关键词： 商用车　排放技术　后处理

柴油机制造商面临着严格的氮氧化物和颗粒排放法规。为了应对排放的挑战，已运用了涡轮增压、废气再循环、高压共轨燃油喷射系统、柴油机排气后处理装置，以及发动机电子控制等多项技术。为了低成本地满足排放和发动机效率目标，发动机制造商采取了系统性措施。

一　柴油车排放污染物

柴油车主要排放物为PM（颗粒状物质）和NO_X，主要有害污染物为CO、HC、NO_X、SOx、烟尘微粒（某些重金属化合物、铅化合物、黑烟及油雾）、臭气（甲醛等）等，其中CO和HC排放量较低。控制柴油机尾气排放主要是控制颗粒物质PM和NO的生成，降低PM和NO_X的直接排放量。

（一）CO 排放气体

CO 是排放气体所含成分中最有害的物质，是燃料在氧分不足的状态下不完全燃烧的情况下产生的。约 90% 的 CO 排放量被认为是来自汽车，在各种排放的气体中，CO 最初是作为限制对象的。该气体被吸入人体后，会引发溶血反应进而导致中毒。但是，柴油发动机和汽油发动机相比，燃烧较为充分，所以 CO 的产生量非常少。

（二）HC 排放气体

HC 排放气体是氢和碳构成的化合物质的总称。这也是光化学烟雾的形成原因，根据种类不同会对呼吸系统产生影响。

（三）NO_x 排放气体

NO、NO_2、N_2O、N_2O_2 等各种化合物的总称为 NO_x 排放气体，是在高温下氮分子和氧分子结合后产生的。不只是汽车，香烟和火炉等也会产生此类气体。燃烧温度越高越容易产生 NO_x，因此在发动机的设计时必须考虑适当降低燃烧温度。

（四）SO_x 排放气体

SO_x 一般是由柴油中的硫或机油中含的硫分参与燃烧形成，从发动机排出后与 H_2O 参与化学反应生成 H_2SO_x，是对机件产生腐蚀磨损及导致酸雨的一个重要因素。

二 尾气净化原理

（一）PM 净化系统

1.催化氧化法

利用催化氧化技术减少载重车和城市公交车柴油机尾气 PM 排放始于 20

世纪 90 年代。催化剂为蜂窝整体直通式，能部分氧化去除排气 PM 的可溶性有机组分以及气态污染物 HC 和 CO，发动机负荷低时，PM 可溶性有机组分含量高，催化氧化降低 PM 排放效果明显；而发动机负荷高时，PM 中可溶性有机组分含量低，催化氧化降低 PM 排放效果较弱。典型的 PM 排放降低值为 20%~50%，而且随着排气温度提高，降低率增大，但排气温度提高也会导致 SO_3 和硫酸盐排放增加。

2. 过滤法

过滤是降低 PM 排放最直接的方法，但将柴油机排气微粒收集起来后，决定微粒捕集器可行性的就是再生的问题。微粒捕集器的再生一般都采用燃烧法，即利用外界能量提高微粒捕集器内的温度，使微粒着火燃烧，或通过使用某些催化剂降低微粒的着火温度，使之能在正常的柴油机排气温度下着火燃烧分解。目前，催化再生的燃油添加剂再生和连续再生已成为研究的热点。燃油添加剂再生可能会造成新的二次污染，但这类燃油添加剂通常为含钙或铁钡铜锰的金属化合物，成本相对低，降低微粒着火温度显著，在国内该方法应该具有较为广泛的应用前景；而连续再生是使催化剂与微粒表面充分接触，其降低微粒排放量的效果也较为明显。连续再生式 DPF 装置目前要解决的问题是：在发动机的各种运转条件下不发生碳粒堵塞现象，以确保碳粒净化率的长期稳定性，提高其使用寿命。

3. 低温等离子体技术

目前，低温等离子体技术在柴油机尾气控制中较多的是将其用于排气微粒的捕集，其主要依据在于柴油机排气微粒中有 70%~80%（以质量计）是带电的。利用低温等离子技术捕集柴油机微粒的技术现在还处于实验室阶段，已获得较满意的数据。等离子体静电捕集微粒装置的流动阻力小，对发动机性能的影响较小，这是传统微粒捕集器所不具备的，而且具有较高的捕集效率，能解决微小微粒难于收集的问题等。但是这种技术实用化的最大困难在于设备庞大，结构复杂及成本较高，在车用上则面临高压电的电源供给问题。因此，实行该项技术的商品化还需要进一步的研究。

（二）NO_X 净化系统

由于柴油机机内 NO_X 控制与 PM 控制存在所谓的 trade-off 效应，而机外的 NO_X 控制又因排气中含有大量 O_2 而变得非常困难。目前，柴油机排气 NO_X 净化研究主要从选择性催化还原和吸附—催化还原两条技术路线入手。

1. 选择性催化还原

选择性催化还原有一个很明显的优点就是：催化剂不会因燃料或润滑油中所含的硫而引起硫中毒。以尿素作为还原剂的选择性催化还原系统，可以降低柴油机排气中绝大部分的 NO_X，也能降低部分 HC。因此，以尿素为还原剂的 SCR 被认为是最具有应用前景的。但尿素 SCR 技术的难点在于处理城市基本建设与植被尿素水之间的矛盾，这使将来车用尿素 SCR 的实用性受到影响。1990 年，Iwamoto 和 Held 分别报道在 Cu/ZSM – 5 催化剂上，HC 能选择性催化还原 NO_X。随后，作为净化柴油机和吸燃汽油机排 NO_X 的潜在技术，HC 选择性催化还原 NO_X 受到重视。对小型客车来说，HC 选择性催化还原系统的发展旨在改进催化剂材料和提升 NO_X 净化效率的控制方法上，同时也尽量避免燃料经济性的恶化。

2. 吸附—催化还原

吸附—催化还原对 NO_X 的净化率高达 80% 左右，其还原 NO_X 的机理是：基于发动机周期性进行稀燃和富燃工作的一种 NO_X 净化技术，在稀燃阶段将 NO_X 吸附储存起来，而在短暂的富燃阶段，NO_X 释放并被排气中的 HC 还原。对于超低 S 燃料，现有吸附—催化还原技术可将 NO_X 降低 90%，但燃油经济性会因此降低。适用于高含量 S 燃料的吸附—催化剂目前尚在开发之中。

（三）同时净化系统

1. 同时催化法

在氧化环境下，用催化方法同时去除 NO_X 和 PM 的理念是由 Yoshida 首次提出的，他对"Soot – O2 – NO"3 组分之间反应的可能性进行了实验研究和探讨。Cooper 等人通过实验研究发现，NO 在 P_t 催化剂作用下被氧化成 NO_2，而 NO_2 能进一步氧化柴油机的碳烟，从而揭示了 NO（NO_2）在降低柴油机碳烟中的作用。

2. 四效催化剂

最近，被称作柴油机 PM—NO_X 还原系统（DPNR）的一种四效催化系统得到了发展，它具有同时净化 4 种有害物质 PM、NO_X、CO 和 HC 的潜力。DPNR 是一种 DPF，只是表面有一层吸附催化还原催化剂的涂层。在 DPNR 系统中，PM 由活性氧氧化，而活性氧产生于 NO_X 储存与还原的过程中，还有一部分来自稀燃状态下过剩的氧气。

三 减排主要技术现状

在过去几十年里，柴油机制造商面临着严格的氮氧化物和颗粒排放法规。为了应对减少排放量的挑战，已运用了涡轮增压、废气再循环、高压共轨燃油喷射系统、柴油机排气后处理装置，以及发动机电子控制等多项技术。为了低成本地满足降低排放和提升发动机效率的目标，发动机制造商采取了系统性措施。

表 1 为 1988 年与 2010 年为应对排放标准所采用的典型技术。

表1 车用柴油机排放水平和技术内容对比

项目	参数	
年份	1988 年	2010 年
NO_X 排放量/[g·(hp·h)-1]	10.70	0.20
碳烟排放量/[g·(hp·h)-1]	0.60	0.01
燃油系统	机械式喷油	250MP 的共轨多次喷油、压电或电磁式喷油器
进气系统	单级增压	两级固定涡轮增压器、单机叶片式涡轮增压器
热交换系统	增压中冷器	一级冷却器、两级中冷器、先进的废气再循环系统
后处理系统	—	柴油机氧化催化转化器、NO_X 后处理装置

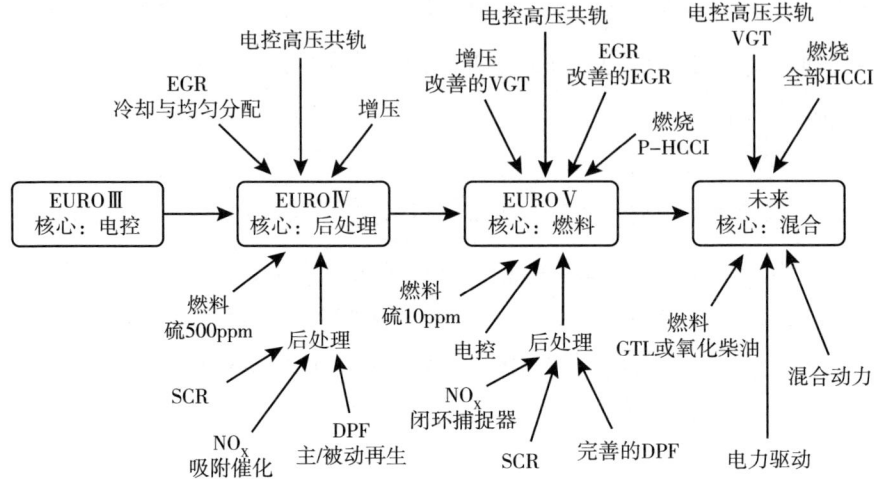

注：HCCI（Homogeneous Charge Compression Ignition）均质混合气压燃烧技术，P-HCCI（partial-HCCI）。

图1 柴油机排放控制技术升级演变

（一）柴油机排放控制主要技术

1. 燃油喷射技术

（1）电控高压共轨技术

通过发动机中央控制单元（ECU），控制发动机燃油喷射系统工作，以保证柴油机最佳的燃烧比、雾化和最佳的点火时间，以及良好的节油性和最少的污染排放。目前大多数企业均采用电控高压共轨技术，成为应用最广泛的实现国Ⅲ排放标准的技术。

（2）电控泵喷嘴技术

该技术被沃尔沃、东风、陕汽等企业采用，另外，专业发动机制造商美国康明斯的全电控发动机应用的也是电控泵喷嘴技术，目前该技术的发动机全球保有量已经超过40万台，行驶里程达3000亿公里，是久经考验的成熟产品。

（3）电控单体泵技术

该技术被奔驰、依维柯采用，国内使用的柴油电控技术主要有：德

图 2　电控高压共轨技术

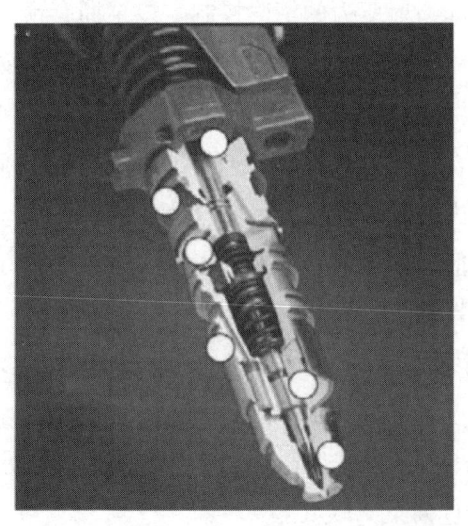 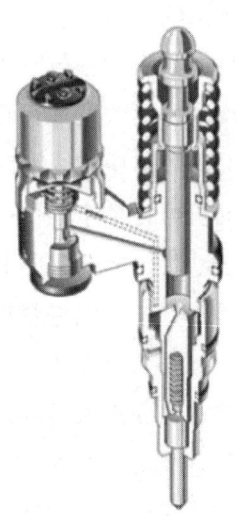

图 3　电控泵喷嘴技术

尔福电控单体、共轨，博世共轨，电装共轨，康明斯电控共轨，衡阳单体泵和威特单体泵等。电控单体泵喷油系统是一种能够自由灵活调整喷油量和喷油正时、具有高喷射压力的新型燃油喷射系统，其为柴油机的燃油喷射过程提供了更为灵活的控制技术；并且大幅度提高了喷油压力，以精确的喷油过程有效地配合高效燃烧控制。该技术作为更为灵活的控制技术，大幅度提高了喷油压力，以精确的喷油过程有效地配合高效燃烧控制。

（4）电控直列泵+EGR技术

该技术是由发动机ECU（电控单元）进行控制，通过进气温度传感器、进气压力传感器、水温传感器、发动机转速传感器、油门传感器以及车辆制动信号来感知发动机的各种状态，从而控制EGR控制阀的开度和废气再循环比率，引回部分废气与新鲜空气共同进入发动机气缸内参与燃烧，既降低气缸内的燃烧温度，又有效控制高温富氧条件下NO_X的生成，从而降低发动机废气中的NO_X含量。

系统采用电控供油速率燃油喷射泵，通过ECU对预行程调节机构的控制来实现对喷油量、喷油定时和喷射压力的精确控制。该泵拥有预行程电控可调结构，其供油预行程可在一定范围内由ECU全程电控调节，按柴油机不同工况的需要改变预行程。通过ECU对预行程的控制，可以得到精确的喷油定时和喷射压力。同时配合油门位置传感器，使油量控制更精确，从而保证柴油机可在整个工作范围内达到最优化的经济性能和排放性能。该泵采用适用于欧Ⅲ排放要求的8孔低惯量喷油器，具有工作可靠、性能好、适应性广泛等特点，可以有效改善发动机的燃烧性能。

（5）H泵（机械泵或直列泵）+EGR技术

它是在国Ⅱ机械泵的基础上，利用电磁铁控制机械泵的齿条、出油阀，做成简易电控机械泵外加EGR废气再处理系统，减少废气排放。准确地说法是目前中国重汽正在使用"直列泵+EGR技术"。

在直列泵的基础上加装EGR，从技术上丢弃了电控油泵这一环节，也就是抛弃了精确控制喷油提前角、喷油形状、喷油压力的技术效果，使得燃烧将比电控发动机恶化，油耗较电控要高。增加EGR后，油耗将进一步增高。而机械泵相对于电控泵气缸内温度较低，只有在缸内温度达到一定程度后才需要EGR来降温，可以分析出，在非大负荷时，EGR是不需要的，否则提高油耗,并且降低 NO_X 的效果也不明显,反而大大提高颗粒物,得不偿失(在排放检验时也许需要);而当排温达到一定温度后,EGR 才需要打开使用,以此满足排放要求。因此,可以认为重汽在直列泵基础上加装EGR 装置,是在牺牲功率以及油耗的基础上来满足排放法规的,而在实际应用中,司机也许更乐意关闭 EGR。

表2　主要技术路线及市场前景对比

项目	直列泵+EGR	电控高压共轨	电控单体泵	电控泵喷嘴
应用该技术的商用车企业	中国重汽、江淮格尔发09款重卡	一汽、东风、上汽依维柯红岩、北汽福田、北方奔驰、曼、陕汽、江淮、中国重汽、宇通、金龙、华菱重卡、青年、江铃等	一汽、东风、上汽依维柯红岩、北汽福田、北方奔驰、华菱重卡等	沃尔沃、东风、陕汽等
供应商及其在华产能	中国重汽集团在济南和杭州的发动机工厂,直列泵+EGR发动机月产能1万台	博世、电装、德尔福、奥地利AVL、康明斯、威迪欧等 产能不足,急速扩张	亚新科、德尔福、成都威特等,产能不足,急速扩张 亚新科南岳工厂目前产能3万~4万套,计划2018年底达到6万套,2010年底前达到30万套	康明斯等,或未国产
优劣势分析	优势: ①成本最低,可为车主节省1万~2万元;②对发动机改动较小;③中国重汽EGR和共轨技术的产品同时销售,但EGR占据了90%以上的销售比例。从已有的市场表现来看,2008年重汽的直列泵+EGR在所有技术路线中占上风	优势: ①可以实现定时、定量控制,是最灵活的;②对发动机改动较小;③有达到欧Ⅳ及欧Ⅴ标准的能力,是今后发动机产品的发展方向;④博世等企业的本土化进程加快,能在"一定程度上"降价;⑤博世在中国柴油机配套市场份额很高	优势: ①部分零部件更换即可升级到欧Ⅳ,甚至可升级到欧Ⅴ、欧Ⅵ;②对发动机改动较小;③相比高压共轨,更"适合中国国情",因为它结构相对简单,维修方便,成本低,比共轨便宜1/3~1/2;对油品的清洁度不太敏感,尤其是大功率柴油机	优势: 与电控单体泵一样,都是国外(在相当于中国国Ⅲ阶段时,当时共轨技术还不成熟)的主流技术路线

2. EGR（废气再循环 Exhaust GasRecirculation）

顾名思义，EGR 技术就是将燃烧过的废气再次引入气缸参与燃烧的技术。由于燃烧过的废气氧含量很低，再次引入气缸以后降低了气缸内氧气的比例，从而减少了富氧燃烧，降低了燃烧温度。对应的由于富氧燃烧减少了，氮氧化物 NO_X 的含量就减少了，不过动力输出也会受影响降低。当然 EGR 技术涉及引入气缸的废气比例，即排气循环比例是通过发动机电控模块 ECM 根据发动机工况和动力输出需求实时调整的。因此其保证了对应动力输出需求下较低的 NO_X 排放。EGR 技术是最早出现的排气后处理 Aftertreatment 技术。并且在汽油发动机和柴油发动机中都可以使用。

随着时代的发展，EGR 技术也得到了改进。目前主流的 EGR 技术包括高压 EGR 和低压 EGR 两种。如图 4 中右边所示的就是高压 EGR，即高压 EGR 的两端分别连接排气的输出口和进气的输入口，这两个端口的压力都是相对较高的。高压 EGR 也是比较早出现的 EGR 技术。对应的图 4 左边所示的就是低压 EGR，即低压 EGR 的两端分别连接排气管的尾段和进气管的初段，这两个端口的压力都是相对较低的。燃烧后排出的废气（Exhaust Gas）通过排气口流过了涡轮增压器（Compressor），废气中的动能被传递给了进气侧，其压力和温度相应地有所降低。然后废气又流过了催化还原器和颗粒物过滤器（Particle Filter），其中的有害物质及颗粒物被消减和滤除，同时废气的压力和温度进一步降低。然后处理过的废气在通过排气挡板（Exhaust Flap）排出排气管之前，其中的一部分废气通过 EGR 废气再循环的管路流向了进气管。

3. LNT（Lean NO_X Trap 吸附催化还原系统）

LNT 技术是基于特殊催化剂组成的吸附装置，可以吸附排气中的氮氧化物 NO_X。这个特殊的催化装置被称为 NO_X Catalytic Converter（氮氧化物催化器）或称为 NO_X Storage（氮氧化物存储器，因为其可以吸附存储 NO_X）。

当 NO_X 的吸附存储量达到一定值以后必须进行一种再生模式（Regeneration Operation）。如图 5 所示，每隔 60 秒，图 5 中上部发动机普通工作模式 Stratified Charge Operation 产生的 NO_X 被大量吸附在氮氧化物催化器中，此时需要进入为时 2 秒的再生模式（Regeneration Operation），发动机加浓了燃油的喷射，即使得

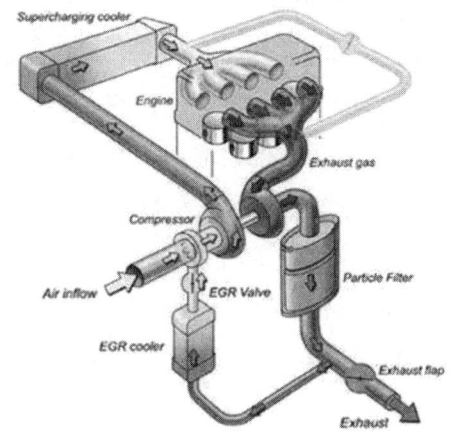
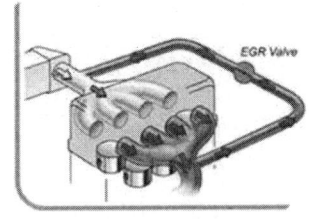

图 4 废气再循环技术

燃油的配比大于所需要的空气。这样就有更多的碳氢化合物（HC）、一氧化碳（CO）进入排气系统。通过 HC 和 CO 与吸附在氮氧化物催化器中的 NO_x 反应，就可生成无害的氮气（N_2）、水（H_2O）、二氧化碳（CO_2）和氢气（H_2）。经过这个再生模式，催化器中的 NO_x 得到了清除。又可以进入图 5 中下部的普通工作模式，进行新一轮的 NO_x 消减工作。

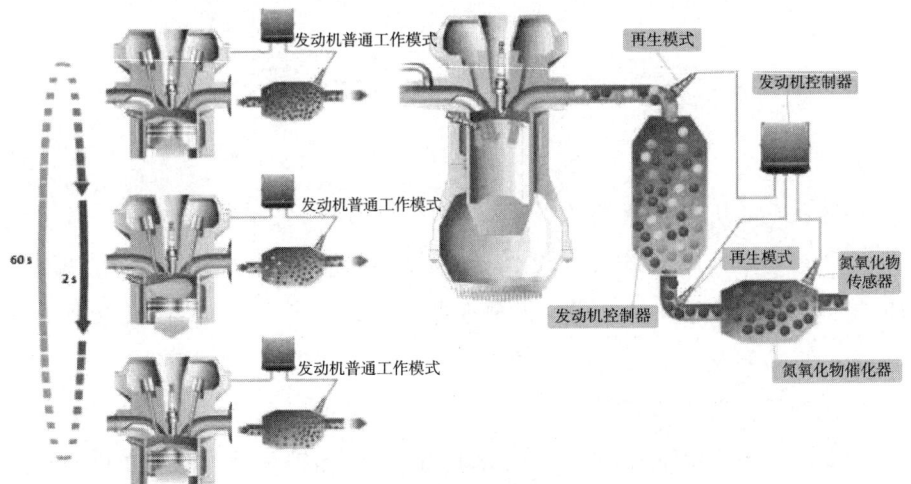

图 5 吸附催化还原系统

4. SCR（SelectiveCatalytic Reduction 选择性催化还原系统）

选择性催化还原的选择性体现在它并不是时时刻刻都在消减NO_X，而是利用了尿素（Urea），具体为车用尿素（AdBlue），产生的氨（Ammonia）在 SCR 催化器中与 NO_X 反应而转化为无害的水和氮气。而尿素这种消减还原溶剂又被称为 DEF（Diesel Exhaust Fluid，柴油排放溶剂）。如图 6 所示，左边灰色部分的 DEF 储罐通过 DEF 泵和喷嘴将定量的尿素喷入 SCR 催化器与 NO_X 进行反应，从而降低 NO_X 的排放。这个定量的尿素喷射过程被称为配量（Dosing）过程。SCR 技术可以有效地降低 NO_X 的排放，不过它的缺点就是消减还原溶剂尿素是消耗品，必须定期添加，相应的用车成本提高了。

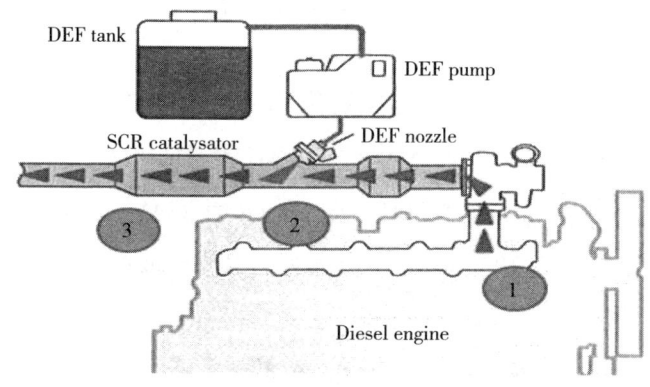

图 6　选择性催化还原系统

5. DOC

安装在发动机排气管路中，通过氧化反应，将发动机排气中一氧化碳（CO）和碳氢化合物（HC）转化成无害的水（H_2O）和二氧化碳（CO_2）的装置。它是催化转化器技术中的早期产品。结构形式与三效催化转化器基本相同，只是催化剂涂层有所不同，只具有氧化能力，没有还原能力。

氧化型催化转化器通常需要二次空气喷射装置配合工作，提供氧化反应所需的氧气，用来降低排气中一氧化碳（CO）和碳氢化合物（HC）的排放量。

柴油机氧化催化器（DOC）以铂（Pt）、钯（Pd）等贵金属作为催化剂，主要降低微粒排放中的 SOF 的含量从而降低 PM 的排放。其氧化原理与汽油机三效催化器氧化 HC 和 CO 的原理基本一样。同时可以有效减少排气中的 HC、CO。氧化催化器可以除去 90% 的 SOF，从而使 PM 排放减少40%～50%。其对 HC 和 CO 的处理效率可以分别达到88%和68%。

DOC 同时对于目前排放法规还未限制的有害成分（如多环芳香烃、乙醛等）都能净化。研究表明，DOC 可以使有毒的部分减少 68%、多环芳香碳氢化合物排放减少 56%、乙醛减少 70%。

6. DPF

柴油机微粒捕集器（Diesel Particulate Filter，DPF），是目前公认的有效的柴油机微粒后处理技术，它利用过滤体对排气中的 PM 进行过滤处理，需定时对过滤器内的沉积 PM 进行清除，即 DPF 再生。再生通常采用 PM 燃烧的方式来实现。一般情况下，PM 起燃温度为 550～650℃，要高于柴油机的正常排气温度。因此，要使 PM 燃烧，一是通过在燃油或者过滤体表面加入催化剂，降低 PM 的反应活化能，从而降低 PM 的起燃温度，在正常排气温度下使其氧化，即被动再生；二是采用加热技术提高柴油机排气温度或过滤体的温度，达到 PM 起燃温度，使过滤体内沉积的 PM 得以燃烧，即主动再生。

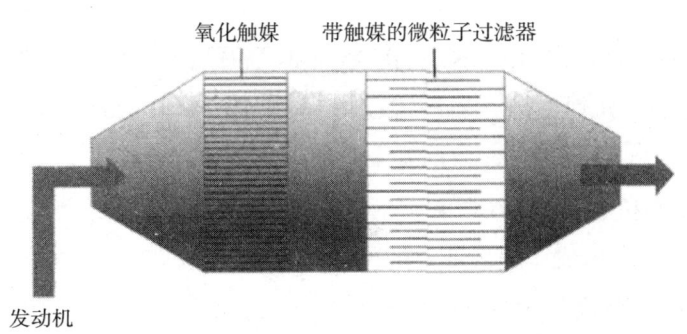

图 7　DPF 示意图

7. POC

颗粒氧化催化转化器（POC）可用于降低柴油车尾气中的颗粒物，属于氧化催化转换器范畴，颗粒物转换效率高于DOC，但低于DPF系统。其原理是使废气通过一个多褶皱而不阻塞的通道，颗粒物被吸附在POC内，并通过氧化燃烧来清除积累下来的微粒。

由于POC要求的工作温度较高，需要与DOC配合使用，欧洲重卡企业称为PM-Kat系统即为DOC与POC集于一体。在前面DOC催化器的氧化作用下，废气中一氧化氮与氧气结合生成二氧化氮，加上废气中的原有NO_2一起进入POC。在催化剂的作用下，NO_2分子键在较低温时断裂，产生的O与被捕捉到的C颗粒燃烧，生成CO_2，从而有效去除捕捉下来的颗粒物。

表3 各种尾气后处理装置污染物净化能力

单位：%

后处理技术	PM净化能力	NO_X净化能力
DPF	90（尤其是碳颗粒）	—
DOC	10~30	—
POC	30~80	—
SCR	30~50	90
EGR	—	40

（二）柴油机排放控制组合技术

柴油机排放的废气中，N_2约占75.2%、CO_2约占7.1%、O_2及其他成分约占16.89%、有害排放物约占0.81%。有害物中，NO_X占35.4%、CO占35.3%、HC占8.54%、SO_2及PM等占20.76%。车用柴油机主要有害排放物为PM和NO_X，而CO和HC排放较低。控制柴油机尾气排放主要是控制PM和NO_X生成，降低PM和NO_X的直接排放。PM主要在扩散燃烧期富油区生成，是高温缺氧产物，组成为干炭烟（Soot）、可溶有机成分（SOF）、硫酸盐和其他成分。NO_X是空气中O_2和N_2在高温燃烧条件下反应生成的，是高温富氧的产物。PM和NO_X之间存在折中效应（trade-off）。因此，在柴油机排放已经很低的情况下，继续减少柴油机 NO_X 和 PM 排放存在很大困难，组合式排气后处理系统的出现成为必然。

1. EGR + DOC

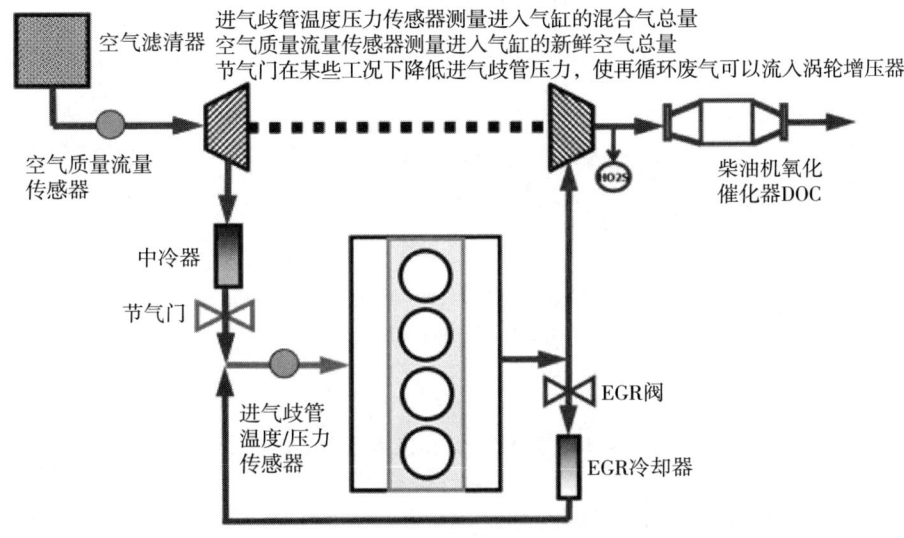

图 8　EGR + DOC 示意图

2. EGR + DPF

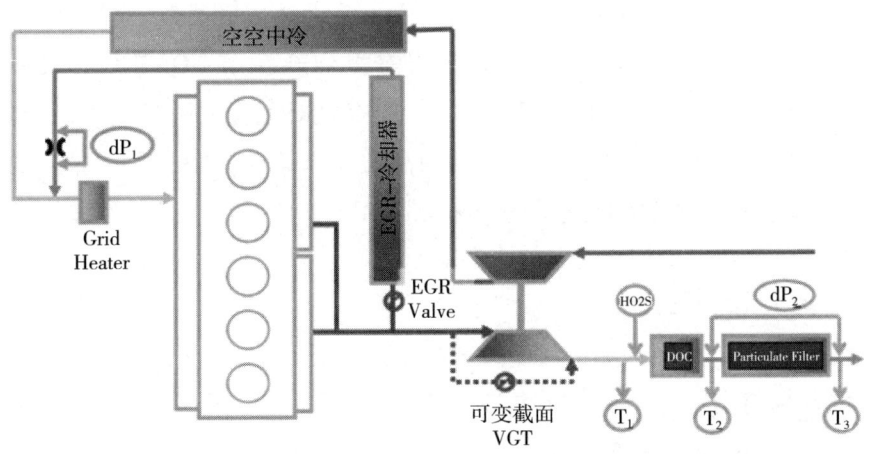

图 9　EGR + DPF 应用示意图

3. DOC + SCR

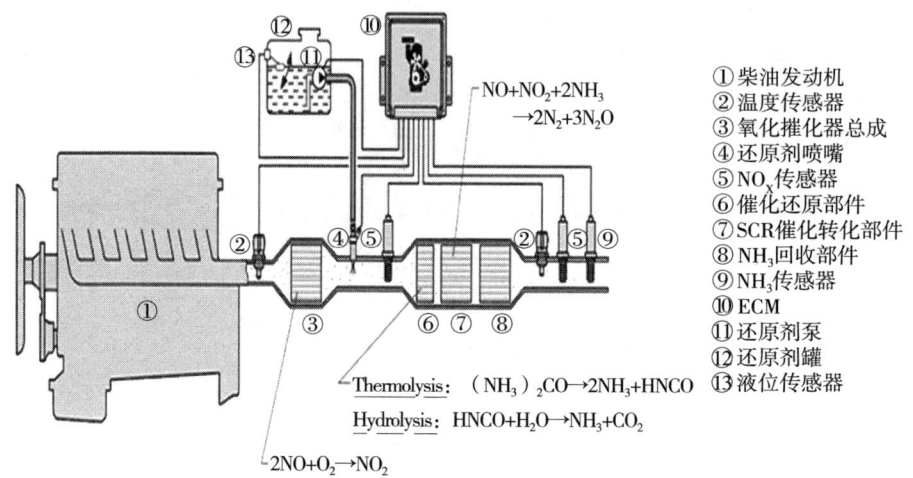

图 10 DOC + SCR 应用示意图

4. SCR + DOC + DPF/POC 组合技术

利用排气后处理措施降低有害物排放，可有效保证柴油机的动力性能和燃油经济性。PM 的主要后处理措施有 DOC、DPF 和 POC；而 NO_x 后处理通常采用 SCR 技术。

SCR 本身对 S 不敏感，我国燃油品质较差，含 S 量偏高，因此 SCR 适合在我国使用。但是 SCR 技术通常需要前置 DOC 调节 NO_2 比例，或者后置 DOC 来处理泄漏的 NH_3，而 DOC 一般都是对 S 敏感的，这就影响了 SCR 在国内的应用。只有通过提高燃油品质、降低燃油中的 S 含量来解决这个问题。为同时去除排气中的 NO_x 和 PM，需将不同排气后处理技术合理结合。

5. SCR + DOC + DPF

DOC 在组合式排气后处理系统之前，可以将排气中的 CO、HC 和 PM 氧化成 CO_2 和 H_2O，有效降低 PM，所以可以在机内优化燃烧的情况下只采用 DOC 来达到 PM 排放标准。另外 DOC 可以将部分 NO 氧化为 NO_2，从而提高 NO_x 转化速度。

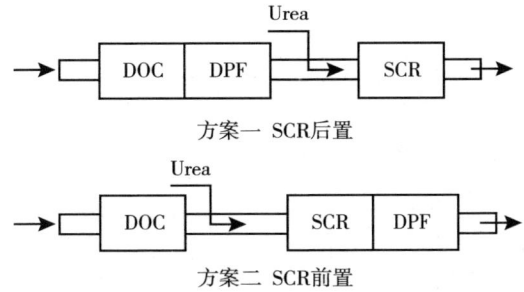

图 11　DOC + DPF + SCR 的布置方案

图 11 中方案一的优点是有利于 DPF 再生，可以有效地利用 NO_2 的被动再生作用，减少有源再生的次数，提高整机的经济性；缺点是 DPF 有源再生时的高温与热应力将影响 SCR。因此，要求 SCR 的催化剂不仅低温时有较高的 NO_x 转化效率，而且具有较好的高温稳定性。另外，在冷起动时 SCR 进口排气温度很低，使 NO_x 排放增加。图 11 中方案二的优点是可以减少 SCR 的加热时间，从而减少冷起动和低负荷工况下的 NO_x 排放，此外，由于 DPF 后置，DPF 主动再生时，降低了燃料燃烧峰值热应力对 SCR 的影响；缺点是排气到达 DPF 时温度低，不利于 DPF 的被动再生，从而增加了有源再生的次数，使燃油消耗率增加。

6. SCR + DOC + POC

POC 需要较高的再生温度，因此通常需要与 DOC 配合使用。相对于 DOC + DPF 系统，DOC + POC 系统成本低，在轻型柴油机中有一定的应用前景，但用于重型柴油机仍需面对一系列问题，主要是 POC 净化 PM 能力有限，使用时间较长后 PM 净化效果较差，而法规对于重型车 PM 排放要求比较严。SCR + DOC + DPF/POC 技术路线的燃油经济性好，而 EGR + DPF 路线的燃油消耗率相对增加 1% ~ 2%，在欧 V 阶段欧洲几乎所有重卡公司都采用 SCR + DPF 路线。由于美国燃油价格较低、尿素供应系统及其相关基础设施建设尚未健全等因素，美国 US2007 阶段主要采用主动再生 EGR + DOC + DPF 技术来满足排放法规。

7. EGR + DOC + DPF

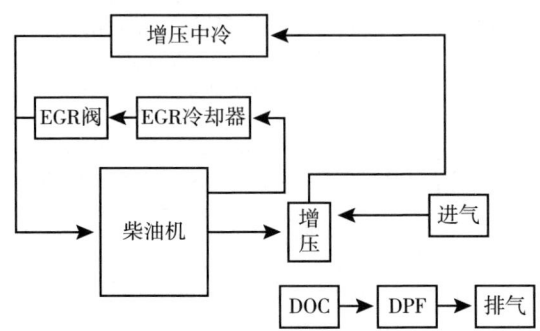

图 12　柴油机 EGR + DOC + DPF

通过 EGR 与 DPF 的合理集成，可有效除去排气中的 NO_x 和 PM，但是随着排放标准越来越严格，EGR 的缺点也越来越明显：EGR 率随 NO_x 排放限制降低而增高，使燃油消耗率不断增加；随着负荷的增加，EGR 对发动机扭矩性能的影响逐渐显现；含 S 量过高的燃油不仅降低 EGR 的反应活性，对 PM 排放也有恶化作用。

8. LNT + DOC + DPF

LNT 捕集 NO_x 的最佳温度区间为 300～400℃（BaCO3）或者 350～450℃（其他碱金属），所以在轻型柴油车上，DPF 通常被后置，以使 LNT 获得更高的排气温度。然而另有研究表明，由于 LNT 内 HC 的燃烧产生热能，后置的 DPF 事实上获得比 LNT 更高的排气温度。

美国自 2004 年就开始对重型车的 LNT + DPF 系统进行研究试验，目标是在 US2010 标准下耐久性试验达到 2000h，LNT 系统的 NO_x 吸收率达 80%～90%，但由此增加的燃油消耗率达 7%。研究发现，LNT + DPF 系统最优的结构布置方案为 DPF + LNT + DOC，但使用这种布置方案达到欧 V 排放标准的燃油消耗率增加 1.8%。总体来看，重型柴油机使用 LNT 后的燃油消耗率存在一定升幅。

（三）各厂家技术路线

表4　中国主要技术路线

厂家	发动机系列	采用的技术路线	EGR率
玉柴	K11外其他系列	EGR + DOC + DPF + SCR	低
	K11系列	DOC + DPF + SCR + ASC	无
潍柴	WP2.3N、WP3N、WP4.1N、WP4.6N、WP6.7、WP7、WP9H	EGR + DOC + DPF + SCR	低
	WP10H、WP12、WP13	DOC + DPF + HiSCR	无
江西五十铃	JE493、JE4D28、4JJ1	DOC + DPF + SCR + ASC	无

表5　欧洲主要技术路线

公司名称	燃油系统	后处理系统
Volvo	EUIS	SCR
Benz	EUPS	SCR
Scania	EUIS/XPI	SCR/EGR + DPF(VGT)
MAN	CRS	SCR/EGR + DPF
Renault	CRS/EUIS	SCR
Fiat	EUIS	SCR
DAF	EUPS	SCR

表6　美国主要技术路线

公司名称	燃油系统	后处理系统
Commins	CRS/XPCR	SCR/EGR + DPF(VGT)
DDC	CRS/ACRS	SCR/EGR + DPF
John Deere	CRS	EGR + DPF
Navistar/International	CRS/EUIS	EGR + DPF

四 各厂商主要产品

（一）国内厂商

1. 潍柴动力

（1）潍柴国六柴油机——WP10H

WP10H满足国Ⅵ、欧Ⅵ排放要求，可靠性高。B10寿命180万公里/30000小时；动力强劲，最大扭矩达1900Nm，升扭矩达200Nm/L，高于竞品；低速大扭矩，最大扭矩转速延伸至1000r/min；经济节油，最低燃油消耗达185g/kWh，在所有竞品中最低；舒适性佳；NVH处于行业领先水平；维护便捷，10万公里换油周期，机油滤清器、燃油滤清器只换滤芯不换壳；压缩释放式制动，制动功率最高达226kW；配套领域：轻卡车、客车、工程机械。

图13　WP10H发动机

（2）潍柴国六柴油机——WP7

WP7满足国Ⅵ、欧Ⅵ排放要求，可靠性强，经过7年市场验证，单台运行时间均超过25000h，B10寿命120万公里；动力强劲，最大扭矩达

1250Nm；经济节油，燃油消耗 194g/kWh，优于竞品；安静舒适，客户体验良好；维护方便，长保养周期，让客户更省心；配套领域：卡车、客车。

（3）潍柴国六柴油机——WP4.1

WP4.1 满足国Ⅵ、欧Ⅵ排放要求，可靠性强、皮实耐用，采用龙门式机体、干式/无气缸套，B10 寿命 80 万公里；动力强劲，爬坡能力强，最大扭矩可达 800Nm，最大扭矩转速延伸至 1300～1900r/min；经济省油；最低燃油消耗可达 193g/kWh；NVH 品质优异，整体式气缸盖与气缸盖罩，后置齿轮室，标配二级平衡机构；维护方便，零部件通用性强，采用长换油周期零部件；适配性好，配置丰富，缸内制动，自重轻；配套领域：轻卡、轻型自卸、中卡、轻客、校车。

（4）潍柴国六柴油机——WP3N

WP3N 满足国Ⅵ、欧Ⅵ排放要求，可靠耐用，龙门式机体、鼓形结构、湿式缸套，刚度高；整体式缸盖、四气门、双层水套、铸造喷油器底孔，可靠性强；动力强劲，最大扭矩 450Nm/（1400～2200）rpm，升扭矩达到 151Nm/L，达到高端柴油机水平；经济性好，最低燃油消耗可达 198g/kWh；舒适度高；塑料隔声罩，后置齿轮室配合斜齿轮设计，配备二级平衡机构，有效降低噪声和振动；维护便捷，机油滤芯与喷油泵布置在进气侧，便于维护；换油周期长；制动好，配备潍柴 EVB 制动系统；配套领域：高端轻卡、轻客、校车及工程机械。

2. 一汽锡柴

（1）一汽解放 SCR 发动机和 EGR + POC（微粒催化氧化器）发动机

一汽锡柴原有 CA6DL1（7.7 升）、CA6DL2（8.6 升）、CA6DN1（12.53 升）等系列发动机，都具有升级至国Ⅳ排放水平，2009 年通过国外设计工作室（STEYR - MOTOR、AVL 等）的技术支持，又成功研制推出 CA6DM2（11 升）重型柴油机。此款发动机拥有发动机制动技术和气缸盖双层水套设计等 3 项发明专利和 5 项实用新型专利，采用集成式冷却、滤清模块化设计。

（2）一汽锡柴 CA6DM2 - 42E51 国五发动机

一汽锡柴 CA6DM2 - 42E51 国五发动机排量为 11L，是国际公认的黄金排量。该发动机排放指标满足国五，具备升级国六的潜力；经济性、动力性、可靠耐久性达到国际上同类机型的先进水平；各摩擦副、燃油系统、增压系统等关键零部件均采用国际一流品牌产品；整机 B10 寿命达 100 万公里，是重型低排放卡车的理想配套动力。

（3）奥威 6DL3 发动机

奥威 6DL3 发动机排量只有 8.6L。锡柴这款发动机采用博世在欧洲应用成熟的 2000bar 电控共轨燃油喷射系统，辅以 EGR + DPF + SCR 的技术路线，能很好地满足国六排放升级要求。此外，这款发动机还采用全新设计四气门的气缸盖，机体、曲轴、连杆、活塞、轴瓦也都经过了全新优化，不仅使得缸内爆发力提升了 20%，油耗也能保证在国内同类产品中处于较低水平。

图 14　奥威 6DL3 发动机

3. 江淮锐捷特

江淮锐捷特 2.7CTI 发动机，是江淮汽车自主动力品牌——锐捷特旗下的明星产品，具有可靠性好、油耗低、动力性出色等诸多优势，获得多项国家专利，是江淮汽车旗下轻卡产品的优秀动力。锐捷特 2.7CTI 发动机虽然排量仅为 2.7 升，但有着最大功率 115 千瓦、最大扭矩 355Nm

的强劲输出，升功率、升扭矩都居行业前列；高压共轨（1800bar）、增压中冷、DOC+SCR 后处理、新材料及轻量化等先进技术的成熟应用，使该机型拥有出色的环保性和燃油经济性，最低燃油消耗达到 202g/kWh，比市场同类产品低 7%，结合江淮汽车黄金传动系，整车油耗较同类产品低 10%；通过结构优化设计及精细标定，打造更优秀的 NVH 品质；成熟的研发体系、严格的质量制度、苛刻的试验验证，保证了发动机 50 万公里的 B10 寿命。

图 15　江淮锐捷特 2.7CTI 发动机

4. 玉柴

2011 年，玉柴率先研发出国内第一台欧Ⅵ发动机，2015 年便在北京公交批量应用。2016 年，玉柴开始布局国六发动机的研发、生产和服务的基础工作，并发布了第二款欧Ⅵ发动机，高起点、高标准为国六时代打基础。从 2017 年 1 月 1 日起，全国将全面供应第五阶段国家标准的车用汽柴油，低于国五标准的将停止在国内销售，从此，国内车用发动机国五标准全面实施。玉柴在完成国五产品布局，在多个细分市场夺取了主动权和话语权的基础上，此次又率先研发出 4 款高端国六发动机产品，将继续领航未来的国六时代。

玉柴国六发动机的产品规划分为轻、中、重三大平台6大系列的11款机型，功率覆盖100~700马力。此次点火的4款机型是YCK13、YCK08、YCS04、YCY24，它们共同的特点是集成了国际同排量最先进的发动机技术，动力强、油耗低、排放优、噪声小、重量轻、尺寸小、可靠性强、寿命长，功率覆盖100~560马力。

YCK13是在国内重卡领域率先采用模块化技术的产品，重点提高产品的可靠性，改善维修便利性，降低维护成本；YCK08首次采用扭转气门配合TOP-DOWN高效冷却，可靠性更好，寿命更长；YCS04是全新4.2L排量的轻型柴油机，是公路客车、轻卡的标杆动力；YCY24是在YCY20基础上开发的产品，在动力性、经济性、安全性、舒适性等方面极具竞争力。

（二）国外厂商

1. Daimler公司

OM470型10.7L柴油机是Daimler公司，15.6L以下排量的新型重载商用车柴油机系列的代表机型，已被投放市场。该机型通过了载货车和公交车用欧Ⅵ柴油机的认证，能用作欧Ⅳ和第4阶段（Tire 4）排放标准等级的工业用柴油机，而且适用于全球市场。

图16　OM470型10.7L柴油机

该发动机排气后处理系统具有两个平行布置的可调节式选择式催化还原（SCR）转化器，能使发动机的 NO_x 排放进一步降至欧Ⅵ排放标准限制。串联在 SCR 转化器后的逸氨催化转化器（ASC）能阻挡发动机高动态运转时可能发生的氨逸漏。同时，采用两个平行布置并串联在 SCR 转化器前的柴油颗粒捕集器上。此外，排气后处理箱（DPF+SCR）进口处还装有两个平行布置的柴油催化氧化器（DOC），通过将柴油喷入废弃管道，DOC 还被用于 DPF 再生。

2. Scania 公司

在 2012 年 IAA 汉诺威车展上，Scania 公司展出了一款仅采用选择性催化还原（SCR）排气后处理系统的欧Ⅵ发动机。Scania 公司于 2011 年推出了首款额定功率分别为 328kW 和 365kW 的 12.7L 欧Ⅵ DC13 型柴油机，通过采用发动机机内废气再循环与两级 SCR 排气后处理相结合的技术，满足了严格的欧Ⅵ氮氧化物排放限值。

Scania 公司声称，认可仅采用 SCR 系统发动机的发展前景，因而该公司的 9.5L 5 缸 DCO9 型欧Ⅵ柴油机不仅提供采用 EGR+SCR 系统的机型，而且可提供另一种仅采用 SCR 系统的机型。额定功率分别为 186kW 和 209kW 的柴油机将采用 EGR+SCR 系统，而额定功率分别为 239kW 和 268kW 的柴油机将只采用 SCR 系统。各档功率的发动机都采用 Scania/Cummins XPI 共轨喷油系统、可变几何截面涡轮增压器、柴油氧化催化转化器和柴油颗粒滤清器。

3. MAN 公司

2011 年 10 月，MAN 公司在比利时 Kortrij 举行的客车展会上推出了其首款欧Ⅵ柴油机。MAN 公司的第 1 款欧Ⅵ柴油机却结合了冷却 EGR 和选择性催化还原（SCR）技术。在该展会上，MAN 公司展出了 3 款欧Ⅵ柴油机，分别是：10.5L 的 D2066 型柴油机、6.9L 的 D0836 型柴油机和 12.4L 的 D2676 型柴油机。这 3 款柴油机均采用相同的核心技术，即共轨喷油、两级涡轮增压和冷却可变 EGR。

MAN 公司将 SCR 装置与柴油颗粒捕集器及逃逸氨催化器作为 1 个单元集成在排气系统中，并兼作消声器之用。

4. DAF 公司

DAF 公司推出了一款能满足欧Ⅵ排放标准的 MX12.9L 柴油机。该机型采用废气再循环与选择性催化还原系统相结合的技术,达到了严格的欧Ⅵ排放法规规定的氮氧化物排放限值。虽然排量、功率和扭矩输出保持不变(额定功率为 306kW、343kW 和 380kW),但它仍有别于 MX 系列的欧 V 机型。新机型用 Delphi 公司的共轨燃油喷射系统取代了电控单体泵,最大喷油压力从 200MPa 提高到了 250MPa。如果排气温度过低,无法燃尽柴油颗粒捕集器(DPF)中的碳烟,那么,第 7 个喷油嘴将会把燃油喷射到进入 DPF 之前的排气中,以提高排气温度。可变几何截面涡轮提高了 Holset 涡轮增压器在整个发动机转速范围内的工作效率,并有助于驱动废气再循环系统。

DAF 公司将新款柴油机命名为 MX－13,这可能意味着 DAF 公司将推出一款缩缸强化柴油机,以替代 9.2LPR 系列柴油机。该公司在 2012 年 9 月的汉诺威展览会上展示了这一载货车用欧Ⅵ柴油机。

5. Iveco 公司

2012 年,Iveco 公司推出了首款能满足欧Ⅵ排放标准的柴油机。这款排量为 11.1L 的 Cursor11 车用柴油机将代替 10.3L 的 Cursor10 车用柴油机。排量的增大使发动机额定转速从 2100r/min 降至 1900r/min。同时,最大额定功率从标定的 343kW 增大到了 358kW,最大扭矩在 1050r/min 时就达到 2250Nm。新型柴油机采用共轨燃油喷射系统,取代了目前 Cursor 系列柴油机的泵喷嘴系统。可变几何截面涡轮增压技术被用于额定功率为 343kW 和 358kW 的柴油机。带有放气阀的涡轮增压器足以满足 Cursor11 车用柴油机的功率要求(313kW)。真正的创新是 Iveco 公司在欧Ⅵ阶段舍弃了废气再循环系统,实施了仅采用选择性催化还原系统降低氮氧化物排放的策略。Iveco 公司确信,新发动机的燃油消耗将很理想,相比竞争机型,能够轻而易举地抵消因采用 AdBlue 技术而带来的成本增加。Cursor 系列欧Ⅵ柴油机将配装在 2012 年 6 月推出的新一代 Stralis 载货车上。

五 产品技术经济性分析

（一）升级成本对比

由于"国五"以前柴油车排放限值较低，"国六"首次采用燃料中立原则，柴油车升级难度高于汽油车。其中轻型汽油车单车升级成本约需1200元，轻型柴油车单车升级成本约需4000元。但随着零部件产业的发展，其成本会逐步降低。同时，国六标准增加了排放质保期的要求，即要求在3年或6万公里内，如果车辆的排放相关出现故障和损坏，导致排放超标，由汽车生产企业承担相应的维修和更换零部件的所有费用，切实保障了车主的权益。

目前，国内能够从事后处理相关系统生产的企业主要包括：

威孚高科（000581）——涵盖SCR、POC、DOC、DPF等近乎全方案后处理系统，可实现与博世共轨系统及自身WAPS等前处理系统的协调搭配；

银轮股份（002126）——生产、设计SCR（DOC）系统，技术来自清华大学，将有望配套潍柴；

玉柴国际（NYSE：CYD）——已开发出SCR系统并成功应用于YC6L-40欧Ⅳ发动机（电控单体泵+SCR）；

贵州黄帝——主动式DPF（SiC载体）；

华勤爱科——主动式DPF（SiC载体）；

天纳克——SCR、DOC、DPF、LNT（氮氧化物捕捉器）等；

万向通达——SCR。

（二）SCR系统市场分析

当然，排放升级不仅仅是用户的负担，对于厂商来说也具备较大压力。以后处理系统为例，目前国内虽然有小部分企业开发出了SCR，并通过某些方式上了公告，但实际产品远达不到相应的排放要求，并且产品的耐久性和

表7 后处理方案成本及优缺点对比分析

序号	后处理方案	应用	对油品质量要求	对颗粒物的转化率	再生过程	成本	增加成本	优点	缺点
1	EGR+DOC	斯堪尼亚和康明斯	对硫不敏感	20%~30%	不需要	低	1000~2000元	成本低,体积小	普通喷油压力下转化率低,提高喷油压力需要技术含量很高,难以广泛推广
2	EGR+DOC+POC	美国和日本大规模采用,以达到EPA07和JP05	对硫较敏感	接近60%	相对容易,较低温即可实现	较低	4000~6000元	成本较低,体积较小,更适合配套轻型柴油机使用	转化率一般,二氧化氮排放增加,且有出现黑烟的倾向,因此要求排放前处理系统控制更精确,大于450度的高排温无法被动再生;高含硫量对EGR系统损害较大
3	EGR+DOC+DPF(主动式)	美国和日本大规模采用,以达到EPA07和JP05	对硫较敏感,15~50ppm	>85%	相对较难,需要额外装置或者需要后喷达到反应温度	高	10000元以上	转化率高,相对被动式DPF再生过程受硫的影响小	成本高,燃油经济性差,易堵塞,系统标定复杂,升级国V不方便;高含硫量对EGR系统损害较大
4	EGR+DOC+DPF(被动式)	曾用于欧美在用车改造	对硫较敏感	>85%	相对容易,较低温即可实现	较高	10000元以上	转化率高,相对主动式DPF节能耗,燃油经济性略好,无需加油站改造	成本高,燃油经济性差,对硫非常敏感,易堵塞,系统标定复杂,升级国V不方便,大于450度的高排温无法被动再生;高含硫量对EGR系统损害较大
5	SCR	欧洲采用较多,日本日产	对硫较不敏感,可达350pm	燃烧过程中实现,无需专门针对颗粒物后处理	不需要	高	10000元以上	转化率高,燃烧效率高,动力性更好(最高达10%),油耗低(3%~7%),升级国五方便	成本高,需要添加尿素,需要对加油站进行大规模升级改造,系统占据空间较大

稳定性还需要经时间考验，与国外企业的 SCR 系统更不可同日而语。

目前国内 SCR 整套系统价格在 6000 元左右，而博世推出的低配版 SCR 系统售价已经降至 3000 元人民币左右，格兰富系统在北美的售价也是在 3000 元人民币以内，在价格悬殊的环境下，国内厂商必然没有竞争力，而国外厂商生产的 SCR 则成为车厂的首选配置。从某种角度来看，中国排放标准升级的最大受益者反而是国外配件商。

目前"国四"升级"国五"的过程已经让国内企业入不敷出，如果在"国六"实施后依然无法在保证产品性能和耐用性的前提下降低成本，国外企业还将继续呈现"碾压式"垄断，而我国也将面临治理国内空气需要依赖国外先进技术的尴尬处境。

表 8　SCR 零部件供应商情况一览

项目	国际背景供应商	技术来源于国外的自主品牌供应商	国内纯自主品牌供应商
尿素计量泵技术	博世(Bosch)、天纳克(Tenneco)、格兰夫(Grundfos)、PUREM 和欧博耐尔(Albonair)等	苏州派格力(Spess)百通(Bryton)	无锡威孚力达(Lida)凯龙万向通达浙江银轮
电子控制技术	尿素计量泵企业、康明斯(Cummins 主要做系统集成)	苏州派格力(Spess)百通(Bryton)	无锡威孚力达(Lida)凯龙万向通达银轮
载体	康宁(Corning)、NGK、艾米泰克(Emitec,金属载体)	苏州派格力(Spess)	无锡威孚力达(Lida)及其他企业
催化剂	巴斯夫(BASF)	苏州派格力(Spess)	无锡威孚力达(Lida)
封装	天纳克(Tenneco)	苏州派格力(Spess)百通(Bryton)	无锡威孚力达(Lida)凯龙万向通达银轮
氮氧化物传感器	西门子(Siemens,全球独家供货)[已经出售给德国大陆公司(Continental)]	无	无

从表 8 不难看出，具备 SCR 电控系统开发能力的有 6 家，但凯龙等是采用的外包方式，并且，在国四排放目录上面还没确认是不是其自主的 DCU，另外，大多数国产的 DCU 仅限于达成喷射完成排放这一目标，要实现产业化还有很长的路要走。

专题研究篇

B.9
节能与新能源商用车积分可行性研究

摘　要： 目前，我国已发布乘用车双积分管理办法及交易机制，但商用车积分并未同步出台。2021年，我国新能源汽车财政补贴即将退出，如何实现节能与新能源商用车市场的可持续发展，是一个非常关键、亟须解决的难题。本文以此为背景，对节能与新能源商用车积分管理可信性进行了深入分析，并对节能与新能源商用车积分管理政策体系展开了初步研究。

关键词： 节能　新能源　商用车　积分管理

一　背景概述

伴随我国经济增速趋缓及供给侧改革步伐不断加快，商用车市场转型升级趋势明显。商用车市场近几年虽年销量起伏较大，但总体已经有了相对稳定的市场销量。在互联网空前繁荣和新能源汽车变革的时代，在物流需求及法规升级的双轮驱动之下，商用车市场将进入一个高质量发展阶段。

近几年，我国石油对外依存度持续增高，2016年达到65.4%，其中车用汽柴油消耗占到了消费总量的80%以上，商用车"贡献"尤为突出。2016年，我国商用车保有量达到2831万辆，占比仅在16%左右，但从能源消耗看，却占到了车用汽柴油消费量的52.5%，成为名副其实的能源消费大户。

为推动商用车节能减排，国家相关部委已开展多项工作，相继出台轻型和重型商用车油耗限值标准，倒逼企业发展低油耗商用车型，也确实起到一定成效。但在单一限值标准管理情况下，企业多以满足准入要求为基础，持续引入节能技术的动力不足，近几年商用车油耗存在不降反升的现象。例如，不区分具体车型的前提下，2016年最大设计总质量3.5吨以上的重型商用车平均油耗达到24.96L/100km，较2015年上升了10%，与国际先进水平的差距至少在10%，因此推动商用车节能减排的工作迫在眉睫。

2018年《乘用车企业平均燃料消耗量与新能源汽车积分并行管理办法》的落地实施，预示着中国在新能源汽车政策管理领域已经走在世界前列，引领世界新能源汽车的发展与变革。在此背景下，社会各界对商用车积分化管理的呼声也越来越大，如何通过国家政策引导商用车规范化发展、如何通过国家政策促进节能与新能源商用车的技术创新，是国家部门乃至行业机构目前的工作重点。

我国商用车管理体系是由多部门协同管理，各部门分工情况如表1所示。

表1 汽车行业管理部门简介

部门	主要职能	主要相关局
国家发改委	境内汽车投资项目核准和备案，境外投资项目审批，制定和监督执行科技进步、节能环保相关项目激励政策，组织开展垄断行业的成本调查和监审（价格垄断）	产业协调司、应对气候变化司、资源节约和环境保护司、利用外资和境外投资司、价格司

续表

部门	主要职能	主要相关局
工业和信息化部	提出新型工业化发展战略和政策,提出重大技术装备发展和自主创新规划,汽车产业政策和中长期规划的制定和组织实施、车辆生产企业及产品准入管理,制定并监督执行科技进步、节能环保相关项目激励政策措施	装备工业司、产业政策司、节能与综合利用司、科学技术司
科学技术部	国家重大汽车高新技术项目支持政策制定、申报审核及执行过程监督管理	高新技术发展及产业化司
财政部	汽车行业相关财税政策制定及项目审核监管	税政司、经济建设司、关税司
国家质量技术监督检验检疫总局	负责汽车产品强制性认证、产品质量和标准化管理、汽车及安全附件强制性产品认证、支持车辆年检、进出口商品检验管理	质量管理司、检验监管司、产品质量监督司
国家认证认可监督管理委员会(接受质检总局领导)		认证监管部
国家标准化管理委员会(接受质检总局领导)		工业标准一部、服务业标准部(地方标准化管理部)
环境保护部	汽车污染防治管理、汽车产品环保认证、汽车企业项目立项时的环保评价、在用车环保定期检验	科技标准司、污染防治司
公安部	新车注册、车辆交通安全管理、车辆年检	交通管理局
交通运输部	营运车辆管理,出租汽车、汽车租赁行业指导,交通运输产业发展规划及协调管理,公路行业规划、车辆维修管理	运输服务司
商务部	外资项目审批、进出口汽车及关键零部件业务管理,汽车报废回收、汽车流通管理(含新车流通、二手车流通、报废汽车回收)、经营者集中行为的反垄断审查	外国投资管理司、对外贸易司、市场体系建设司
国家工商行政管理总局	汽车市场监管、汽车市场反垄断(非价格垄断、协议及滥用市场支配地位)及反不正当竞争执法、汽车质量监管、汽车及配件商标注册管理	市场规范管理司、反垄断与反不正当竞争执法局、消费者权益保护局
国家税务总局	汽车生产、销售、使用及回收环节税收监督管理	货物和劳务税司、财产行为税司

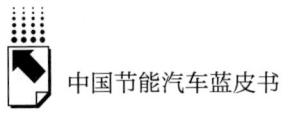

续表

部门	主要职能	主要相关局
海关总署	汽车产品进出口监管,加工贸易及保税、监管,进出口数据统计工作,参与进出口、关税相关政策制定	监管司、关税征管司、政策法规司
国家机关事务管理局	负责中央国家机关公务用车管理,指导下级政府公务用车工作、公务用车改革有关工作	资产管理司
人民银行	汽车金融及保险行业相关政策规定、汽车金融及保险行业发展规划	
银监会	对汽车金融进行监督管理	非银部
保监会	依照相关政策制度对保险行业运行过程进行监督管理	

二 节能与新能源商用车积分管理可行性分析

(一)节能与新能源商用车积分管理车型分析

我国目前已经出台了《乘用车企业平均燃料消耗量与新能源汽车积分并行管理办法》,但商用车行业与乘用车行业有很大的差异性,所以需要在乘用车积分管理办法的基础上,根据商用车行业特点进行分析和调整,保障商用车积分管理体系与乘用车积分管理体系的互通性,保障商用车积分管理办法的可行性。

目前《乘用车企业平均燃料消耗量与新能源汽车积分并行管理办法》对燃油乘用车和新能源乘用车进行油耗积分和 NEV 积分并行管理,但燃油商用车存在车型类别复杂、实际油耗与理论油耗差异性大、商用车运行场景对油耗影响大等问题,短时间难以对商用车企业平均燃料消耗量进行合理计算。而新能源商用车由于续航里程相对较短,且载重量范围小,产品类型和使用用途相对单一,可以进行新能源商用车积分计算。因此,建议对新能源商用车进行积分管理,给予燃油商用车节能鼓励积分来推进节能商用车的发展。

新能源商用车积分管理车型，为满足管理政策延续性和便利性，建议按照 GB/T 15089 进行管理。对车型 N1 车型（最大设计总质量不超过 3500kg 的载货车辆）、N2 车型（最大设计总质量超过 3500kg，但不超过 12000kg 的载货车辆）、N3 车型（最大设计总质量超过 12000kg 的载货车辆）、M1 车型（不超 9 座载客车）、M2 车型（超 9 座，最大设计总质量不超过 5000kg 载客车）、M3 车型（超 9 座，最大设计总质量超过 5000kg 载客车）进行可行性分析。

（二）新能源货车积分管理可行性分析

目前新能源货车市场占比较低，2017 年全国货车产量为 367.17 万辆，新能源货车产量为 9.5 万辆，占比仅为 2.6%。其中，纯电动商用车技术目前应用于短途物流配货，特定作业领域及市政领域使用 N1 和 N2 类载货车，N1 和 N2 类载货车产量占新能源货车产量的 99.2%，新能源商用车暂不应用于载重量较大的 N3 类货车。

表 2 2017 年货车产量

单位：万辆，%

车辆类型	车辆功能	新能源产量	总产量	占比
N1	载货	1.71	125.37	1.36
	牵引	—	—	—
	自卸	0.08	1.63	4.91
	专用	0.19	3.79	5.01
N2	载货	7.28	77.74	9.36
	牵引	—	0.02	0.00
	自卸	—	16.29	0.00
	专用	0.16	11.82	1.35
N3	载货	—	23.79	0.00
	牵引	0.03	59.04	0.05
	自卸	—	21.03	0.00
	专用	0.05	26.65	0.19
总计		9.5	367.17	2.59

据中国汽车工业协会预测，2020年城市内运输车和专用作业运输车将会大量置换为纯电动货车，达到47.1万辆。城市运输车主要应用于城市物流、环卫车和其他专用作业车。2017年电动货车实销6.35万辆，其中厢式货车5.87万辆，占比92.4%。未来市场发展方向也以轻型新能源货车为主，控制微型货车发展，限制中重型货车在城市内运输。轻型货车最大日行驶里程小于200km，平均最大时速小于80km/h，平均日行驶半径小于50km，属于N1和N2类车型。环卫车种类繁多，但行驶特征相对统一，最大日行驶里程小于100km，平均最大时速小于70km/h，平均日行驶半径小于30km，属于N1和N2类车型。重型车型为N3类车型，新能源车型以天然气车型为主，应用于专用作业车和公路运输，使用场景为小范围作业和中长途运输，城市内运行较少。

表3　2020年各类型货车销量预测

单位：辆

类型	城市内运输			专用作业车辆			城郊运输		
	总量	新能源	天然气等	总量	新能源	天然气等	总量	新能源	天然气等
重型货车	—	—	—	90000	80000	0	—	—	—
中型货车	—	—	—	50000	20000	—	—	—	—
轻型货车	1600000	350000	20000	50000	10000	—	400000	1000	—
微型货车	10000	2000	0	5000	3000	—	—	—	—
合计	1610000	352000	20000	195000	113000	0	400000	1000	0

类型	公路运输			工程车辆		
	总量	新能源	天然气等	总量	新能源	天然气等
重型货车	1000000	1000	80000	70000	—	—
中型货车	60000	3000	3000	9000	—	—
轻型货车	—	—	—	5000	1000	—
微型货车	—	—	—	—	—	—
合计	1060000	4000	83000	84000	1000	0

据中国汽车工业协会预测，到2025年，城市用途车辆多为新能源在用车更新，销量增速明显放缓甚至下降。纯电动货车将达到53.5万辆，主要应用于城市内运输。纯电动商用车在未来十年技术提升，续航能力有所提

高，城郊运输和公路运输将会应用更多的纯电动车型，但以 N1、N2 车型为主，N3 类车型仍以天然气等新能源进行产品替换。

表4 2025年各类型货车销量预测

单位：辆

类型	城市内运输			专用作业车辆			城郊运输		
	总量	新能源	天然气等	总量	新能源	天然气等	总量	新能源	天然气等
重型货车	—	—	—	65000	60000	—	—	—	—
中型货车	—	—	—	40000	30000	—	—	—	—
轻型货车	1700000	400000	30000	40000	20000	—	500000	5000	—
微型货车	10000	5000	0	10000	8000	—	—	—	—
合计	1710000	405000	30000	155000	118000	0	500000	5000	0

类型	公路运输			工程车辆		
	总量	新能源	天然气等	总量	新能源	天然气等
重型货车	850000	2000	170000	50000	—	—
中型货车	90000	4500	18000	5000	—	—
轻型货车	—	—	—	3000	600	—
微型货车	—	—	—	—	—	—
合计	940000	6500	188000	58000	600	0

综上数据，到 2020 年 N1 和 N2 类载货车产量占新能源货车产量的 72%，到 2025 年 N1 和 N2 类载货车产量占新能源货车产量的 69%。从 2017 年到 2025 年，商用车市场新能源车型以 N1 和 N2 车型为主，运行场景以城市运输和城郊运输为主。城市内商用车运行范围固定，城市间流通较少，车辆统计方便，车辆管理简单，车辆信息可以保证实时跟踪，可以有效进行新能源商用车积分管理工作。城市内运行新能源商用车，充电便捷，应用范围广，续航里程要求低，适合新能源商用车推广。N3 类新能源商用车运行数量相对较少，应用范围小，不会带来过多的管理问题。但 N3 类纯电动商用车续航里程要求高，充电不便捷，产品成本高，不适合进行新能源商用车推广，以天然气作为新能源动力推广为主。

从新能源货车技术角度分析，目前市场纯电动 N1 和 N2 车型多数是基于传统货车进行改装而成，并未进行全新车型开发。行业主流车型续航里程在 300 公里左右，适用于行驶半径不超过 300 公里的短途运输或区域内作业。

表5　2017~2018年市场主流N1、N2车型

品牌	型号	总质量（kg）	整备质量（kg）	最高车速（km/h）	纯电动续驶里程（等速法，km）
解放牌	CA5040XXYBEV21	4490	2720	100	320
东风牌	DFA5040XXYBEV	4495	3050	100	570
青年曼牌	JNP5080XXYBEVCD	7600	3910	80	185
北京牌	BJ5040XXY1Z441BEV	3580	2390	100	240
福田牌	BJ1049EVJA	4495	2995	90	260

目前市场纯电动N3类车型以样车进行试验为主，尚无批量生产及销售产品。国外尚无量产品推广，但已开始尝试基于纯电动的特点，搭载轮边电机和轮毂电机策划、开发全新产品。受制于成本、基础设施等因素，判断N3类商用车产品，除特殊应用场景外，在较长一段时间内，均以小批量运营为主。按照目前动力电池的技术发展状况，纯电动货车仍然存在车载能量不足的情况，而提高续驶里程则需要搭载更多的动力电池，车辆整备质量随之增大，同时布置电池占用一定整车空间，导致购车成本增加、载货量下降。现阶段，纯电动货车更适用于城市短途运输或区域内作业使用，而不适用于城际或省际长途行驶。

表6　2017~2018年市场主流N3车型

品牌	型号	总质量（kg）	整备质量（km）	最高车速（km/h）	纯电动续驶里程（等速法，km）
比亚迪	BYD3310EH9BEV	31000	15495	324	260
东风牌	EQ5180XXYTBEV1	18000	9200	130	100
大运牌	CGC4180BEV1AACJNALD	18000	8030	130.1	105
三环牌	STQ5181XXYNBEV	18000	8700	130	100

目前，我国整车控制和集成技术与国际水平有一定差距，驱动电机技术处于国际先进水平，电机控制器同国际先进水平存在一定差距，在控制芯片、IGBT、电池电极、隔膜等关键零件上尚未掌握核心技术，几乎全部

依赖进口。过于推进纯电动商用车的应用并限定较高的技术门槛会倒逼企业购买国外先进设备，不利于新能源商用车的发展。并且纯电动商用车环境影响大，高温高寒地区不利于纯电动商用车的应用。所以需要制定符合市场机制的推广政策，避免单方面补贴，破坏市场多样性，达到推广新能源商用车和鼓励节能商用车的两方面要求。节能与新能源积分管理政策可以通过分值设定，针对不同车型的技术现况进行多类型定值，更有效地达到政策目的。

从新能源货车政策角度分析，近几年国家推广新能源商用车以补贴推广政策为主，补贴发放到车企，单车补贴额度高，帮助企业降低生产成本。但目前补贴进入退坡阶段，并在2020年后或许取消补贴。但未来三年我国商用车产业仍处于行业发展前期，技术和市场仍不成熟，急需补贴政策来继续推进产业发展。节能与新能源积分管理政策属于市场机制下的"交叉补贴"制度。

2018年我国颁布了"蓝天保卫战"三年计划，按照工作初步计算，六类车（商用车部分）仅采用强制指令/环保升级手段在3年内需更新新能源车106万~156万辆，平均每年更新约40万辆，考虑到产品开发、投放、达产、扩产等产业规律以及电池供应，估计2020年六类车（商用车部分）需求达50万~60万辆。如此数量的新能源商用车销量将为车企带来大量的新能源积分，可以纳入前期积分管理模拟计算，并选择全部或者部分纳入积分计算有效范围，实现积分管理政策的补贴效果。并且2018年地方政府不断发布激励新能源商用车发展的相关政策，充电优惠、路权优惠、停车惠等，也为未来几年的新能源商用车发展提供了良好的政策环境。

综上所述，2017~2025年，我国新能源N1和N2货车具备新能源积分管理的有利条件，N3类货车虽然不完全满足积分管理条件，但由于目前市场产品较少，不建议单独管理，避免管理体系的复杂性，建议根据未来市场和技术发展情况再进行修订，我国新能源商用车积分管理政策实施具备可行性。

（三）新能源客车积分管理可行性分析

从新能源客车市场分析，2017年中国市场客车销量为32.19万辆（除去客车改货车的销量），其中新能源客车销量为10.72万辆，占中国市场客车总销量的33.3%，而M2、M3类新能源客车占新能源客车总销量的98.35%。在国内新能源客车市场中，M2、M3类客车占据绝对的主导地位，并且过去两年新能源客车在整个客车市场中的销量占比均超过20%，所以新能源客车市场已经具备成熟的市场规模。根据公告管理现状，M类车型划分为城市客车（公交车）、非城市客车两大类，M2中城市客车企业较少，产量几近于无，故不区分城市客车和非城市客车。另外，城市内通勤客车和公务客车属于政府单独采购产品，与市场机制不完全匹配，但目前公告和合格证管理中无法识别，可以划归为非城市客车进行管理。因此，新能源客车各类车型具备积分管理的可行性。

表7　2017年客车产量

单位：万辆，%

车辆类型	车辆功能	新能源产量	总产量	占比
M1	—	0	7.44	0.0
M2	—	0.08	5.88	1.4
M3	城市客车	8.95	10.16	88.1
	非城市客车	1.69	8.71	19.4
总计		10.72	32.19	33.3

中国汽车工业协会预测，2020年新能源客车产量将达到15.5万辆，占客车产量的38.86%。数据显示城市客车销量大幅增长，政府未来三年对城市公交进行的环保升级，将有效改变产品供给结构。按照蓝天保卫战目标计算，在3年内需达到49万辆新能源公交车保有量，新增强制更新20.3万辆新能源公交车（不考虑在用新能源汽车报废），约每年更新7万辆，并且车企有成熟的新能源产品供给体系。

表8　2020年各车型客车销量

单位：辆

类型	工程车		专用车		城市客车		非城市客车		其他		总计	
	销量	新能源	销量	新能源	销量	新能源	销量	新能源	销量	新能源	总销量	新能源
大型客车			500		60000	55000	20000	2000	1000		81500	57000
中型客车			2000		35000	30000	30000	3000	10000		77000	33000
轻型客车	5000	250	50000	5000	6000	4000	60000	6000	120000	50000	241000	65250

中国汽车工业协会预测，2025年新能源客车产量将达到17.5万辆，占客车产量的38.68%，由于新能源客车主要用于城市公共服务，城市需求饱和度低。但十年后，新能源技术不断提升，续航里程提升，再加上充电桩布局改善，非城市客车有更广的应用空间。2017年新能源非城市客车仅占新能源客车销量的0.35%，预测到2020年新能源非城市客车销量占比达到7%，到2025年新能源非城市客车销量占比达到17%，所以非城市客车的应用与新能源汽车技术的发展息息相关。

表9　2025年各车型客车销量

单位：辆

类型	工程车		专用车		城市客车		非城市客车		其他		总计	
	销量	新能源	销量	新能源	销量	新能源	销量	新能源	销量	新能源	总销量	新能源
大型客车			500		46000	45000	25000	7000	1200		72700	52500
中型客车			3000		22000	20000	35000	8000	12000		72000	28000
轻型客车	3000	600	70000	14000	5000	4000	80000	16000	150000	60000	308000	94600

综上，目前新能源客车市场相对成熟，并且客车产品类型相对简单，管理更加便捷。2017~2025年，新能源客车产品主要集中在M2和M3车

型的城市客车，非城市客车有显著增长，但整体客车市场年销量受城市需求影响相对平稳，所以新能源客车也一直是国家发展新能源市场的优先选择车型。新能源客车与新能源货车相比更适合新能源积分管理，具备政策可行性。

从新能源客车技术角度分析，我国新能源客车发展历史最长，目前M1车型已经处于产业化阶段，产业化程度高于国际水平，技术实力与国际水平相当。M1类纯电动轻型客车操控性能和安全配置远高于普通货车，装载质量和空间与同吨位的普通货车相当，实际使用时的续航里程均大于200km，广泛应用于城市内和短途城际的物流运输。

表10 M1主流车型对比

主要指标	长轴距							短轴距		
	MAXUS EV80 LWB		江铃特顺EV	烟台舒驰	IVECO PowerDaily EV46			MAXUSEV80 SWB		NAVECO PowerDailyEV36
整备质量（kg）	2440	2650	2310	2870	3095	2850	2950	2490	2570	2725
电池容量（kWh）	71	74	62	75	81.3	78	90.7	65	74	76.3
能量密度（Wh/kg）	124	116	111	125	125	137	143	105	116	127
单位载质量能量消耗量［Wh/（kg·km）］	0.24	0.28	0.344	0.281	0.281	0.231	0.241	0.297	0.32	0.247
40km/h续航里程（km）	355	360	300	330	410	355	410	345	390	335

我国M3车型处于产业化阶段，产业化程度高于国际水平，技术实力与国际水平相当。2018年我国大量新能源客车销往海外，在国际市场已经占据了领先优势地位。M3车型主要应用于城市公交和定线行驶的短途客运，该类车型路线固定，相对速度较低、数目较少且易于管理控制，日常运营里程200km以内。M3类新能源车型以纯电车型为主要技术发展方向，插电车

型还处于产业化初期，但由于插电 M3 车型续航里程大，适合远途运输，也是行业主要发展方向。M3 燃料电池目前处于工程化阶段，具有零排放、加氢快、效率高的特点，广泛适用于公交、客运、旅游等市场，是替换传统燃油客车的终极方向。

表 11　纯电动 M3 主流车型对比

品牌	型号	整备质量（kg）	最高车速（km/h）	纯电动续驶里程（等速法，km）
东风牌	EQ6100CACBEV2	10800 11100	69	390
福田牌	BJ6851EVCA-20	8800 9100	69	450
长安牌	SC6805ABEV	6400 6600	69	265
远程牌	JHC6810BEVG1	8700 9100	69	483
黄海牌	DD6109EV9	10950 11350	69	480

目前，新能源公交车主流配套动力电池为磷酸铁锂，公告数和产量数比例均在 83% 左右。从新能源货车总体情况来看，三元电池和磷酸铁锂并重。国内燃料电池客车采用 30kW 或 60kW 燃料电池系统搭载动力电池的混合驱动方式，续驶里程大于 300km；物流车采用 30kW 燃料电池系统搭载动力电池的混合驱动方式；用于重型物流卡车的大功率燃料电池系统还在开发过程中。我国新能源客车技术水平已经可以支撑新能源商用车产业化快速发展，具备节能与新能源积分管理政策的可行性。

从新能源商用车政策角度分析，我国政府在新能源汽车推广的过程中一直保持公交先行的政策路线，新能源公交车在新能源客车领域处于行业领先地位。近年来，我国新能源客车已经具备丰富的管理经验，各地政府也积极制定了新能源客车的发展战略，所以新能源客车具备良好的政策环境和管理条件。但由于公共客车属于公共资源，存在企业与公交车运营企业之间的管理问题，在制定积分管理细则的过程中，需要充分考虑市场情况，保证各方企业利益，促进行业发展。

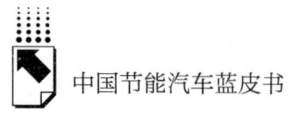

（四）其他车型鼓励积分管理可行性分析

目前商用车市场以燃油车为主，并且在未来发展中，燃油商用车仍是主流方向。商用车行业中短期在技术准备、产业化、场景用途上不具备推广新能源的公路运输、校车、长途客运（非城市车辆）、工程车等车型，仍需以推广节能车为主。在节能与新能源商用车积分管理政策中需要合理协调节能商用车和新能源商用车的发展。现阶段，我国对商用车燃料消耗量采取的是单侧的限值管理，商用车平均燃油消耗量的概念还很难实现，这是限制节能商用车积分管理的关键因素，所以建议现阶段根据商用车节能效果进行鼓励积分管理，如此可以明确商用车发展路线，并积极促进燃油商用车行业发展。

三 节能与新能源商用车积分政策体系研究

（一）节能与新能源商用车政策管理目标

节能与新能源商用车积分管理研究以完善商用车政策管理体系、推动节能与新能源商用车快速发展为目标，需要充分考虑体系构建和产业覆盖的完整性，并与现有政策和规划政策相互关联，发挥引导产业发展的指向作用。

（二）节能与新能源商用车积分管理政策体系重点问题研究

目前我国已发布了乘用车双积分管理办法，意味着乘用车政策管理体系的构建完成。我国商用车行业与乘用车行业有很大差异性，在研究构建节能与新能源商用车积分管理体系的过程中，如何借鉴乘用车积分管理体系，并充分考虑商用车行业的差异性、完整性和科学性是关键。其中以下四个难点需要充分研究分析。

1. 商用车企业积分管理对象

我国商用车企业数量是乘用车企业数量的约 10 倍。在商用车公告管理注册车企中，拥有整车资质企业 1178 家，客车生产企业 108 家，货车生产企业 130 家，专用车生产企业超 1000 家，其中有部分企业数据重叠。商用车企业数量较多且规模不一，产品类型繁多，尤其是专用车生产企业，情况更为复杂。

根据商用车积分管理体系，商用车企业应从产品类型和企业规模两个角度分析，首先按企业产品类型分析。根据上文结论，节能与新能源商用车积分管理办法对新能源商用车采取强制管理方式，对节能新能源商用车采取鼓励积分管理方式，所以企业管理与车型管理保持一致，企业管理仅对新能源商用车生产企业进行强制管理，可按照 N1、N2、N3、M1、M2、M3 类进行细分管理。

从商用车企业规模考虑，2017 年我国商用车销量达到 400 万辆，货车达到 368 万辆以上，客车达到 32 万辆以上，新能源商用车销量在 20 万辆以上。2017 年全年销量排名前十的商用车企业共计销售 287 万辆，约占全年商用车销量的 72%，而其余 1000 多家商用车企业销量仅占 28%，其中包括众多改装企业。不仅大型企业与小型企业销量差距大，大型企业之间销量差距也很大。考虑到部分规模较小企业不具备投入大规模资金，进行新能源车型开发推广的条件，仅对一定规模以上的企业进行新能源积分考核。选取企业的规模条件：①该车型被选企业产量集中度超过 95%；②新能源车型集中度接近甚至超过 90%。选取企业结果：①N1 和 N2 类载货车，产量 500 辆及以上企业；②M2 类客车、M3 城市客车、M3 类非城市客车，产量 200 辆及以上企业。

2. 新能源商用车积分体系分值制定相关因素

节能与新能源商用车积分测算平台应与乘用车双积分测算平台保持互通性，虽然近几年无法实现商用车与乘用车积分交易，但仍需为将来积分平台打好基础。商用车积分比例设定原则：积分比例定值应要满足传统商用车分值与新能源商用车积分的正负平衡，计算公式：传统车产量 × 积分比例＝新能源车产量×单车分值。根据计算公式，需要对"传统车产量"、"积分比例"、"新能源车产量"和"单车分值"分值制定的相关因素进行分析。

表12 2017年不同类型商用车新能源车型占比情况

单位：万辆，%

车辆类型	车辆功能	新能源产量	总产量	占比	车辆类型	车辆功能	新能源产量	总产量	占比
N1	载货	1.71	125.37	1.4	N3	载货	—	23.79	0.0
	牵引	—	—	0.0		牵引	0.03	59.04	0.1
	自卸	0.08	1.63	4.8		自卸	—	21.03	0.0
	专用	0.19	3.79	5.1		专用	0.05	26.65	0.2
N2	载货	7.28	77.74	9.4	M1(3.5吨以上)	—	—	7.44	0.0
	牵引	—	0.02	0.0	M3		0.08	5.88	1.4
	自卸	—	16.29	0.0		城市客车	8.95	10.16	88.1
	专用	0.16	11.82	1.3		非城市客车	1.69	8.71	19.3

（1）"传统车产量"和"新能源车产量"

首先需要对传统商用车产量和新能源商用车产量进行预测，商用车不同于乘用车的市场特性，商用车属于生产资料和公共资源，而乘用车属于消费者自主选择的商品。商用车市场受政策和国家经济形势影响较大，比乘用车市场更容易也更需要国家的宏观调控。国家根据商用车市场产量预测结果，以及市场的保有量和市场供需关系等因素对传统商用车和新能源商用车产量进行合理调控，调控结果可以直接引导市场发展趋势，有效推进节能与新能源商用车的发展。

（2）"单车分值"

我国新能源车补贴政策自2009年颁布开始，历经20年的不断完善，已经明确了新能源商用车补贴指标，节能与新能源商用车积分管理应按照现有的补贴指标进行单车分值的制定，再根据不同的技术路线，选取不同的指标，赋予不同分值。

2018年新能源车补贴政策中，"单位载质量能量消耗量"技术指标的出现为新能源汽车合理、科学的发展带来重要的影响，有利于推动产品升级、促进技术水平提升、提升产品核心竞争力。也说明技术指标的选取需要根据行业技术的发展而不断更新和完善，避免对行业带来不合理的技术引导。

表13　2018年新能源商用车补助技术指标

客车补贴技术指标	动力电池系统能量密度、快充倍率、节油率
专用车和货车补贴技术指标	动力电池系统能量密度、单位载质量能量消耗量、吨百公里电耗
燃料电池车补贴技术指标	纯电续驶里程、燃料电池系统额定功率、燃料电池系统的额定功率与驱动电机的额定功率比值

商用车积分管理政策应在2018年补贴政策的基础上，增加对运输效率和质量差异的考核，并且需要体现出对提升技术水平的鼓励倾向。单车分值的制定应针对不同车型和技术给予一定范围的调整空间：单车分值＝基础指标分值×鼓励倍数。由于商用车的多样性，多种车型统一分值难以满足市场需求。例如，货车市场产量远大于客车，客车新能源车产量又多于货车，城市客车的新能源客车应用最广，新能源物流货车是未来主要的市场趋势等。节能与新能源商用车市场的多样性对"单车分值"的制定带来了复杂性，所以单车分值应分为基础分值和鼓励倍数，这样可以在区别M类、N类车型的同时，细化子车型的分值。

主要考量：①（续驶里程分值×载质量）能在一定程度上体现总储电量（企业成本），也能有效抑制企业装配大电池的冲动。另外，续驶里程可体现场景适应能力，载质量可体现运输能力。②对于续驶里程分值，不同车型设置不同斜率/阶梯。③鼓励倍数指标采用单位载质量能耗，可体现技术水平和运输成本。④政策应着眼于降低整车能耗，不宜对电池等零部件作过度要求。

（3）"积分比例"

"积分比例"的制定是在单车分值制定后，根据每年市场预测和调控进行定值。"积分比例"是每年传统商用车分值与新能源商用车积分实现正负平衡的关键要素。各车企根据每年"积分比例"的分值来做一年的市场计划，如果车企的新能源商用车满足不了积分正负平衡的关系，那必须追加新能源产品的投产和投资。

3. 新能源商用车积分交易与积分结转

新能源商用车积分交易主要研究对象是商用车企业，由于商用车企业规模差距大，产品类型差距大，不同车企所得分值也会出现很大的差距，这将会给积分交易市场带来很多不合理问题。

（1）企业规模

我国商用车企业数量多，规模不一，上文提到2017年商用车72%的销量掌握在不到10%的车企手里，这会导致大型商用车企业积分过多，而大部分商用车企业积分很少。积分多的大企业难以卖出积分，而积分少的企业对积分不重视，无法达到推动新能源商用车市场发展的效果。

（2）产品类型

商用车产品类型复杂，我国只有极少数大型商用车企业多车型生产，如上汽、一汽、福田等。大部分商用车企业生产部分车型，如东风、陕汽、重汽等是我国主要的货车生产企业，而宇通、中通、比亚迪等企业是我国主要的客车生产企业，而中小型商用车企业产品类型更单一。M类车型与N类车型虽然都是商用车，但存在很大的差异性，也给M类车型与N类车型积分交易带来较大的难度。

（3）积分交易与结转

商用车积分交易主要问题是能否全品类车型相互交易，由于商用车产品类型和车企生产类型差异较大，不同的交易原则对车企影响较大。如上汽、一汽、福田等全品类生产企业，更希望各类车型积分可以相互交易，这样公司产品布局不用受积分分值影响。但东风、宇通等专注于个别类型产品的企业，更希望M类车型与N类车型区别交易，不要因商用车积分政策而不得不再投资开发其他车型。

商用车积分交易平台与乘用车积分交易平台发展的最终方向是共平台交易，尤其是对于上汽、一汽等车企而言，应保持商用车与乘用车的协调发展。如果打通商用车与乘用车的积分交易平台，将更利于这类车企节能与新能源车型的推广。但这种企业相对较少，并且本身拥有大部分的优势资源，如何在现阶段合理推进积分政策的实施、如何权衡各类企业的节能化和新能源化，是积分管理政策的难点和重点。

根据目前存在的几点积分交易问题，只有基于乘用车积分交易平台的经验，进行多次商用车积分模拟计算后得出各类车型之间的结转系数，才能进行 M 类车型与 N 类车型自由交易。若暂不具备乘用车与商用车积分相互交易的条件，建议商用车与乘用车的统一管理都保持三年有效期。

4. 其他车型鼓励积分管理政策体系研究

未来商用车发展仍长期以柴油商用车为主，基于纯电动力技术水平，其短时间难以作为长途和大载重车型的动力。商用车节能发展仍是重中之重，在推广新能源商用车积分的同时，可以给予节能商用车鼓励积分，通过技术引导来促进节能商用车技术发展，并通过积分交易来补贴节能商用车产业。

鼓励积分计算方法有两类：①考虑与其他积分具备可比性，从能源消耗角度计算，需考虑平均油耗和年行驶里程；②根据节能技术路线，对不同的节能技术给予不同的鼓励分值。但根据节能技术应用给予分值将会对行业发展带来过多的限制，所以建议采取方法一。

（三）节能与新能源商用车管理组合政策研究

节能与新能源商用车积分管理的实施单独靠积分管理办法难以有效实施，还需要相应的处罚措施、节能与新能源商用车管理办法和地方政策等。

目前我国汽车生产处罚法规比较缺失，乘用车双积分办法依据 GB27999 对不合规企业进行暂停公告或强制性产品认证的行政处罚，暂无经济处罚手段，而商用车仅发布油耗限值标准，企业只要满足限值要求即可生产。商用车积分管理办法实施后会面临更多的管理企业和更复杂的管理问题，所以需要相应的处罚措施来保证积分管理办法的实施，建议处罚措施有以下三种：①公告管理，不合规的企业和产品不予以进入公告；②经济处罚，对不能满足积分正负平衡的企业给予经济处罚;③制定《企业退出管理制度》,对于不合规的企业,吊销其新能源商用车生产牌照。

四 总结及展望

节能与新能源商用车积分管理办法是继商用车补贴政策和"蓝天保卫战"之后的下一步推广政策,建议从2020年开始,在蓝天保卫战三年计划结束前介入,形成前后衔接。在未来五到十年里,通过积分交易平台推动我国商用车产业发展。虽然新能源商用车销售量只占新能源汽车总量的1/4,但动力电池使用量占到了总数的50%。作为一种高频使用的生产资料,商用车对环境的影响也十分明显,商用车能源消耗量是乘用车的6~10倍。节能与新能源商用车积分管理办法将会有效地降低商用车能耗和排放,对我国汽车产业具有重要的历史意义。

B.10
甲醇汽车发展现状及展望

摘　要： 甲醇作为新兴燃料，在汽车应用上具备较大的节能减排优势，但在消费者认知、相关政策的规定与支持及法规标准方面仍面临较多问题，目前在我国汽车产业仍处于试点推广阶段。本文对我国甲醇燃料及甲醇汽车发展现状、机遇及挑战进行了深入分析，并对其未来发展趋势进行了展望。

关键词： 甲醇汽车　新兴燃料　节能减排

一　甲醇汽车发展现状

（一）概述

我国开始研究甲醇燃料的时间较早，20世纪60年代以来陆续开始进行应用研究，至第一次世界石油危机发生，我国对甲醇燃料的应用研究掀起了一个高潮。但是，一直以来，甲醇尚未正式成为我国汽车的燃料，具体应用主要为甲醇掺混到汽油中形成甲醇汽油。直到2012年，工业和信息化部开始甲醇汽车试点，正式提出甲醇汽车的概念，才拉开了甲醇汽车进入汽车大家庭的序幕。然而，虽然在5年的甲醇汽车试点中有23款车型陆续列入汽车公告，但是由于参加试点的车辆仅限于在试点地区使用，到试点结束总共有1024辆参加了试点运行。就产量而言，与2017年总销量超过2900多万辆的汽油汽车、柴油汽车以及天然气汽车和电动车相比，甲醇汽车数量上暂无法提及。所以，甲醇汽车还是处于萌发阶段的汽车新产品。

（二）甲醇汽车的试点工作简介

2012年，我国工业和信息化部印发《关于开展甲醇汽车试点工作的通知》（工业和信息化部节〔2012〕42号），正式启动了在山西、陕西、贵州、甘肃和上海开展的甲醇汽车试点工作。参加试点工作任务的主要轻型车和重型车分别为吉利甲醇汽车（M100）和陕汽集团的甲醇/柴油组合燃烧重卡。表1是甲醇汽车试点运行车辆统计表。截至2017年底，各城市甲醇汽车试点工作已全部通过工信部的验收，在5省市10地市历时5年的试点实践中，1024辆不同类型的甲醇汽车，采取不同的运行模式，总运行里程达1.8亿公里，乘用车百公里甲醇燃料消耗在15升左右，燃料消耗比照同样类型汽油车，等热值替代比例从理论值（2.16∶1）降为1.7∶1，按汽油等热值计算平均能量转换效率可提高20%以上；使用柴油/甲醇组合燃烧技术的商用车柴油燃料替代率超过30%，替代比例为1.2∶1，比照柴油消耗，等热值计算平均能量转换效率平均提高12%以上。

表1 甲醇汽车试点运行车辆统计

单位：辆

城市	计划车辆数	实际车辆数	第一批投放时间	M100轿车	M100客车	M100多用途	双燃料
晋中	150	150	2013.03.13	150			
长治	150	100	2014.03.01		100		
上海	100	18	2013.12.30	18			
西安	20	20	2014.09.30	20			
宝鸡	115	215	2014.09.30	200		15	
榆林	35	5	2014.05.10				5
汉中	20	20	2015.09.28	20			
咸阳	20	0					
兰州	200	150	2015.04.29	150			
平凉	170	150	2015.06.28	150			
贵阳	1400	329	2015.06.23	329			
总计	2380	1157		1037	100	15	5

国内甲醇燃料的发展与德国、日本等国家同步，但是我国"缺油、少气、相对富煤"的能源现状，促使甲醇在车辆上的应用从未间断。随着甲

醇产能和产量在我国日渐增加，与之相配合的甲醇汽车研发也得到国内汽车企业的重视。目前列入工信部甲醇汽车试点的车辆，主要有浙江吉利汽车有限公司、浙江豪情汽车制造有限公司、上海华普汽车有限公司、中国重汽集团济南卡车股份有限公司、陕西重型汽车有限公司、山西成功汽车制造有限公司和郑州宇通客车股份有限公司。除此之外，一汽轿车股份有限公司、一汽解放汽油有限公司、华晨汽车集团股份有限公司等汽车生产企业也先后研制了 M85 甲醇轿车和 M100 甲醇商用车、灵活燃料轿车工程样车和功能样车。目前在甲醇汽车试点所用的车辆主要是纯甲醇汽车，即 M100 甲醇燃料车。在商用车上的应用形式：一种是二元燃料方式，即天津大学提出的柴油/甲醇组合燃烧技术，另一种是山西靖烨公司生产的纯甲醇商用车。

（三）甲醇汽车采用的技术

1. 甲醇汽车新技术发展综述

甲醇汽车发展主要有两种技术路线：一种是采用双燃料的方法，用汽油或柴油启动，等发动机冷却水达到一定温度后自动切换为甲醇燃料模式或者二元燃料模式，即正常使用，国内应用该方案的吉利汽车公司已经开发出甲醇乘用车、天津大学开发了柴油/甲醇二元燃料商用车。另一种是甲醇燃料中掺入易挥发的低沸点组分，易挥发组分占甲醇燃料体积的 10%～30%，提高燃料的挥发性，多应用在乘用车上。

柴油/甲醇二元燃料燃烧技术由天津大学提出，是以柴油引燃甲醇混合气的二元燃烧方法为基础，以智能电控为手段，以满足动力、环保、可靠和经济要求的双燃料发动机为目标，实现甲醇在柴油机上的稳定可靠运行。该技术纳入了工业和信息化部的"四省一市"甲醇车试点工作，在陕西榆林得到应用并取得很好的效果。甲醇为单碳化合物，其燃烧无烟无焰，应用在柴油机上可以同时降低碳烟和 NO_X 排放，因此搭载的柴油/甲醇双燃料重型货车加上简单的后处理能够满足国五排放标准。

2. 甲醇汽车国内外技术发展方向

目前，甲醇汽车在国外正在复苏，一些国家正加大对甲醇的发展力度。

20世纪80年代末国外甲醇生产和应用热情大幅度下降的主要原因：一是"石油危机"解除带来石油价格回落，导致甲醇价格高于汽油，其随之就失去了经济性。二是甲醇燃料具有一定腐蚀性，需要专门的零部件以及存储和加注设施，导致市场运行的甲醇汽车又都改烧汽油，甲醇汽车行业发展陷于停滞。

在国内，甲醇汽车经过40余年坚持不懈的研发和长期的示范推广，目前已经攻克了甲醇的腐蚀性、高温气阻和冷起动等难题，动力性和排放特性都与传统汽车基本一样。同时我国的甲醇主要产自煤炭和焦炉气，生产甲醇的煤炭多为高硫、高灰分的劣质煤，因此国内甲醇的价格不足汽柴油的1/3，具有很强的价格优势，因此甲醇汽车及其下游零部件产业都得到快速发展，但是国内甲醇汽车的发展仍处于起步阶段，需要加大技术研发力度，形成成熟的甲醇汽车产业链。

二 甲醇汽车发展的机遇

（一）甲醇是清洁燃料

甲醇的分子结构是CH_3OH，仅含有一个碳原子。燃烧时无烟无焰，一般不会产生颗粒。由于甲醇自身属于高含氧的燃料，燃烧时需要空气量少。甲醇完全燃烧时需要的理论空气量仅为汽油、柴油的一半还不到，因此，作为车用燃料应用时，氮氧化物NO_x生成量会比汽油和柴油少得多。特别是对于柴油重型商用车，使用甲醇作为燃料，在清洁排放方面会有很大的优势。甲醇掺烧后，可以不需要尿素辅助便可达到国V排放法规的要求。这对于柴油车减排具有重要意义。特别是当前重点治理柴油车排放的要求越来越强烈，数以千万辆的在用车排放问题亟待治理，为此甲醇将可以发挥重要作用。

甲醇不仅燃烧清洁，而且对环境十分友好。甲醇作为燃料使用时，向周围环境的污染排放主要在于储存、运输和添加过程中。运输事故、储存渗漏、加注溅洒、甲醇蒸发挥发等是甲醇排放的主要途径。汽油国标规定在37.8℃蒸气压为40~85kPa，甲醇在同样温度下蒸气压为31.9kPa，明显低于汽油；甲醇的汽化潜热为1167kj/kg，比汽油值293~841kj/kg高得多，在正常使用和储存情况下，甲醇挥发排放进入大气的数量远低于汽油。甲醇易溶于水，进入水体或土壤中的甲醇会很快被稀释，当浓度低于微生物生存阈值后就能被自然界微生物降解自净。而汽柴油则难溶于水，不易扩散，在自然环境中难以降解，会产生累积污染。另外，废水中含有少量甲醇反而有利于微生物降解脱出废水中的含氮物质。因此，甲醇燃料虽有一些毒性，但易于在环境中降解，使用甲醇燃料不会对环境造成严重的污染。

在水中，甲醇及乙醇的生物降解过程要比原油或者汽油迅速得多。醇燃料在水中的滞留时间以几小时计算，而原油、汽油、柴油的滞留时间尺度则以几年计算。据估算，如有10000t甲醇泄漏到海中，在洋流帮助下扩散溶解稀释，泄漏后1小时甲醇的浓度就能下降到0.36%，再往后的浓度将更低。随后的几天内微生物通过生物降解方式能将稀释的甲醇降解处理完。但是相似规模的汽油泄漏事故，由于汽油与水不溶，将会大面积覆盖在海水表面而不容易被扩散，这样长时间的集聚很有可能导致区域性的生态灾难。

表2 环境中甲醇和苯的半衰期预估数

单位：天

环境介质	甲醇的半衰期	苯的半衰期
土壤（基于有氧未处理的取样/地下水含水层有含水）	1~7	5~16
空气（基于氧化反应作用的半衰期）	3~30	2~20
地表水（根据未作处理的水中好氧生物降解）	1~7	5~16
地下水（基于有氧并未作处理的取样/水处于地下水含水层）	1~7	10~730

（二）甲醇汽车节能优势

工信部甲醇汽车试点工作实施以来，在5省市10地市历时5年的试点实践中，1024辆不同类型的甲醇汽车，采取不同的运行模式，总运行里程达1.8亿公里，乘用车百公里甲醇燃料消耗在15升左右，燃料消耗比照同样类型汽油车，等热值替代比例从理论值降为1.7:1，按汽油等热值计算平均能量转换效率可提高20%以上；使用柴油/甲醇双燃料组合燃烧技术的商用车柴油燃料替代率超过30%，替代比例为1.2:1，比照柴油消耗，等热值计算平均能量转换效率提高平均节能12%以上。

甲醇除了在汽车应用方面有很大的节能优势，相较于煤制燃料，如煤制油、煤制乙醇等液体燃料，在制取方面也有很大优势。目前，国内煤制乙醇的技术基本成熟，但是其基本技术路线是从先生产甲醇，再转化为乙醇。因此，过程耗费的能量一定比甲醇要多。此处仅以煤制甲醇和煤炭直接制油进行比较。国内煤制甲醇最先进的单耗指标约为每吨甲醇用标准煤1.6吨，而神华100万吨煤直接液化工艺产出的油品加上其他副产，每吨产品消耗原料煤需要4.35吨，甲醇作为燃料在制取时需要的原料煤炭量仅为煤制油的1/3左右。以甲醇为燃料直接进入发动机燃烧驱动汽车的替代汽油比例1.7计算，吉利甲醇汽车百公里耗甲醇15升相当于耗煤19.2公斤。如果用煤制油百公里油耗8.82升，可折算成耗煤28.4公斤。由此可见，比较用煤生产适合汽车使用的液体燃料，生产甲醇的资源利用率远高于煤制油技术途径。这里还不讨论如果在压燃式柴油机上应用对废气后处理装置要求的简化，以及不需要辅助尿素等影响因素。

（三）甲醇的生产

甲醇生产资源广泛，煤炭、天然气、焦炉气、生物质，甚至是二氧化碳都可以用来生产甲醇，且生产技术成熟。甲醇的生产工艺有很多种，但目前合成气制甲醇仍是全球甲醇生产采用的主要方法，按合成气来源区分，可以分为煤基甲醇、天然气基甲醇以及焦炉气基甲醇等。因为天然气的主要成分是甲烷，碳氢比低，杂质含量低，所以用天然气制甲醇是最为理想的。然而，受"缺油、少气、相对富煤"的能源结构影响，我国的天然气基甲醇受到限制，而是以煤基甲醇为主，国外则以天然气基甲醇为主。图1是2016年我国甲醇原料分类占比情况，煤基甲醇约占甲醇产量的71.7%，焦炉气基甲醇和天然气基甲醇分别占甲醇产量的15.2%和13.2%。对于中国而言,煤基甲醇实现了煤炭资源的清洁利用,因为中国的煤炭中约有一半是高硫高灰的劣质煤,难以工业利用,但充分利用劣质煤来生产甲醇可使中国能源资源增加一倍。以焦炉气实现甲醇的制取主要是以煤为原料间接进行的。焦炉煤气指的是在生产焦炭过程中产生的大量副产品,其主要成分是氢气(55%~60%)和甲烷(23%~27%)。这些焦炉煤气除了部分返回炼焦炉作为加热的燃料以外,传统的利用方式就是作为城市居民的生活用气,但是有很大一部分被燃烧后排入大气。焦炉煤气由于富氢是生产甲醇的优质原料。利用焦炉煤气制甲醇不仅实现了资源的充分利用,还保护了生态环境,这对于改善大气质量有着积极的作用。图2是我国2010~2016年甲醇产能产量情况,2016年我国甲醇产能为7638.5万吨,产量仅为4313.6万吨,有数千万吨富余,利用甲醇替代柴油,不仅有利于像焦炉气等资源得到充分利用,而且有利于过剩产能的转移。

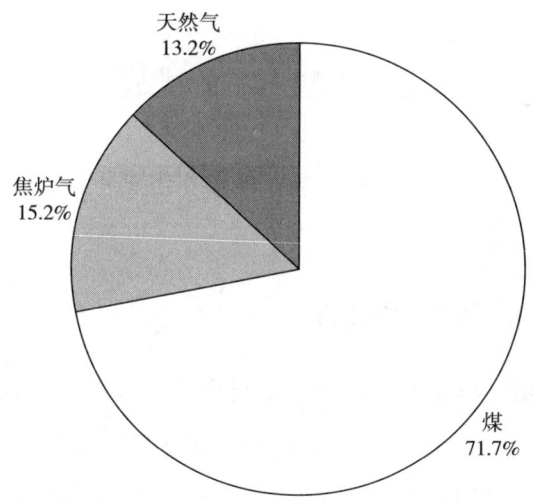

图1 我国甲醇生产原料的分布

燃烧清洁的特性、输运和加注以及贮藏的便利、应用时的节能、产能产量的充足等多方面优势,构成了甲醇作为燃料的极大机遇。在当前国际形势

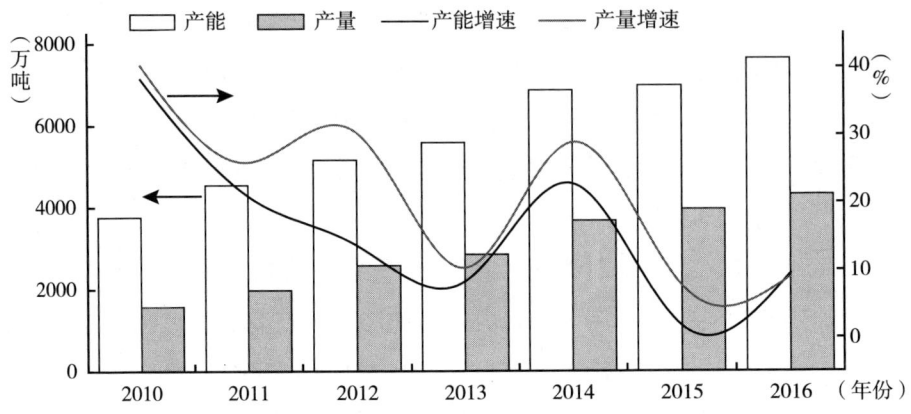

图 2　2010~2016 年我国甲醇产能产量及其增速

日趋紧张的情况下，能源安全凸显其极大的重要性。甲醇生产立足于国内的资源条件，积极推动甲醇的车用，对于满足日益增长的汽车保有量，以及治理数以千万辆重型柴油机具有重要意义。

三　甲醇汽车的挑战

甲醇作为新兴燃料进入燃料市场，尚属新生事物。甲醇汽车未来的广泛使用还面临一些挑战。

（一）甲醇特性的认知教育

甲醇又名木精。早年发现时是从木材中蒸馏获得的。由于与乙醇相近，若干年前曾经发生过个别地区的人们将甲醇当成工业酒精而误饮中毒的事件。因此，一些人提到甲醇便谈虎色变。事实上，就毒性而言，甲醇在毒理学毒性分级的动物试验数据方面与乙醇相当，并且依据《职业性接触毒物危害程度分级》国家标准 GBZ 230—2010 规定，甲醇和乙醇、汽油均被列入轻度危害等级，甚至甲醇的危害指数低于汽油。为了消除公众对甲醇安全性的担心，工信部在 5 年的试点中，专门在甲醇汽车试点的十个城市区域范围内,对全体涉醇人员、环境等进行了全面观察和检测。涉醇人员的体检表明,试点过程中未出现影响人体健康的案例,涉醇场所环境监测到的空气中甲醇浓度均低于我国职业接触规定的限值。另外,甲醇与乙醇、汽油都属于易燃易爆危险化学品,但是甲醇的热值低于乙醇、汽油,挥发性低于汽油,易溶解于水,在消防安全方面的危害性也低于汽油。因此,要引导大家甲醇是燃料,而不能拿饮料的标准进行衡量。但是,对大众进行科学普及是一个长期的过程,需要加强此方面的工作。

(二)相关政策的规定和支持

甲醇作为新兴燃料,尚未正式进入市场,面临很多管理方面的问题,如加注站建设、甲醇汽车管理等都尚存空白。从国家层面来看,我国关于甲醇汽车及燃料的国家政策在21世纪才陆续出台,其中,2004年国家发改委正式发布《汽车产业发展政策》《国家重大产业技术开发专项》两项政策,明确指出国家在产业发展层面支持甲醇汽车发展,甲醇燃料生产也被列为重要的技术专项,并确定了甲醇汽车及燃料发展的定位。随后,地方主要试点示范省市的相关支持政策陆续出台,满足了地方甲醇汽车产业发展的实际需要。为了规范甲醇车的应用,2012年工业和信息化部颁布了文件《关于开展甲醇汽车试点工作的通知》(工信部节〔42〕号),在陕西、山西和上海"二省一市"启动了甲醇汽车试点,2014年贵州和甘肃又加入试点工作中。试点意见要求在限定区域、限定燃料、限定车辆开展工作。从甲醇的安全性、环保性、经济性、动力性、适应性和可靠性以及使用中对环境和人体健康等方面进行全面的考核。2013年,国务院发布《关于加强内燃机工业节能减排的意见》,从响应国家节能减排战略出发,为减少汽车单位能耗和污染物排放量,重点加快内燃机替代燃料多样化发展,将甲醇燃料及发动机列为重要的替代燃料之一。该政策的出台从国家层面上响应了甲醇汽车试点工程,确立了甲醇车和甲醇燃料作为国家能源多元化的一部分。文件的出台促进了众多发动机生产企业展开了此类研究,为甲醇汽车及其产业化发展提供了重要的政策支持。

从整个产业相关政策的支持面与支持力度来看,国家层面的支持不足与地方层面的大力支持形成鲜明对比。电动车和甲醇汽车及燃料在国家层面的关注程度上无法相提并论。即使是工信部 2012 年开始甲醇汽车试点,也是完全依靠市场化运行。国家对甲醇汽车的发展缺少财税相关政策支持,这在一定程度上制约了我国甲醇汽车的发展。从地方政策来看,一些资源丰富的地区,如山西省、陕西省,不仅参加试点的规模较大,参加试点的积极性也很高。省政府在财税政策、资金补贴、牌照发放、燃料加注、土地出让、政府优先采购等方面都给予了大力支持,为地方省市甲醇汽车产业的发展提供了重要的资源要素保障。

表3 2000 年以来国家级省市甲醇汽车及燃料重点政策、标准

时间	政策发布机构	主要政策点
2004 年 5 月	国家发改委	发布《汽车产业发展政策》,国家支持车用燃料多样化发展,鼓励汽车生产企业开发生产新型燃料汽车,其中包括甲醇燃料汽车
2004 年 7 月	陕西省质量技术监督局	颁布实施了 DB61/T352－2004《车用 M85 甲醇汽油》、DB61/T353－2004《车用 M25 甲醇汽油》、DB61/T351－2004《车用燃料甲醇》等地方标准
2004 年 8 月	国家发改委	制定《国家重大产业技术开发专项》发布并全面启动,将"具备以煤为原料建设大型甲醇、二甲醚的技术能力及开发燃料油、煤制醇醚燃料高效添加剂技术"列入其中
2007 年 7 月	国家发改委、科技部、卫生部、国家环保总局、国家林业局,以及化工、汽车行业协会等	2007 年 7 月,由国家发改委牵头完成的《中国替代能源研究报告》指出:中国应加大对替代能源的开发利用力度,推进醇基醇醚燃料生物质液体燃料、煤制油、天然气等替代能源的发展。该报告送达国务院,并获得重要批示:甲醇燃料拥有良好的经济性,对人体健康并无损害,有利于节能减排,应加快推广
2008 年	山西省质量技术监督局	此次出台的山西省地方标准分别是 2008 年的《M5、M15 车用甲醇汽油》替代 2003 年的《M5、M15 车用甲醇汽油》、2008 年的《车用甲醇汽油变性醇》、2008 年的《车用甲醇汽油分油》和 2008 年的《M85、M100 甲醇燃料》

续表

时间	政策发布机构	主要政策点
2009年	国家标准化管理委员会	我国首部《车用燃料甲醇》国家标准 GB/T23510-2009,由中华人民共和国家标准化委员会批准并发布公告,并于同年11月1日起实施
2009年	国家标准化管理委员会	《车用甲醇汽油（M85）》国家标准颁布,甲醇汽油进入市场有了正式的准入制度,使甲醇燃料有了合法身份
2012年	工业和信息化部	《关于开展甲醇汽车试点工作的通知》（工信部节〔42〕号）,先后在陕西、陕西、上海、甘肃和贵州四省一市开展甲醇汽车试点。该试点已于2018年1月结束。共有1024辆甲醇车参加运行,包括乘用车、多用途车和重型载重车等多种车型,行驶里程数亿公里。试点中甲醇车的安全性、环保性、经济性、动力性、适应性和可靠性得到全面检验。结果表明甲醇车完全可以胜任其工作
2013年	国务院办公厅	发布《关于加强内燃机工业节能减排的意见》指出：为降低能源资源消耗、减少污染物和二氧化碳排放,各相关部门应进一步加快内燃机节能减排新技术的研发、应用和产业化,推进内燃机替代能源多元化应用,降低内燃机燃油消耗率,逐年提高内燃机排放标准,严格执行淘汰落后产品制度
2015年	工业和信息化部	印发《车用甲醇燃料加注站建设规范》和《车用甲醇燃料作业安全规范》,对甲醇燃料加注站建设、运营安全规范等作出具体规定

（三）甲醇相关标准缺失

产业标准对于规范甲醇汽车及甲醇燃料产业生产尤其重要,是产业化的通行证。从国家层面的产业标准来看,2009年,《车用燃料甲醇》《车用甲醇汽油（M85）》两项国家标准对于甲醇燃料产业化推广意义重大,明确了相关生产标准,2015年工信部印发《车用甲醇燃料加注站建设规范》《车用甲醇燃料作业安全规范》,进一步规范了甲醇燃料加注站的标准化运营,基础设施建设的通行标准也将为吸引社会投资提供机会,配套基础设施建设规模化、网络化推广在制度层面已不存在制约。但是,在全面推进甲醇燃料生

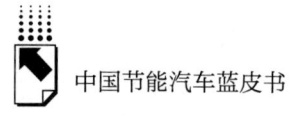

产应用方面,由于目前甲醇汽车、甲醇燃料等相关的国家标准仍然不健全,影响了甲醇作为替代燃料的发展。其他涉及甲醇汽车产业的质量标准还包括甲醇汽车、甲醇燃料国家级检验检测,这也有待进一步向专业化方向发展。

总体来看,甲醇汽车相关产业标准体系还不健全,如何加快落实相关国家标准、突破甲醇应用与推广的局限性成为产业界关注的问题。

四 甲醇汽车未来展望

(一)甲醇汽车未来发展方向

1. 乘用车技术发展方向

(1) 设计制造甲醇燃料专用发动机

目前甲醇汽车是在汽油车的基础上更换供给系统及控制系统来满足燃油甲醇的车辆,发动机结构并没有做改动和优化。相对于汽油,甲醇的辛烷值更高,抗爆性能更优秀,可适应更高压缩比下的发动机,因此甲醇燃料发动机可将压缩比提高到10以上,进而提高发动机输出功率,并提高发动机动力性及燃烧效率。

(2) 优化后处理三效催化器

甲醇是一碳含氧化物,汽车燃用甲醇燃料的常规污染物 CO、HC、NO_x 排放均明显低于汽柴油,但在甲醇不完全燃烧的情况下,甲醇汽车将排放非常规排放污染物甲醇和甲醛,这些污染物对环境造成较大影响。在现有汽车三元催化器基础上针对甲醇和甲醛开发适用性更强的催化转化器,使其具有更好的净化作用,解决甲醇车废气后处理问题。

2. 商用车技术发展方向

目前甲醇应用在商用车上的技术主要有:一是由天津大学提出的柴油/甲醇组合燃烧技术,二是单一甲醇燃料的点燃式技术。甲醇点燃式技术主要由山西靖烨发动机公司和吉利汽车公司在推动。围绕上述的商用车用甲醇发动机,需要开展的工作如下。

（1）控制系统

针对天津大学提出的柴油/甲醇组合燃烧技术，需要一套单独的供醇系统和控制系统与原有的柴油供给系统相配合。甲醇在进气道喷射，与空气混合进入气缸，在控制方面，不改变原机 ECU 的喷射策略，仅增加一个独立控制甲醇喷嘴的 ECU，两个 ECU 关系属于双主式 ECU。此种控制方式兼顾了原机 ECU 的成熟稳定性，同时发挥了自主控制甲醇喷射的目的。点燃式的控制系统则与汽油机的控制系统类似。未来发展的重点技术是：单一 ECU 和精细化双主式 ECU 控制系统。

（2）尾气处理系统

甲醇含氧，燃烧速度快，燃烧无烟无焰，并且在商用车上又替代部分柴油，所以甲醇用在商用车上不仅具有高的热效率，而且排放更清洁。采用柴油/甲醇组合燃烧技术的商用车仅需耦合简单的后处理装置氧化催化器（DOC）就可满足国 V 排放标准。但是随着国 Ⅵ 排放法规的发布，对柴油车的尾气排放要求更加苛刻，仅靠简单的后处理装置已经不能满足即将实施的国 Ⅵ 排放法规，为了满足国 Ⅵ 的发展要求，甲醇商用车结合自身燃烧产生的碳烟和 NO_x 低的优点发展一条属于甲醇商用车的国 Ⅵ 排放路线，即甲醇 + EGR + DOC + DPF 路线。目前天津大学正与华菱星马进行合作开发。未来发展的重点技术是：不加装 SCR 的甲醇 + EGR + DOC + DPF 的国 Ⅵ 排放路线。

（二）甲醇汽车未来展望

1. 甲醇汽车的最新进展

由工信部牵头组织的甲醇汽车试点工作，从组织调研开始，经历了摸底验证、提出技术条件、编制试点实施方案、专家审议评定、运行启动、数据采集、阶段检验、验收总结等阶段，前后历时近 10 年。这期间工信部还组织原环保部、卫计委和行业协会、大学等部门和单位，从人体健康、环境影响、生命周期和重大政策等方面展开了专项研究，结合我国能源产业和煤化工产业的实际，从基础科学入手，把工作做得扎实有效，为后来的甲醇燃料在动力燃烧和热力燃烧领域的推广应用奠定了坚实的技术基础和产业基础。

试点结束后，在我国一些条件较好的地区，甲醇汽车发展迅猛，主要体现在以下几个方面。

一是部分地区甲醇汽车数量迅速增加，如贵州、西安等地。贵州省贵阳市的甲醇出租车已经有4000多辆，年底计划到7000辆。陕西省西安市计划年底发展万辆甲醇出租车。这些地区，甲醇生产相对比较富裕，甲醇的价格低于汽油，运行的费用大幅度下降，又不会存在像天然气那样出现供应短缺的情况，因此，甲醇乘用车增加速度很快。

二是甲醇汽车的生产企业逐步设立。吉利汽车公司分别在贵阳和山西晋中设立了甲醇汽车专用制造厂，年产规模达10万辆，为乘用车发展提供了坚强的保障。

三是带动了一批汽车企业加入甲醇汽车生产队伍中。华菱汽车等重型车生产公司积极发展柴油甲醇二元燃料的重卡。

四是围绕甲醇汽车的相关标准正在陆续制定。2018年针对甲醇汽车及其相关标准在国家有关部门的牵头下正在有条不紊地进行着，标准包括甲醇汽车技术条件、甲醇汽车排放品质、甲醇加注站建设、甲醇加注条件等。相关标准已经上报国家有关标准管理部门。

另外，为了统一领导和推动甲醇的应用，部分地区如陕西省、贵州省成立了专门的领导机构以协调甲醇的推广应用工作。这些地区的甲醇加注站的建设也较快。贵阳市已经建设7座加注站，西安市计划到年底建设24个加注站。总体来说，为了满足我国日益增长的汽车保有量燃料消耗需求，为了保障国家的能源安全，甲醇将会成为能源多元化中的一个成员。

2. 甲醇汽车未来的发展

为了治理空气污染，打好蓝天保卫战，2018年7月17~18日在陕西榆林市由甲醇汽车试点办公室组织召开了甲醇汽车技术交流会。会上一方面对前端试点工作进行总结，另一方面对甲醇汽车应用中的技术进行交流。大家认为，针对国家刚刚发布的重型车国六排放标准，甲醇作为只含有一个碳原子的低碳燃料，应在其中发挥重要的作用。目前治理柴油车排放主要方法是采用往废气中喷尿素来还原氮氧化物，通过过滤器（DPF）来消除炭烟排放。使用尿素增加了用户的费用。DPF 使用一段时间要定期喷柴油进行再生，否则就会阻塞排气管路，也会增加用户使用成本。因而，目前的技术手段要做到完全控制柴油车的排放十分困难，原因是：排放治理与用户的目标不一致，用户缺少治理尾气的积极性。虽然很快要实施国六排放法规，但是再严的法规只有得到彻底执行才会产生效果，否则就只会落在纸上。

采用甲醇就很有优势。第一，得益于自身含氧，甲醇燃烧时需要空气量少。与汽油和柴油相比，甲醇完全燃烧时需要的理论空气量只有其一半还不到，因此，氮氧化物 NO_x 生成量会比汽油和柴油少得多。第二，甲醇燃烧速度快，燃烧时无烟无焰，一般不会产生炭烟颗粒。柴油重型商用车使用甲醇作为燃料，在清洁排放方面会有很大的优势。商用车动力采用甲醇燃料在会上得到高度关注，吉利汽车积极开发纯甲醇的商用车发动机，研发出的公交车已进行试运行。另外根据天津大学在重型柴油车上应用甲醇掺烧的报告来看，甲醇掺烧后，不需要尿素辅助便可达到国 V 排放法规的要求。天津大学提出的甲醇掺烧的技术路线受到与会者高度关注，这对于柴油车减排具有重要意义。这种技术，不仅可用于新车，而且有利于在用车改造。对于我国保有量超过 4000 万辆的柴油动力，这些动力承担了 75% 以上的陆路运输量、100% 的工程机械和农业机械，不仅要考虑未来新车满足国六的排放标准，而且做好存量车的清洁化更加重要。不首先治理好存量车的排放清洁化，打赢蓝天保卫战就难以落到实处。

当然，甲醇汽车的推广应用也不会一帆风顺，还会遇到各种困难和挑战。甲醇作为一种新兴燃料不仅要改变大家的认知，还需要加强相关各项标准建设，解决一些共性的技术问题。

总之，甲醇的推广是一个系统工程，涉及的方面很多，甲醇发展必须坚持以市场为导向、企业为主体的指导思想，坚持因地制宜的方针。不光是有车就行的，还需要加注站、甲醇供应和输运等多方面协同。关系到安全、消防、便利等方方面面，需要得到政府层面的支持和协调。不过，随着国家经济发展，甲醇一定会成为多元化能源的一员发挥其应有的作用。

行业热点篇

B.11
国六排放法规对重型柴油机开发带来的影响

摘　要： 重型柴油车在国民经济发展中起到重要作用，其节能减排工作也是国家蓝天保卫战中的重中之重。生态环境部颁发了《重型柴油车污染物排放限值及测量方法（中国第六阶段）》，不仅加严了排放限值，而且在测试循环、适用范围等方面都提高了要求，更为重要的是包含了各种影响因素的实际道路测试（PEMS测试）。本文以此为背景，对重型车国六排放法规进行了深入解读，分析了重型车降低排放的各种基本技术路线，并对柴油机热管理技术、PEMS测试及降低油耗措施等内容进行了深入研究。

关键词： 柴油机　国六排放　PEMS测试　热管理　油耗

一 背景概述

重型柴油车广泛应用于货运、客运和工程用车领域，对国民经济的发展起着至关重要的作用。根据2017版中国统计年鉴：2016年全国交通运输业完成货物周转量186629亿吨公里，其中公路运输的货物周转量61080亿吨公里，铁路运输的货物周转量23792亿吨公里，水路运输的货物周转量97339亿吨公里，航空运输的货物周转量222亿吨公里，管道运输的货物周转量4196亿吨公里。扣除远洋运输的货物周转量58075亿吨公里，国内货物周转总量为128554亿吨公里。因此，可以算出以重型柴油车为主的公路货物周转量占到了国内货物周转总量的47.5%。

根据生态环境部发布的《中国机动车环境管理年报2018》：到2017年，我国已经连续9年成为世界机动车产销第一大国。2017年，全国机动车四项污染物排放总量初步核算为4359.7万吨，比2016年削减2.5%。其中，一氧化碳（CO）3327.3万吨、碳氢化合物（HC）407.1万吨、氮氧化物（NO_x）574.3万吨、颗粒物（PM）50.9万吨。汽车是机动车大气污染排放的主要贡献者，其排放的CO和HC超过80%，NO_x和PM超过90%。按车型分类，货车排放的NO_x和PM明显高于客车，其中重型货车是主要贡献者；客车CO和HC排放量明显高于货车。按燃料分类，柴油车排放的NO_x接近汽车排放总量的70%，PM超过90%；汽油车CO和HC排放量较高，CO超过汽车排放总量的80%，HC超过70%。占汽车保有量7.8%的柴油货车，排放了57.3%的NO_x和77.8%的PM，是机动车污染防治的重中之重。

重型柴油车对国民经济贡献巨大，但又不可避免地带来较多污染，已成为公众关注的焦点。今年7月国务院印发了《打赢蓝天保卫战三年行动计划》，明确了大气污染防治工作的总体思路、基本目标、主要任务和保障措施，提出了打赢蓝天保卫战的时间表和路线图。打好柴油货车污染治理攻坚战是蓝天保卫战中的重大专项。几乎与此同时，生态环境部颁发了《重型柴油车污染物排放限值及测量方法（中国第六阶段）》（简称"重型柴油车国六排放法规"）。

二 国六排放法规解读

目前，我国的道路车辆排放标准体系基本上参照欧盟，道路车辆主要分为轻型车（总重3.5吨以下的轻型货车和9座以下的轻型客车）和重型车（总重3.5吨以上的重型货车和9座以上的大型客车）两类。轻型车的排放法规是以整车在底盘测功机上运行测量整车排放为基础；而对重型车辆，考虑到重型汽车底盘测功机的设备庞大和昂贵，重型车的排放法规以发动机排放测试为基础。

即将在2020年开始实施的重型柴油机国Ⅵ排放法规，同以前排放法规升级一样，进一步降低了各项污染物的排放限值（见图1）。国Ⅵ重型车用柴油机的NO_x限值相当于国Ⅰ的1/20，而微粒质量PM排放限值则相当于国Ⅰ的1/36。对于微粒排放，除了加严微粒质量PM排放限值外，还增加了微粒数量PN的限值。

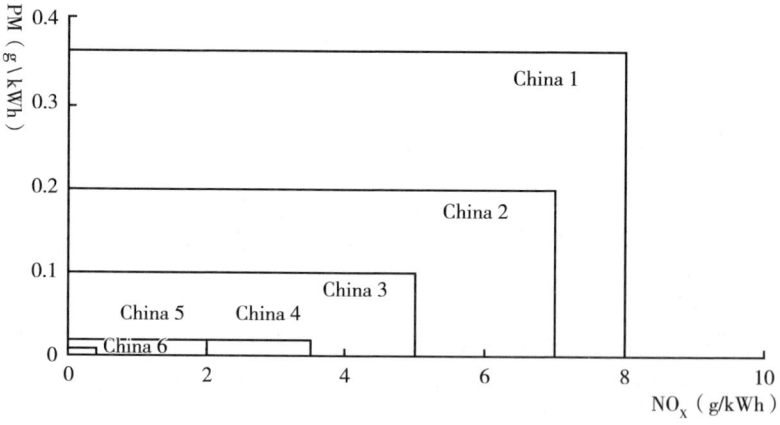

图1 中国重型车用柴油机NO_x和PM排放限值的发展

比限值更重要的是，获取限值所采取的测试循环。测试循环规定了测试的工况点、每个工况点的测试时间、各工况之间的顺序以及各工况点测试结果在整个循环中的权重。

在国Ⅰ和国Ⅱ的重型柴油机排放法规中，采用的是以额定转速和最大扭矩转速上的五个负荷点和三次急速工况组成的 13 工况。13 工况的权重分配，使得排放测试值中 80% 以上的 PM 和 NO_x 都来自额定工况点和最大扭矩点。这与欧Ⅰ的重型车用柴油机以自然吸气柴油机为主、排放控制的难点在外特性有关。

在国Ⅲ、国Ⅳ、国Ⅴ所采用的 ESC（European Stationary Cycle）测试循环中，排放测试值中 80% 以上的 PM 和 NO_x 来自图 2 上深灰色区域的中高转速和中高负荷。

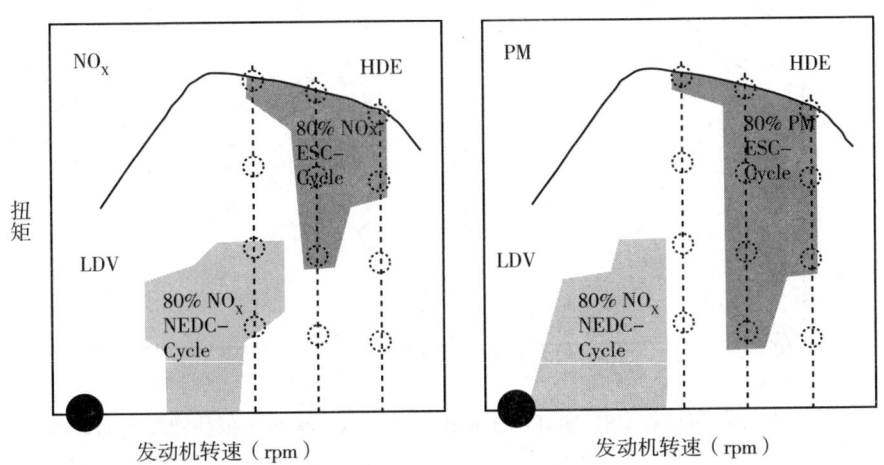

图 2　轻型车和重型车测试循环中，80% NO_x 和 PM 排放所在的工况区（国Ⅴ以前）

也就是说，在国Ⅴ以前的排放法规中，重型车用柴油机的排放控制区域主要在中高负荷上。而轻型车用柴油机的排放控制主要在于低速低负荷。

为了使排放测试循环更接近于实际车辆运行情况，在国Ⅲ、国Ⅳ、国Ⅴ重型车用柴油机排放法规中，还增加了 ETC（European Transient Cycle）测试循环，以检测发动机在动态工况下的排放特性。

国Ⅵ重型车用柴油机排放法规和欧Ⅵ重型车用柴油机排放法规一样，采用的是世界统一的 WHSC（World Harmonized Stationary Cycle）和 WHTC（World Harmonized Transient Cycle）循环来进行稳态和动态工况的排放测试。

与 ECS 及 ETC 相比，WHSC 及 WHTC 工况点的选择和权重的分布更接近于低速和低负荷，图 3 列举了 WHSC 循环和 ESC 循环的工况分布。这一方面呼应了重型车用柴油机降低转速（Down Speeding）的技术发展趋势；另一方面也和欧Ⅳ以后，重型车用柴油机广泛使用后处理技术，排放控制的难点移向低负荷有关。

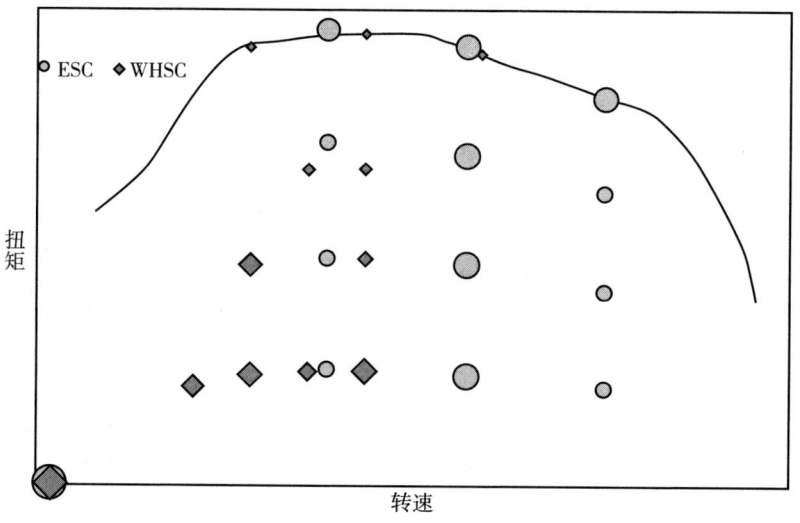

图 3　WHSC 循环和 ESC 循环的工况点分布（点的大小近似模拟权重的大小）

国Ⅵ重型车用柴油机排放法规还引入了在用符合性检测（In-Service Conformity Testing）。这个检测使用了可移动排放测试系统 PEMS（Portable Emission Measurement System）进行实际运行排放测试。一般称为 PEMS 测试。第一个在用符合性测试即 PEMS 测试在新车型式论证时就进行了。PEMS 测试实际上也是新车型式论证的组成部分。

除了排放限值和测试循环的改变，增加 PEMS 测试以外，国Ⅵ重型车用柴油机排放法规还对发动机满足排放要求的环境条件进行了扩展。以前的排放认证测试都是在平原地区（气温20°~30℃）进行，而国Ⅵ重型车用柴油机排放法规要求的PEMS测试要涵盖气温 -7°~37℃，海拔高度 -400~2400m。这对发动机设计开发和后处理系统的热管理技术都提出了较大挑战。

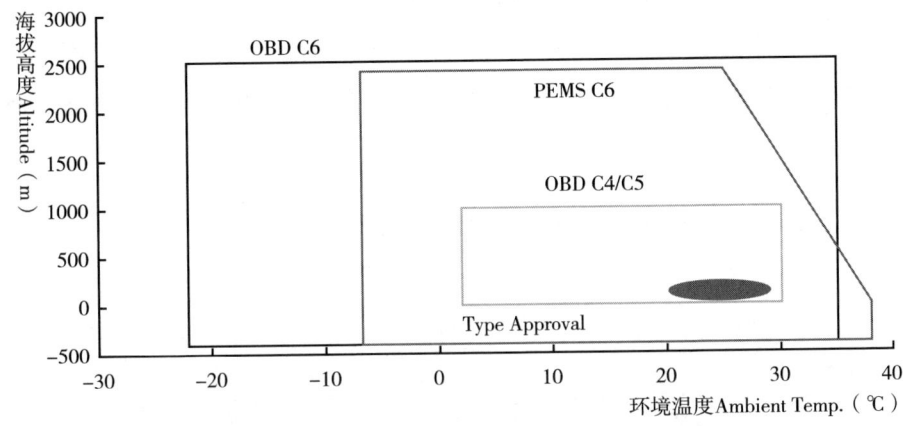

图4 重型车用柴油机排放法规涵盖的环境条件

综上所述，国Ⅵ重型车用柴油机排放法规不仅是限值的加严，而且扩大了涵盖的环境条件，更为重要的是包含了各种影响因素的实际道路测试（PEMS测试）。

三 国六重型车用柴油机基本技术路线

车用发动机排放法规关注的污染物有 NO_x、PM、CO、HC。对于富氧燃烧的重型柴油机来说，没有完全燃烧的 HC 和 CO 很少，而且在膨胀和排气过程中继续得到氧化，其排放值很低。重型柴油机需要关注的排气污染物主要是 NO_x 和 PM。

（一）降低PM排放的技术路线分析

对于降低微粒质量PM排放，除了燃烧优化、增压中冷增加空气量以及降低机油耗等发动机基础技术以外，还可以采用柴油机氧化催化器 DOC（Diesel Oxidation Catalyst）、微粒氧化催化器 POC（Particulate Oxidation Catalyst）和柴油机微粒过滤器 DPF – Diesel Particulate Filter 等排气后处理系统。但是，国Ⅵ排放法规中引入了微粒数量 PN 限值。各方面的试验经验表明，只有采用壁流式的 DPF 才能达到国Ⅵ的 PN 排放限值（见图5）。壁流式的 DPF 是国Ⅵ重型车用柴油机的必备后处理系统。图5 中的 SCRF 是在 DPF 的出口面涂上 SCR 涂层，是 SCR 和 DPF 的组合，用于减小后处理系统的体积。

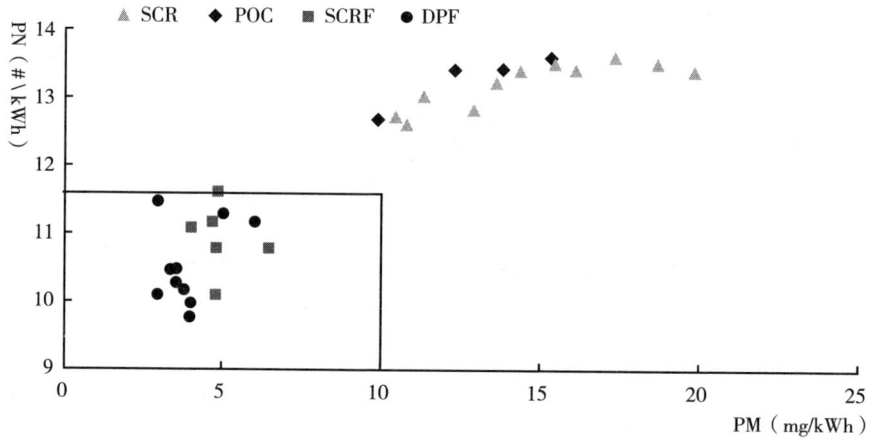

图5　各类排气后处理技术的 PM 和 PN 排放值

壁流式微粒过滤器 DPF 的滤芯由许多边长为 2mm 左右的正方形通道组成（见图6）。通道之间由壁厚为 0.4mm 的透气陶瓷隔开。每相邻的两个通道，一个通道在进口处被堵住，另一个通道在出口处被堵住。这样，排气从一个通道进来以后，必须穿过透气陶瓷壁面从另一个通道出去。这样，排气中的碳烟就被沉积在进口通道的壁面上。

柴油机排气微粒过滤器的过滤效果早已不是技术难题。但微粒过滤器只能把微粒从排气中过滤出来，收集在微粒过滤器里，它本身并不能清除微粒。在微粒过滤器中积聚的微粒会增加排气的流动阻力，增加柴油机排气背

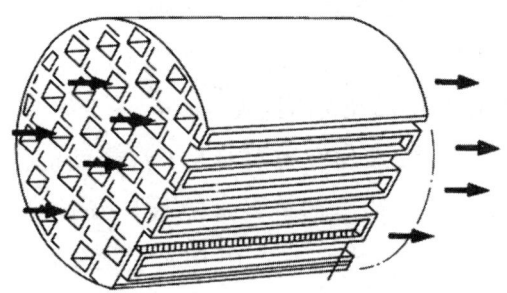

图 6　壁流式微粒过滤器 DPF

压,影响柴油机的换气和正常燃烧,增加柴油机的燃油消耗。因此,微粒过滤器中的微粒必须及时清除,以免影响柴油机的性能。清除微粒过滤器中微粒的过程,称为微粒过滤器的再生。

微粒捕集器的再生一般用燃烧法实现。尽管微粒基本上是由可燃物组成,但微粒在富氧条件下的燃烧,一般需要 550℃ 以上的排气温度。这样的条件在车用柴油机排气中很难实现。一般需要采取其他辅助手段。

目前,DPF 的再生大致上可以分为两类:O_2 再生和 NO_2 再生。

O_2 再生就是通过节气门等手段减少排气流量,并通过后喷燃油使其在 DPF 前置的氧化催化器 DOC 中氧化产生热量,使 DPF 中排气温度升到 550℃ 以上,将 DPF 中积累的微粒燃烧掉。因为这些加热措施都是主动干预的,所以也称为主动再生。

NO_2 再生是 20 世纪 90 年代发现的一种再生方式。它利用 NO_2 分子中有一个氧原子特别活跃,在柴油机排气中常见的约 200℃ 条件下就能氧化微粒的特点,进行 DPF 的再生。因为最初这个再生是没有人工干预的,所以被称为被动再生。

在实际应用中,为了缩短再生时间,提高再生效率。安排 NO_2 再生时,往往也会采取主动干预的手段,把排气温度提高到 350℃ 左右,加快再生的进程。所以,继续用被动再生这个词已不太合适。还是称为 NO_2 主动再生更为合适。而传统意义上的被动再生则为 NO_2 被动再生。

NO_2 再生需要两个必要条件:足够的温度、较高的 NO_2 浓度。

而 NO_2 和微粒的氧化还原反应不是彻底的还原反应。它的生成物是 CO_2 和 NO，而不是 CO_2 和 N_2。这也就是 NO_2 再生在过去得不到广泛推广的原因。因为再生需要的 NO_x 已经超出排放限值了。

国Ⅵ重型车用柴油机在 DPF 后面加上了选择性催化还原 SCR 排气后处理系统，可以通过喷射还原剂将多余的 NO_x 还原掉。这样，NO_2 再生就成为可行的技术。而且，SCR 放置在 DPF 后面就成为优先选择的布置方式。

在柴油机原机排气中，一般都是 NO，NO_2 很少。NO_2 再生需要在 DPF 前面加一个特殊的 DOC，把排气中的 NO 氧化成 NO_2。

DOC 将 NO 氧化成 NO_2 的效率在低温时随着温度的升高而升高。但过了 350℃ 以后，受化学平衡的影响，氧化效率下降（见图7）。所以，过高的排气温度不利于 NO_2 的形成。NO_2 再生的温度控制在 350℃ 左右为宜。

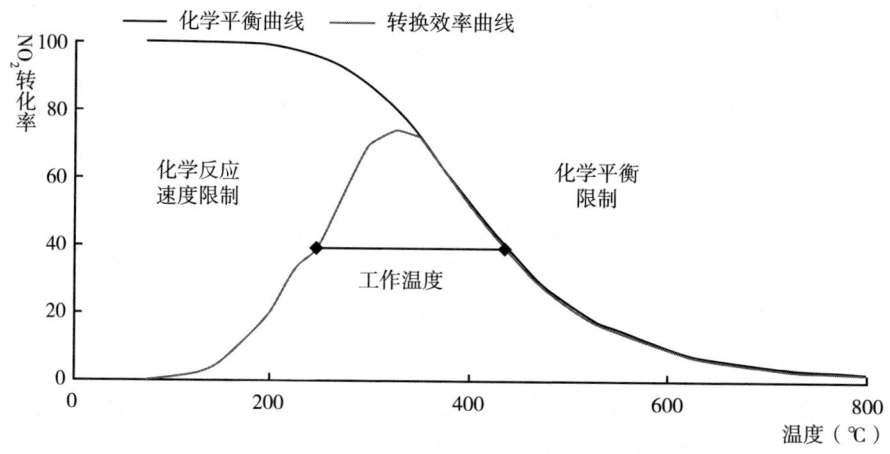

图7 NO 转化为 NO_2 的转化效率

NO_2 再生需要的温度比 O_2 再生所需要的温度低 200 度以上。这大大减轻了排气热管理的难度。

从化学热力学计算来看，氧化同样质量的微粒，NO_2 再生产生的热量只有 O_2 再生的 60%。再生需要的温度低，再加上再生过程的温升低。NO_2 再生产生温度和热负荷都远远低于 O_2 再生，有利于提高 DPF 系统的可靠性。

再加上 NO_2 再生的温度可以控制在 550℃ 以内，使得后置在 DPF 后面的 SCR 催化器可以采用钒基催化器，大大降低 SCR 催化器的成本。

由于以上的种种优点，NO_2 再生将会被广泛应用，成为主流的再生技术。

（二）降低 NO_X 排放的技术路线分析

1. 基本概述

降低柴油机 NO_X 的措施，除了燃烧优化和进气冷却等发动机基础技术外，还有排气再循环 EGR 和选择性催化还原 SCR 排气后处理系统。

排气再循环 EGR 是将部分排气引回到发动机进气中，以减少发动机进气中的氧含量，增大发动机进气中的热容量，达到降低发动机燃烧温度和降低 NO_X 形成及排放的目的。但是，在大负荷时，EGR 造成的缺氧会导致微粒的大量形成。需要通过高增压等手段来保持汽缸里的氧含量。保持发动机的动力性和低排放。

重型车用柴油机单纯用 EGR 技术要使 NO_X 达到 3g/kWh 以下，会造成大幅的油耗上升，是不可取的技术路线。要使重型车用柴油机达到国Ⅵ的 NO_X 排放 0.4g/kWh 水平，必须再加上 SCR 排气后处理系统。一般在国Ⅵ重型柴油机上所说的 EGR 技术路线实际都是 EGR + SCR 路线。

选择性催化还原 SCR 排气后处理系统是通过在排气管中喷射尿素溶液，使之在高温下形成还原 NO_X 所需要的氨气 NH_3，NH_3 在催化器的催化作用下，和排气中的 NO_X 进行还原反应，生成无害的水和氮气：

$$NO + NO_2 + 2NH_3 \rightarrow 2N_2 + 3H_2O$$

$$4NO + O_2 + 4NH_3 \rightarrow 4N_2 + 6H_2O$$

$$2NO_2 + O_2 + 4NH_3 \rightarrow 3N_2 + 6H_2O$$

在富氧的条件下，NH_3 也可能被直接氧化，生成 NO_X 和水。所以，SCR 催化器要特别注意催化的选择性，促进 NH_3 和 NO_X 的还原反应，遏制 NH_3

被直接氧化。

选择性催化还原的 SCR 是缺一不可的整体。目前，SCR 系统转化 NO_x 的能力在排气温度高于 250℃ 时，可以接近 100%。

从对降低微粒和 NO_x 排放的技术分析来看，DPF 是降微粒特别是降微粒数所必备的技术，DPF 前置的 DOC 为 DPF 再生提供热量和氧化反应所需要的 NO_2。SCR 系统是必备的降 NO_x 装置，SCR 催化器后部所涂敷的氨泄漏催化器 ASC – Ammonia Slip Catalyst 用于氧化可能泄漏的氨气。

2. 不同技术路线对比分析

国Ⅵ重型车用柴油机不同的技术路线主要在于发动机上带还是不带 EGR，分别就是 EGR + SCR 路线和 SCR only 路线。

图 8 是一个 EGR + SCR 路线的柴油机布置及 NO_x 和 PM 沿着排气系统变化的示意图。图 9 则是一个 SCR only 路线的柴油机布置及 NO_x 和 PM 沿着排气系统变化的示意图。

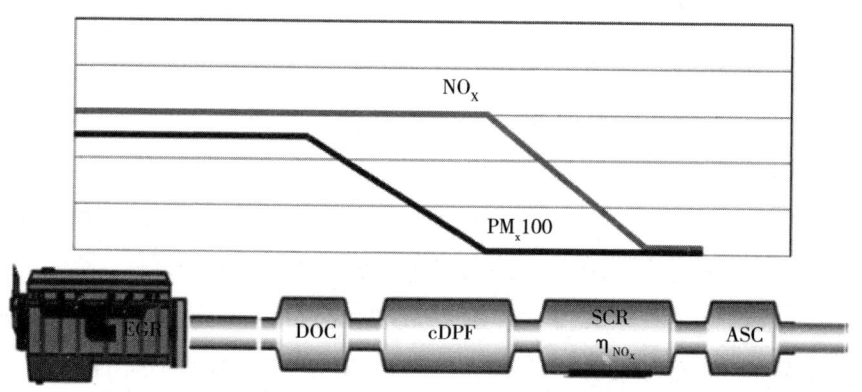

图 8　EGR + SCR 的柴油机布置及 NO_x 和 PM 沿着排气系统变化的示意

EGR + SCR 柴油机的 NO_x 原排较少，还原剂尿素的消耗量也较低，但它的油耗较高。在美国和沙特等油价较低的国家，EGR + SCR 柴油机的成本当量总消耗 TCCE（Total Consumption Cost Equivalent），即燃油加尿素总消耗成本较低。而由于 EGR 减少了汽缸内的氧气含量，发动机的 PM 排放量增加。NO_x 和 PM 的质量较低，不利于 DPF 进行 NO_2 再生。

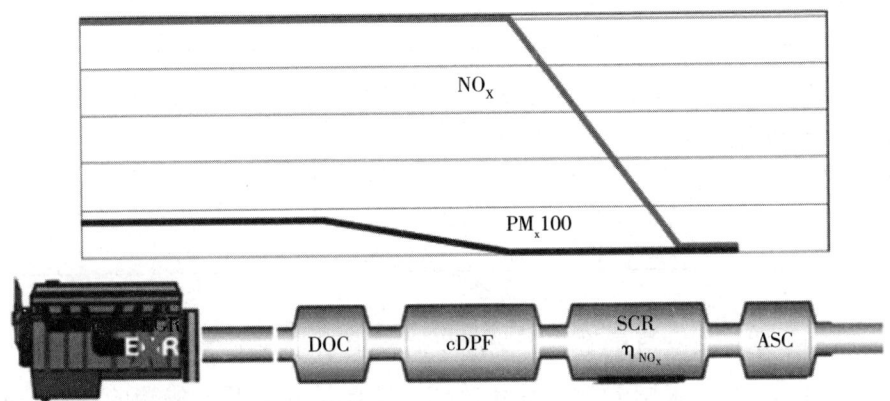

图9 SCR only 的柴油机布置及 NO_x 和 PM 沿着排气系统变化的示意

SCR only 柴油机的油耗较低。虽尿素消耗较高,但 SCR only 柴油机的成本当量总消耗 TCCE 在大多数国家都有明显的优势(美国和沙特阿拉伯等低油价国家除外)。如果计算 CO_2 排放,SCR only 柴油机则具有更大的优势。SCR only 柴油机 NO_x 和 PM 的质量比较高,极有利于 DPF 进行 NO_2 再生,提高 DPF 系统的可靠性。

EGR + SCR 柴油机要保证正常的功率密度,就需要提高增压度。而且,为了提供足够的 EGR 率,对增压系统的要求比较高。

EGR + SCR 柴油机需要更高的燃油喷射系统,以降低 PM 的形成和排放。

EGR + SCR 柴油机的爆发压力高,对发动机本体和零部件都提出了更高的要求。

EGR + SCR 柴油机需要对 EGR 排气进行冷却,这将给整车的冷却系统额外增加 10 千瓦冷却能力的压力。

表1 EGR + SCR 路线和 SCR only 路线的对比

项目	EGR + SCR 高 EGR 率	EGR + SCR 低 EGR 率	SCR only	备注
TCCE	高	稍低	一般	按尿素价格为燃油价格一半计算
整机成本	高	高	一般	
DPF 再生	难	一般	易	

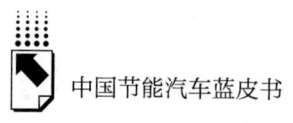

续表

项目	EGR+SCR 高EGR率	EGR+SCR 低EGR率	SCR only	备注
发动机机械负荷	高	一般	一般	
生产一致性	难	难	一般	
车辆冷却系统	复杂	复杂	一般	
故障率	高	高	一般	

欧洲早期开发欧Ⅵ重型车用柴油机时，由于对SCR系统的过高转化效率缺乏信心，都是采用EGR+SCR路线。即使是后来开发成功的SCR only柴油机显示了如此多的优势，但考虑到欧美两个市场的发动机通用性及研发成本，跨洲经营量比较大的主机厂，仍然保留了EGR+SCR柴油机。而以欧洲市场为主的主机厂则纷纷转为SCR only路线。

长年经营中国市场的依维柯IVECO公司、康明斯Cummins公司都将在中国推出全系列的SCR only柴油机。连老牌的EGR重型柴油机制造商MAN公司，近年也推出了SCR only机型MAN D08系列。MAN D08系列缸径为108mm，4缸排量为4.56L，6缸排量为6.9L。

MAN D08系列最突出的技术特点是：无EGR、NO_2再生、钒基SCR催化器、采用缸内后喷燃油作为热管理手段。无EGR，才有足够的NO_X，可以通过DOC产生更多的NO_2，使得NO_2再生成为可能；而NO_2再生可以将DPF再生的温度控制在较低的水平上，使得钒基SCR催化器的应用成为可能；钒基SCR催化器具有成本低、对杂质特别是硫化物不敏感等优点，其主要问题在于高温下钒泄漏造成二次污染，NO_2再生可以将再生温度控制在较低的水平，使该问题得到解决；缸内后喷燃油进行热管理技术，省去了排气管上额外增加的昂贵的燃油喷嘴，但这个是在仔细研究燃油后喷规律基础上，采取措施减少或避免后喷燃油着壁导致机油稀释等问题后，才可能实现的。

四 国六柴油机热管理技术研究

国六法规引入了PEMS测试作为认证试验的一个组成部分。而且，

PEMS测试的试验环境条件从发动机认证试验所要满足的常温（20°~30℃）扩展到（-7°~37℃），海拔高度扩展到-400~2400m。车辆的测试载荷也包括了轻载荷。

这些认证试验条件，使得发动机的排气后处理系统会经常处于较低的排气温度状态。而排气后处理系统消除排气污染物所需要的化学反应速度取决于温度。无论是保持SCR的转化效率高于90%，还是DPF的NO_2再生能平稳进行，都需要有250℃以上的温度。为保证排气后处理系统高效地工作，就需要针对排气后处理系统进行热管理。

针对排气后处理系统的热管理主要有两种状态：启动加热和低负荷恒温。

启动加热是指发动机启动时，将排气后处理系统迅速加热以便尽快进入高效工作状态的过程。这个时候希望有较多的能量进入排气后处理系统，并转换成热量，对排气后处理系统进行加热。

低负荷恒温是指当发动机的负荷过低，排气温度低于排气后处理系统高效工作所需要的温度时，通过热管理手段用最低的能量消耗来维持排气后处理系统温度的过程。这个过程可以通过对排气的加热或减少低温排气流量等方法来实现。

直接对进气或排气进行加热，对排气后处理系统热管理的两种状态都适用。但是，直接对进气或排气进行加热的耗能很大。图10表示在各种过量空气系数条件下，每提高10℃排气温度，所需要的理论加热能量和当时发动机比油耗的比值，实际加热量要高于理论加热量。当柴油机排温低于200℃时，过量空气系数在4以上，这时，每提高10℃排气温度，所需要的理论加热能量是发动机当时油耗的1.5%。这样，从200℃加温到排气后处理系统高效工作所需的250℃的温度所需要的理论加热能量是油耗的7.5%。这对于长时间处于低速工况运行的车辆（如城市公交车）是很大的燃油消耗。

假如是通过电加热来实现的话，考虑到车用内燃机发电效率低于40%，加热所增加的油耗更高。所以，比较经济的排气加热是通过后喷燃油在

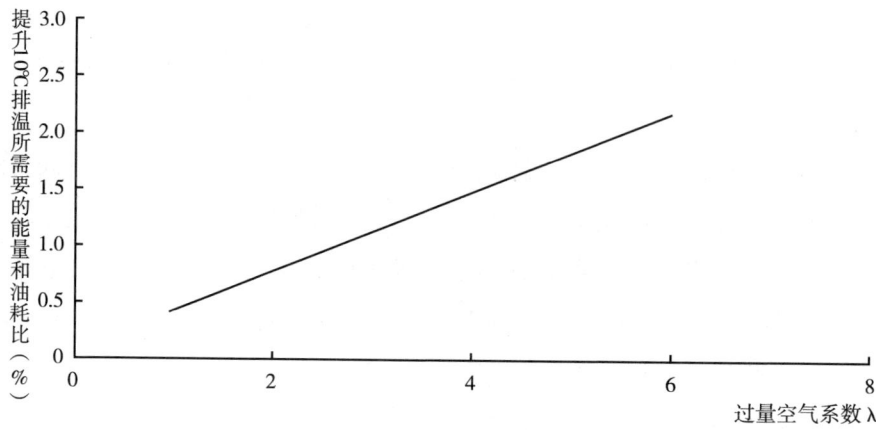

图10　提高排气温度所需要的加热能量和发动机比油耗的关系

DOC中氧化产生热量。后喷燃油有两种方式：共轨系统的缸内后喷和排气管上加装喷嘴的排气管后喷。缸内后喷一般在活塞下行后进行，油束会喷射到气缸壁面，流到油底壳中，造成机油稀释，影响发动机的可靠性和寿命。这样，对于寿命要求比较长的重型柴油机，一般采用排气管后喷来做热管理。寿命要求相对不高而对成本又很敏感的小型柴油机则采用缸内后喷做热管理。

柴油机排温低于200℃的部分负荷过量空气系数在4以上。而柴油机维持正常燃烧，过量空气系数只要达到1.5以上即可。从图10可以看出，过量空气系数为1.5的混合气所需要的理论加热量只有过量空气系数为4的混合气的理论加热量的1/3。减少排气流量是热管理的重要措施。

减少排气流量有以下一些措施：
①通过进气节气门减少进气量；
②通过可变进气门机构改变进气定时，减少进气量；
③通过排气节气门间接减少进气量；
④调整增压器，降低增压压力；
⑤采用排气再循环EGR。

通过进气节气门减少进气流量可以减少排气流量和排气热管理所需要的

热量。但是，使用节气门会增大发动机的换气损失，降低发动机的热力循环效率。所以，使用节气门要仔细把握热管理耗能和热平衡之间的关系，达到综合性能的最优化。

在汽油机中广泛应用的可变气门技术，目前也在重型柴油机中得到重视。通过控制进气门的关闭时刻来控制发动机进气量，可以减少节气门负压进气带来的换气损失。通过进气门的早关或晚关来控制进气量，可以有效地降低负压进气带来的换气损失。可变气门机构比较复杂，可靠性和寿命都有待提高。目前，还没有可变气门机构在重型柴油机的批产成品上得到应用。

排气节气门通过制造排气背压来影响增压器效率，进而降低进气量，减少排气流量和排气热管理所需要的热量。虽然没有进气节流来得直接，但重型车用柴油机常配有排气制动阀，可以借用作排气节气门，减少额外的配置。

重型车用柴油机常配的放气阀增压器，可以改造成电控放气阀增压器。在需要减少进气量的部分负荷区，适当开启放气阀，减少涡轮做功，降低增压压力，达到降低进气量，减少排气升温所需要的加热量。这部分的放气也同时提高了进入后处理系统的排气温度。

采用 EGR 也是排气热管理的一种手段。EGR 减少了排气流量，非冷却的 EGR 还将部分排气热量引回气缸，减少了热量的损失。但是，对进气的加热也会增加压缩过程的负功，需要进行综合优化。

五　PEMS 测试研究

国六法规引入的 PEMS 测试，在原来每个发动机系族进行一个机型认证试验的基础上，增加了各所配车辆的整车 PEMS 试验。这大大增加了认证试验以及相关研发准备工作的工作量。而且，PEMS 测试设备安装复杂，每次安装都需要几乎一个工作日的时间。

潍柴动力股份公司的工程技术人员根据多年的研发经验，创新开发了用发动机控制系统 ECU 中 OBD 功能所包含的 NO_x 传感器以及其他一些测试功能所获得的数据,根据PEMS测试规则,直接得出PEMS测试结果。这样,就可以大大减少设备安装的时间和工作量,提高测试工作效率。

通过ECU数据进行PEMS核算,主要有三个方面可能的偏差:NO_x浓度测量、排气流量测量、NO_x浓度测量和排气流量测量的同步性。

NO_x浓度测量的精度,两种方法相当。

PEMS仪器里的排气流量测量时直接测量。ECU的流量测量是根据稳态工况标定而得,和标定工作的质量有密切关系。而且,在动态工况下,是用各稳态工况叠加而成。理论上可能有一定的误差,但实际载重车柴油机应用工况测量中,误差小于1%,可以忽略不计。

NO_x浓度测量和排气流量测量的同步性,ECU系统要优于PEMS仪器。

综合的对比试验结果发现,两者之间的偏差和同种方法在不同次测试中由于工况波动带来的偏差相当,是完全可以等同对待的。

PEMS测试的试验环境条件从发动机认证试验所要满足的常温(20°~30℃)扩展到(-7°~37℃),海拔高度扩展到-400~2400m。这种试验条件不是随时具备的。而且,在发动机和整车开发的初期,样机和样车的数量也有限,PEMS测试研究的条件比较欠缺。

潍柴动力股份公司的工程技术人员针对这个问题开发了实拟环境虚拟车辆的PEMS试验研究方法。用实拟的环境试验室模拟高海拔和低温条件,使受环境条件影响较大的发动机和后处理系统处于实拟的环境中。而受环境影响较小的车辆及动力总成其他部件则用虚拟的方法模拟出来。这样,全年都可以按照要求进行低温和高原试验。而且,每天可以进行至少3种不同配置车辆的PEMS模拟匹配试验,大大缩短了研发时间,提高了研发效率。

六 降低油耗仍然是重型商用车的主要任务

重型商用车虽然数量不多,但燃油消耗较高。在美国,重型商用载重车尽管在数量上仅占道路车辆的4%,却消耗了约20%的燃油。在我国重型商用车的燃油消耗占道路燃油消耗的50%左右。重型商用载重车的节能减排意义重大。

美国能源部在2010~2015年期间投资了2.7亿美元的"超级卡车"计划，用于研发发动机有效热效率达到50%以上，货运效率比现有（2009年）车辆提升50%以上，并满足美国排放法规的重型卡车。

该计划有平行四个项目，由戴姆勒Daimler、康明斯Cummins、纳威司达Navistar、沃尔沃Volvo四个公司及其合作伙伴分别完成。

四个项目都在减少车辆阻力、减轻车辆自重和提高动力总成效率方面做了很多工作，取得了重大成果。各个项目的货运效率提升了80%~115%。

以康明斯的项目为例，其24小时循环的货运效率提升了86%（见图11）。其中，车身空气动力学优化贡献最大，贡献了26.4%；排第二的是发动机的优化，贡献了21.5%；排第三的是24小时循环特殊的停车怠速消耗优化，贡献了15.3%；车辆轻量化贡献了9.9%；轮胎阻力优化贡献了6.9%；导航优化贡献了3.5%；变速箱和后桥优化贡献了2.0%。

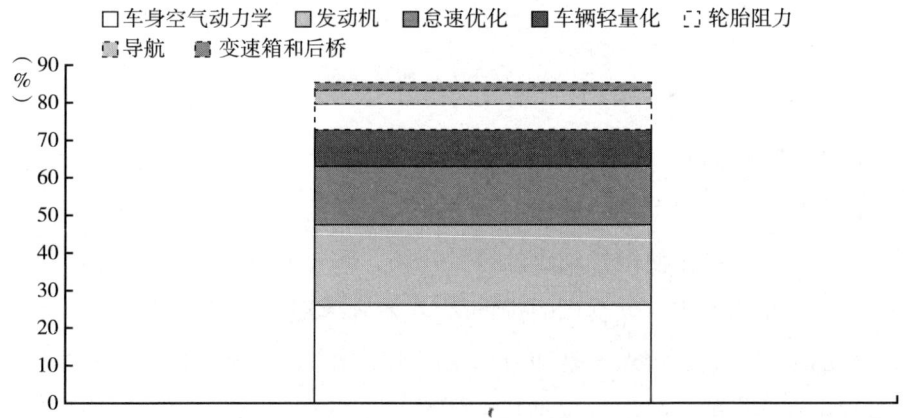

图11　康明斯项目中各种技术措施对提升货运效率的贡献

在货运效率提升中贡献最大的车身空气动力学优化中，纳威司达项目给了更细的分解：车头的优化贡献10%~12%、车厢系统优化贡献17%~19%。

对货运效率提升的贡献排第二位的是发动机优化。虽然发动机有效热效率达到50%以上，是项目的两大指标之一。但是，对提升货运效率的发动机方面的主要贡献来自部分负荷的有效热效率的大幅度提升。其中，动力总成的优化可以起到很明显的效果。

图12揭示了提升货运效率115%的戴姆勒项目动力总成优化降油耗的原理过程。

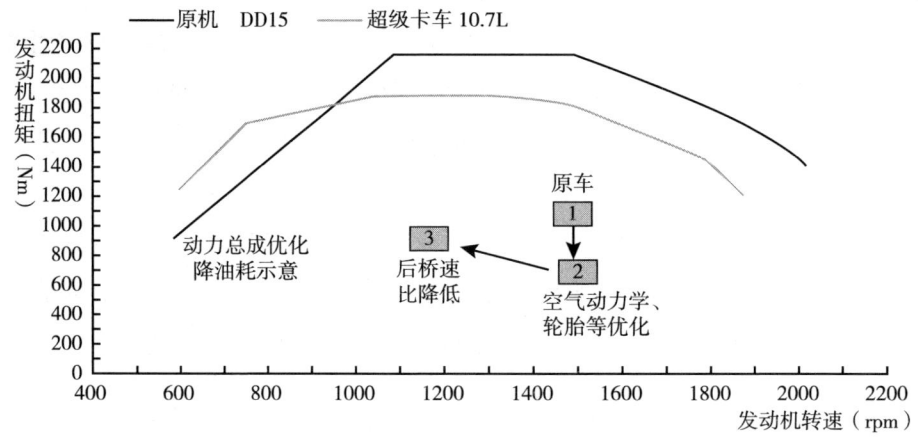

图12 发动机转速与扭矩

图12中脉谱点1到脉谱点2是得益于整车空气动力学优化和轻量化等整车改善措施，使得车辆的运行阻力下降，车辆运行点对发动机输出扭矩的需求降低。这个结果使得发动机的排量降低，部分负荷率提高，燃油消耗率改善。在这个项目中，发动机的排量从14.8升降到了10.7升。

从脉谱点2到脉谱点3是动力总成速比变化带来沿着近似等功率线移动的过程。在同样的工况下，发动机的运转转速下降了300转/分，减少了发动机的摩擦损失，降低了油耗。

综合美国超级卡车项目，提升重型商用车货运效率，动力总成方面有以下一些有效措施：

①减小后桥速比，降低发动机常用转速；
②减小发动机排量，提高发动机的负荷率；

③燃烧系统优化：提高压缩比、优化喷油器和燃烧室的配合、提高燃烧速率；

④优化增压系统匹配，提高发动机的增压效率；

⑤高效率低流阻的后处理系统，以减少排气阻力；

⑥可变附件（风扇、水泵、机油泵、气泵等），提高占时比例较大的部分负荷的机械效率；

⑦减小摩擦副的摩擦损失：提高冷却水温，间接提高各摩擦副的温度；提高机油温度，使用低黏度机油；改善摩擦副的表面涂层及结构；

⑧排气的废热利用。

根据我国的实情，还需要强调改善发动机的增压中冷条件。在国Ⅵ排放法规规定的PEMS测试中，中冷条件是整车实际的中冷条件，不像台架试验中由冷却水调制而成。

增压中冷后的发动机进气温度过高，会大幅度地增加NO_x的原始排放，增加尿素消耗。而且，降低中冷温度会减少发动机的压缩耗功，降低油耗。一般进气温度降低10℃，油耗降低1%，降低NO_x的原始排放1%~3%。

在车辆上，最好的冷源是车辆的迎风，这是个几乎不需要任何代价的冷源。而发动机增压中冷所需要的冷源特性也和车辆迎风的冷却能力特性高度吻合。发动机增压度大、增压空气热量大时，正是车辆速度快、迎风风速大、冷却能力强的时候。

有效利用车辆迎风，是车辆热管理技术发展的永恒主题。现代重型商用车都在努力增加车头前脸的通风面积，以便充分利用车辆的迎风来进行发动机热管理。未来还可能利用驾驶室上方的导风罩，甚至车身表面来利用迎风的散热功能，提高热管理的功能。

七 小结

重型柴油车对国民经济的发展起到重要的作用。重型柴油车的节能减排工作是国家蓝天保卫战中的重中之重。

最新颁发的国六排放标准，不仅加严了排放限值，而且在测试循环、适用范围等方面都提高了要求，更为重要的是包含了各种影响因素的实际道路测试（PEMS 测试）。潍柴开发的通过 ECU 数据进行 PEMS 核算的方法，可以大大减轻 PEMS 测试的工作量。

分析了各方面因素后，最佳的国六技术路线组合是 NO_2 再生的 DPF + SCR only 降氮氧化物技术。热管理将是发动机排放控制的关键技术。

降低油耗仍然是柴油车开发的重要任务。除了发动机和各传动系统部件优化以外，发动机动力总成匹配和整车热管理也是降油耗的重要手段。

B.12
国内混合动力技术产业化跟踪研究

摘　要： 混合动力技术节能减排效果明显，使用便利性好，是实现我国 2025 年 4.0L/100km 甚至更低油耗目标。国内自主企业经过多年技术研发已取得较大发展，其中代表产品为科力远公司的 CHS 系统，目前其搭载的吉利帝豪 HEV 综合工况油耗仅 4.9L/100km，相比燃油版车型节能约 30%。本文以科力远公司 CHS 系统为例，对其搭载车型能耗现状、能耗改善原因、主流车型对比及下一步优化措施等内容进行了跟踪研究。

关键词： 混合动力　科力远　CHS

在国内混合动力市场，科力远混合动力技术有限公司是行业先行者，在多年技术积淀的基础上，成功研发出一整套具有完全自主知识产权的深度混合动力总成系统，简称 CHS 系统。CHS 系统具有世界领先的技术水平，是世界上第一套单模输入、复合式动力分流的混合动力系统，填补了国内混动系统中采用动力分流技术实现深混的技术空白，是节能与新能源汽车（EV、HEV、PHEV）的驱动系统整体解决方案，主要由混合动力传动箱、整车控制器、电机控制器、发动机控制器、动力电池及控制系统组成。科力远公司将打造 CHS1800、CHS2800、CHS3800 及 CHS18000 四个平台，全面覆盖轿车、SUV、轻型客车、大巴等车型，并将持续进行行业推广及应用。

一　搭载车型能耗现状

目前，搭载科力远 CHS1800 平台的产业化车型共有 4 款，搭载 CHS2800

平台的产业化车型共有1款,各车型能耗表现如表1所示。其中吉利HEV车与吉利CVT原型车的公告和路试油耗(采用跟车对比测试方法)对比如图1所示。可知,搭载CHS1800产品的帝豪HEV车比帝豪CVT车节省能耗35%以上。

表1 开发车型能耗情况

品牌	类型	B条件油耗（L/100km）	纯电续驶里程（km）	百公里综合能耗(L/100km)	排放	备注
吉利	HEV－ClassA	—	—	4.9	国V	已上市 搭载CHS1800
吉利	PHEV－ClassA	4.7	61	1.4	国V	已上市 搭载CHS1800
小康	HEV－SUV	—	—	5.8	国V	已公告 搭载CHS1800
小康	PHEV－SUV	5.2	70	1.4	国V	已公告 搭载CHS1800
长安	HEV－MPV	—	—	5.6	国Ⅵ	摸底试验 搭载CHS2800

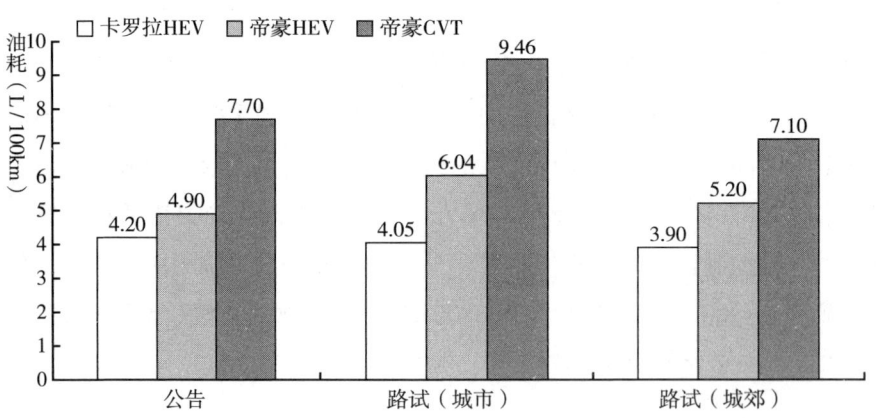

图1 帝豪HEV车、帝豪CVT车、卡罗拉HEV车油耗对比

注：①帝豪HEV和帝豪CVT车均搭载1.8L自然吸气发动机；②路试油耗值为多次测量的平均值。

二 能耗改善原因分析

图2为帝豪HEV能耗公告试验数据,由图2可知其实现能耗改善的主要原因有发动机起停、发动机无级调速和制动能量回收三项。

(一)发动机起停

如图2(a)所示,工况测试开始后发动机立即起动,但发动机转矩因催化器未起燃而受到限制,因此该阶段CO_2排放量较少。当催化器起燃完毕且发动机热机后,发动机停机进入纯电动模式。随后的三个城市工况中,

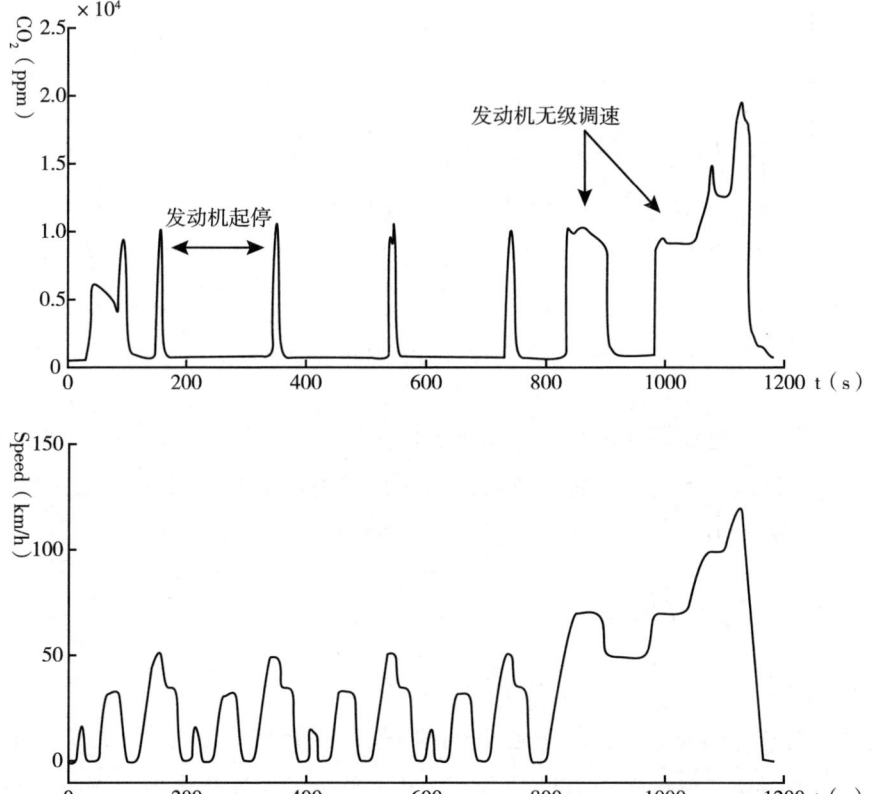

(a)CO_2排放

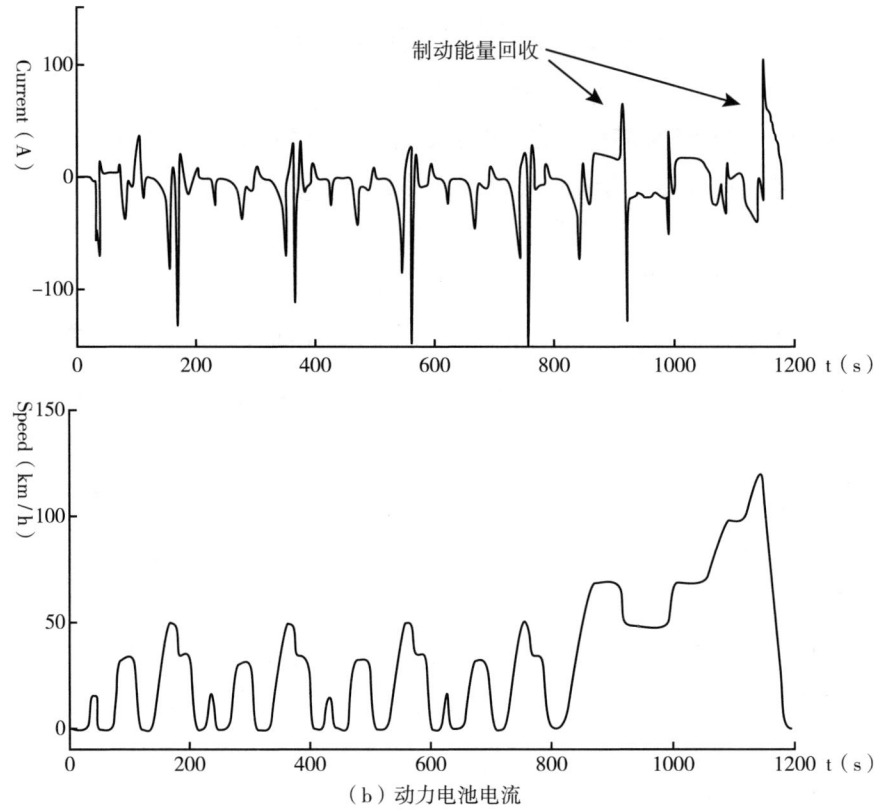

图 2　帝豪 HEV 车油耗排放数据

整车主要以纯电动模式运行,发动机工作时间短,发动机燃油消耗量及 CO_2 排放量明显减少。所以,发动机起停技术是实现帝豪 HEV 车比帝豪 CVT 车节能的主要原因。

(二)制动能量回收

如图 2(b)所示,不论纯电动模式还是混合动力模式,在制动工况中动力电池电流都为正,整车动能经电机回收并存储至动力电池,并应用于后续纯电动驱动或混合动力电机助力,提升了整车的燃油经济性。所以,制动能量回收功能是实现帝豪 HEV 车比帝豪 CVT 车节能的主要原因。

（三）发动机无级调速

如图 2（a）所示，在城郊工况的两个 70km/h 匀速行驶段，CO_2 排放量不同。说明在相同的整车工况下，发动机工作点不同，CHS1800 产品具备无级调速功能。虽然帝豪 CVT 车也具备无级调速功能，但其发动机转矩与输出端转矩，以及发动机转速与输出端转速必须满足同一速比关系。而 CHS1800 产品则通过复合行星排和双电机实现了发动机转速、转矩与输出端转速、转矩的完全解耦。因此，发动机无级调速功能是实现帝豪 HEV 车比帝豪 CVT 车节能的主要原因。

三 与市场主流混动车型的油耗对比

帝豪 HEV 与卡罗拉 HEV 的公告油耗及路试油耗对比如图 1 所示，可知，目前帝豪 HEV 与卡罗拉 HEV 的公告油耗差距仍有 15%，城市工况路试油耗差距仍有 33%，城郊工况路试油耗差距仍有 25%（在 2017 年版节能汽车蓝皮书中，已针对 CHS1800 和丰田 THS 系统进行比较深入的技术对比分析，在此不再重复）。

四 下一步优化措施

为进一步提升 CHS 混合动力系统的节能效果，科力远在第一代 CHS1800 平台产品的基础上，对结构、控制和匹配等方面进行优化，开发出第二代 CHS2800 平台产品。具体优化措施如表 2 所示，两代产品的杠杆示意如图 3 所示。

（一）采用多模离合器

CHS1800 产品在行星架处设有湿式制动器 B1，而 CHS2800 产品在行星架处设置多模离合器B1,如图3所示。采用该方案后,使制动器B1的传递转矩增大(处于"单向锁止"状态时),带排损失减小(处于"自由"状态时),并且使制动器B1总成的结构尺寸减小,简化了结构设计难度。

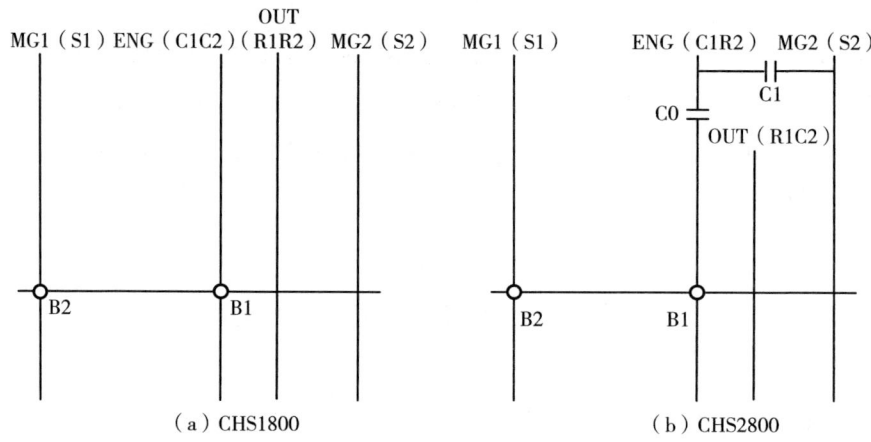

图3 产品结构杠杆示意

表2 CHS2800动力总成节能改进措施(对比CHS1800动力总成)

序号	CHS1800	CHS2800	改善效果
1	湿式制动器B1	多模离合器B1	结构紧凑 传递转矩大 自由端摩擦转矩较小
2	无	增加C0离合器	增加一个纯电动速比 减小纯电动噪音 改善起停平顺性 提升制动能量回收效率(不用倒拖发动机)
3	无	增加C1离合器	增加一种功率分流模式 增加两种P2并联混合动力模式,改善动力性
4	复合行星排	传统行星排组合	增加传递转矩 减小齿轮噪音
5	转子泵	叶片泵	减小噪音 高低压油路分离,降低能耗

续表

序号	CHS1800	CHS2800	改善效果
6	传统主减速器	行星排式主减速器	减小变速箱尺寸和重量
7	转矩控制为主、功率控制为辅的软件策略	功率控制为主、转矩控制为辅的软件策略	提升能量管理效率 提升动力电池寿命
8	高耦合度软件架构	低耦合度软件架构	提升软件可扩展性和可维护性 降低"共因故障"发生率
9	传统自然吸气发动机	缸内直喷增压发动机	降低发动机燃油消耗率 扩大发动机高效工作区
10	传统催化器 （起燃40~50s）	新型催化器 （起燃10~20s）	改善发动机工作点 优化起停时机

图4　多模离合器B1

（二）增加C0离合器

CHS1800产品纯电动时，湿式制动器B1锁止，电机输出转矩驱动车辆前行。由于发动机与行星架直接刚性连接，当纯电动车速过高时，电机转速上升，电机噪音增加，效率下降。当系统纯电动至混合动力模式切换时，发动机（未喷油点火）泵气阻力转矩将直接传递至整车传动系，影响整车平顺性。

如图5所示，通过增加C0离合器，使CHS2800纯电动时多了一个速比（2挡纯电动），提升了电机的运行效率。由于发动机未与行星架刚性连接，高速纯电动时（3挡纯电动模式）行星架转速不受限制，降低了电机的运行转速。系统纯电动至混合动力模式切换时，通过控制C0离合器接合，有效避免发动机泵气转矩直接传递至整车传动系，改善模式切换过程平顺性。同时，制动能量回收时断开发动机与传动系的连接，避免发动机倒拖而提升制动能量回收效率。

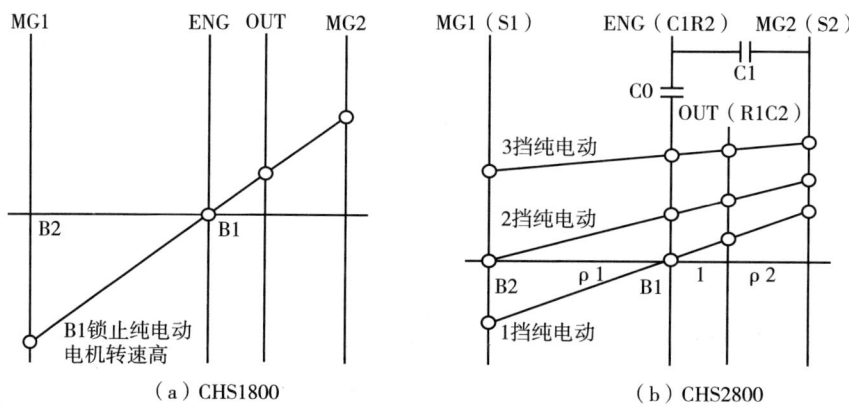

图5　CHS1800和CHS2800纯电动模式对比

（三）增加C1离合器

CHS1800产品只有一种功率分流模式，系统高效工作区间有限。由于发动机和电机非同轴相连，二者转矩无法线性叠加，电机动力性未能充分发挥。CHS2800产品通过增加离合器C1，使系统增加了一种功率分流模式和两种P2并联混合动力模式，如图6所示，使系统效率和动力性大幅提升。

（四）采用传统行星排组合

CHS1800平台采用的新型复合行星排虽然结构紧凑，且相较于传统拉维娜式行星排更适合用于功率分流混合动力系统。但其传递转矩能力受结构尺寸约束，且齿轮噪音表现不佳，影响了产品线的拓展。CHS2800平台则采用传统行星排组合，充分利用了SUV或MPV的前机舱空间，增加了系统输出转矩，并改善了齿轮噪音表现。

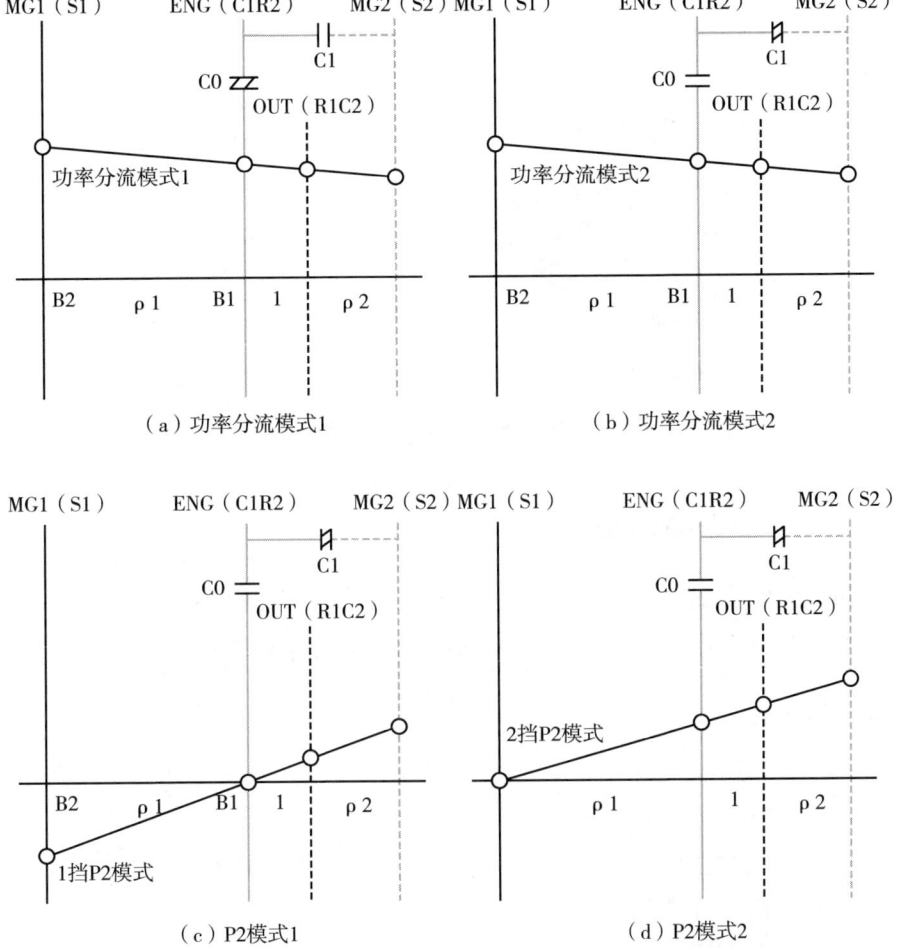

图6　CHS2800功率分流模式及P2模式

（五）采用叶片泵

CHS1800 平台采用传统齿轮泵，由于仅使用制动器 B1 和 B2，采用高低压油路共用油源的设计方案。而 CHS2800 增加了湿式离合器 C0、C1，以及多模离合器 B1。对液压系统的技术要求明显提高，因此，采用高低压油路独立供油的叶片泵，如图 7 所示。采用该供油方案后，液压噪音和液压系统能耗明显降低。

（a）CHS1800-齿轮泵　　　　（b）CHS2800-叶片泵

图 7　CHS1800 和 CHS2800 油泵对比

（六）行星排式减速器

CHS1800 产品由于输出转矩较小，采用传统齿轮副进行减速。而 CHS2800 因输出转矩较大，为进一步控制产品尺寸和重量，采用行星齿轮进行减速。

（a）CHS1800 减速器　　　　（b）CHS2800 减速器

图 8　CHS1800 和 CHS2800 减速器对比

（七）功率控制优化

CHS1800 平台控制软件以转矩控制为主、功率控制为辅。而 CHS2800 平台控制软件则以功率控制为主、转矩控制为辅。因此，系统运行期间动力电池功率始终能控制在期望范围内，保证了动力电池的健康状态，延长了动力电池使用寿命。同时，精准的功率控制方案有效地保障了整车能量管理策略的实施。

（八）软件架构优化

CHS1800 平台控制系统采用高耦合度软件架构，因此容易产生"共因故障"。而 CHS2800 平台控制系统采用低耦合度软件架构，有效降低"共因故障"的发生概率，并且提升了软件的扩展性和可维护性。

（九）匹配缸内直喷增压发动机

CHS1800 产品匹配的发动机为传统自然吸气发动机，发动机燃油消耗率较高且高效区狭窄。而 CHS2800 产品匹配的发动机为缸内直喷增压发动机，发动机燃油消耗率较低且高效区宽阔。匹配新发动机后，进一步发挥了功率分流变速箱的"无级变速"效能，极大地提升了整车燃油经济性。帝豪 PHEV 和长安 HEV 所匹配发动机的特性曲线如图 9 所示。

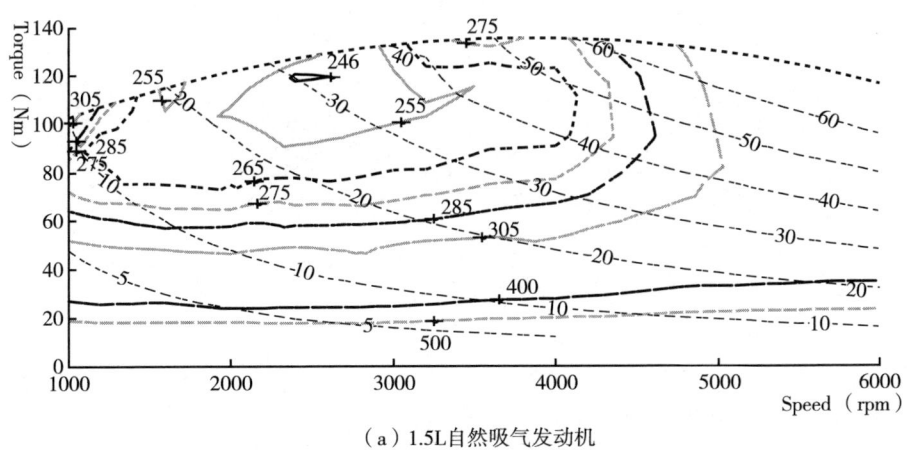

（a）1.5L自然吸气发动机

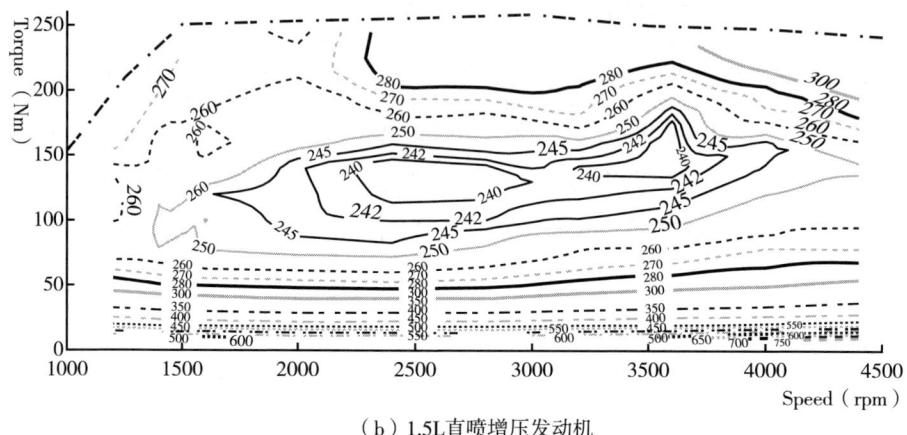

(b）1.5L直喷增压发动机

图9　CHS1800 和 CHS2800 匹配发动机特性对比

（十）缩短催化器起燃时间

CHS1800 产品所匹配发动机的催化器起燃时间为 40～50s，为满足排放要求，起燃过程中发动机输出转矩受到限制。CHS2800 产品所匹配发动机的催化器起燃时间为 10～20s，使发动机能够快速进入高效区工作，并且使系统更早地进入起停控制模式。

附 录

B.13
附录一：乘用车企业平均燃料消耗量

2017 年中国乘用车企业（含进口）平均燃料消耗量

单位：辆，L/100km

国产乘用车企业				
乘用车企业名称	产量	企业平均燃料消耗量		是否达标
		实际值	达标值	
陕西通家汽车股份有限公司	575	0	7.49	是
江苏卡威汽车工业集团股份有限公司	124	0.14	7.54	是
江苏九龙汽车制造有限公司	828	1.99	8.54	是
陕西通家汽车股份有限公司	575	0	7.49	是
江苏卡威汽车工业集团股份有限公司	124	0.14	7.54	是
福建省汽车工业集团云度新能源汽车股份有限公司	2495	0	6.32	是
北京新能源汽车股份有限公司	79558	0	5.76	是
河北御捷车业有限公司	5244	0	5.73	是
重庆力帆乘用车有限公司	3589	0.39	6	是
北汽新能源汽车常州有限公司	502	0	5.5	是
金华青年汽车制造有限公司	1891	0	5.5	是
河北红星汽车制造有限公司	495	0	5.5	是

续表

乘用车企业名称	产量	企业平均燃料消耗量		是否达标
		实际值	达标值	
荣成华泰汽车有限公司	12033	1.32	6.55	是
比亚迪汽车工业有限公司	78233	2.42	7.51	是
江铃控股有限公司	71476	1.74	6.44	是
比亚迪汽车有限公司	241883	2.26	6.91	是
安徽江淮汽车集团股份有限公司	174730	4.08	6.99	是
东风汽车集团有限公司	101574	4.05	6.63	是
北京汽车股份有限公司	164411	3.97	6.5	是
浙江吉利汽车有限公司	422503	4.08	6.59	是
湖南江南汽车制造有限公司	252418	4.43	6.9	是
奇瑞汽车股份有限公司	320535	4.33	6.4	是
上海汽车集团股份有限公司	535566	4.56	6.58	是
四川野马汽车股份有限公司	23657	5.12	7.09	是
江西昌河汽车有限责任公司	40903	4.41	6.35	是
北汽(广州)汽车有限公司	4742	5.21	6.81	是
山西成功汽车制造有限公司	495	5.29	6.54	是
海马汽车有限公司	94088	5.25	6.41	是
浙江豪情汽车制造有限公司	970759	5.66	6.6	是
华晨宝马汽车有限公司	396591	6.17	7.09	是
天津一汽丰田汽车有限公司	516641	5.52	6.27	是
东风裕隆汽车有限公司	16233	5.94	6.64	是
重庆长安汽车股份有限公司	922238	6.22	6.82	是
广汽丰田汽车有限公司	439042	6.27	6.78	是
北京奔驰汽车有限公司	431931	6.83	7.27	是
重庆比速汽车有限公司	39861	6.72	7.14	是
大庆沃尔沃汽车制造有限公司	27026	6.97	7.39	是
福建奔驰汽车有限公司	21513	8.74	9.11	是
江西昌河铃木汽车有限责任公司	36919	5.72	6.07	是
长安马自达汽车有限公司	190279	6.1	6.45	是
一汽-大众汽车有限公司	1985060	6.3	6.62	是
北京汽车制造厂有限公司	6871	6.81	7.12	是
奇瑞商用车(安徽)有限公司	9430	6.48	6.77	是
上汽通用汽车有限公司	1232217	6.43	6.69	是
东风本田汽车有限公司	713890	6.36	6.62	是

附录一：乘用车企业平均燃料消耗量

续表

乘用车企业名称	产量	企业平均燃料消耗量		是否达标
		实际值	达标值	
长安标致雪铁龙汽车有限公司	5966	6.54	6.78	是
北京宝沃汽车有限公司	44106	6.99	7.23	是
江西五十铃汽车有限公司	3651	8.06	8.28	是
芜湖凯翼汽车有限公司	2316	6.57	6.78	是
重庆长安铃木汽车有限公司	76638	5.74	5.93	是
上汽通用五菱汽车股份有限公司	1865707	6.3	6.48	是
安徽猎豹汽车有限公司	129216	6.96	7.13	是
天津一汽夏利汽车股份有限公司	21384	5.9	6.04	是
中国第一汽车集团公司	234992	6.53	6.66	是
东风汽车股份有限公司	85	8	8.12	是
上汽大众汽车有限公司	2052716	6.42	6.53	是
神龙汽车有限公司	374193	6.4	6.5	是
北汽(镇江)汽车有限公司	21153	6.7	6.78	是
广汽本田汽车有限公司	709913	6.42	6.49	是
北汽福田汽车股份有限公司	28553	7.33	7.39	是
一汽吉林汽车有限公司	64255	6.34	6.37	是
北京现代汽车有限公司	790107	6.47	6.49	是
广州汽车集团乘用车有限公司	508412	6.99	7.01	是
东风悦达起亚汽车有限公司	354423	6.35	6.35	是
合肥长安汽车有限公司	101738	6.29	6.27	否
江铃汽车股份有限公司	70317	8.38	8.35	否
北汽银翔汽车有限公司	119446	6.97	6.92	否
上汽通用东岳汽车有限公司	324902	6.8	6.75	否
东南(福建)汽车工业有限公司	160727	6.6	6.53	否
上汽通用(沈阳)北盛汽车有限公司	341633	6.69	6.62	否
东风雷诺汽车有限公司	74446	7.05	6.94	否
东风汽车有限公司	1287198	6.58	6.46	否
贵州航天成功汽车制造有限公司	184	6.4	6.27	否
奇瑞捷豹路虎汽车有限公司	83744	7.94	7.78	否
长城汽车股份有限公司	888103	7.34	7.16	否
东风小康汽车有限公司	289722	7.03	6.85	否
华晨汽车集团控股有限公司	52908	6.74	6.54	否
一汽海马汽车有限公司	22263	7.09	6.85	否

续表

乘用车企业名称	产量	企业平均燃料消耗量		是否达标
		实际值	达标值	
东风柳州汽车有限公司	210319	7.3	7.03	否
潍柴(重庆)汽车有限公司	14001	6.79	6.52	否
华晨鑫源重庆汽车有限公司	39968	7.5	7.22	否
福建新龙马汽车股份有限公司	2701	6.77	6.45	否
长安福特汽车有限公司	822340	7.15	6.8	否
贵航青年莲花汽车有限公司	1000	6.12	5.76	否
观致汽车有限公司	16348	7.33	6.92	否
重庆力帆汽车有限公司	35991	7.52	7.09	否
湖南猎豹汽车股份有限公司	3932	7.5	7.04	否
广州汽车集团乘用车(杭州)有限公司	250	7	6.53	否
郑州日产汽车有限公司	34968	7.43	6.84	否
广汽三菱汽车有限公司	122197	7.53	6.89	否
广汽菲亚特克莱斯勒汽车有限公司	210777	7.67	7	否
沈阳华晨金杯汽车有限公司	85787	7.96	7.19	否
四川一汽丰田汽车有限公司	185721	8.07	7.3	否
上汽大通汽车有限公司	30513	9.5	8.72	否
河北长安汽车有限公司	74343	7.72	6.89	否
广东福迪汽车有限公司	3226	8.93	8.08	否
庆铃汽车股份有限公司	218	8.4	7.48	否
汉腾汽车有限公司	50236	8.02	7	否
浙江众泰汽车制造有限公司	11312	8.25	7.09	否
浙江飞碟汽车制造有限公司	1	7.5	6.27	否
北京汽车集团有限公司	21539	9.91	8.24	否
厦门金龙联合汽车工业有限公司	74	9.42	7.69	否
厦门金龙旅行车有限公司	637	10.74	7.58	否

进口乘用车企业

进口乘用车经销企业名称	进口量	企业平均燃料消耗量		是否达标
		实际值	达标值	
拓速乐汽车销售(北京)有限公司	17011	0	8.79	是
沃尔沃汽车销售(上海)有限公司	23862	6.64	7.67	是
现代汽车(中国)投资有限公司	2895	6.52	7.44	是
宝马(中国)汽车贸易有限公司	206700	7.02	7.55	是

附录一：乘用车企业平均燃料消耗量

续表

进口乘用车经销企业名称	进口量	企业平均燃料消耗量		是否达标
		实际值	达标值	
保时捷(中国)汽车销售有限公司	70124	7.56	8.03	是
神龙汽车有限公司	184	6.6	7.04	是
捷豹路虎(中国)投资有限公司	68491	8.21	8.63	是
长安马自达汽车有限公司	2797	6.08	6.27	是
雷诺(北京)汽车有限公司	2599	6.62	6.75	是
一汽进出口有限公司	46080	7.61	7.73	是
大众汽车(中国)销售有限公司	59518	7.76	7.85	是
丰田汽车(中国)投资有限公司	144182	7.5	7.53	是
斯巴鲁汽车(中国)有限公司	27871	7.1	6.98	否
梅赛德斯-奔驰(中国)汽车销售有限公司	178484	7.83	7.63	否
阿尔法罗密欧(上海)汽车销售有限公司	17677	7.6	7.36	否
广汽本田汽车有限公司	1452	8.63	8.1	否
福特汽车(中国)有限公司	86145	8.52	7.88	否
日产(中国)投资有限公司	20758	8.23	7.56	否
上汽通用汽车销售有限公司	498	8.1	7.04	否
铃木(中国)投资有限公司	5335	7.25	5.77	否
爱威汽车销售(上海)有限公司	36	9.1	7.55	否
玛莎拉蒂(中国)汽车贸易有限公司	17851	10.34	8.7	否
克莱斯勒(中国)汽车销售有限公司	10212	10.92	8.46	否
东风汽车有限公司	2827	12.02	8.86	否
北京路特斯汽车销售有限公司	118	9.48	6.23	否
三菱汽车销售(中国)有限公司	3630	12	8.7	否
阿斯顿马丁拉共达(中国)汽车销售有限公司	333	11.34	7.54	否
迈凯伦汽车销售(上海)有限公司	143	10.73	6.77	否
法拉利汽车国际贸易(上海)有限公司	512	11.78	7.27	否

B.14
附录二：混动车型产销及车型信息

2015～2017 年我国混动汽车产销及车型信息

单位：辆

整车厂/品牌	级别	车型	技术路线	2015 年	2016 年	2017 年
一汽丰田	C	普锐斯	HV	408	18	—
广汽丰田	C	雷凌	HV	3166	25932	40799
	D	凯美瑞	HV	6755	5654	4150
上汽通用	D	迈锐宝	HV	—	12	87
	D	君越	HV	—	1195	2233
比亚迪汽车	C	F3DM	PHV	—	—	—
	D	秦	PHV	29707	21868	20738
	SUV－C	唐	PHV	18169	31405	14592
上汽乘用车	C	荣威550	PHV	10711	15145	2455
	D	荣威750	HV	—	—	—
		总计		70931	103245	85054

B.15
附录三：节能汽车相关政策、法规统计

我国节能汽车相关政策法规统计（2017～2018年）

政策法规名称	颁布时间	颁布单位	内容要点
《汽车产业中长期发展规划》	2017.4.6	工信部、国家发改委、科技部	明确未来十年的发展思路,规划目标和政策导向,为我国节能汽车产业发展指明方向。《规划》要求,突破节能关键技术,达到国际先进水平;进一步提高节能水平,乘用车新车平均燃料消耗量在2025年降到4.0升/百公里;探索合作机制,鼓励整车和零部件企业协同发展;完善节能汽车推广机制,通过税收优惠政策,引导、鼓励小排量节能型乘用车消费
《关于完善汽车投资项目管理的意见》	2017.6.4	工信部、国家发改委	推动汽车产业结构调整:①优化传统燃油汽车产能布局。②促进新能源汽车健康有序发展。③鼓励汽车企业做优做强 加强汽车产能监测预警:①建立汽车产能信息报送制度。②加强汽车产能发布和预警 完善汽车投资项目管理:①严格控制新增传统燃油汽车产能。②规范新能源汽车企业投资项目条件
《关于普通柴油质量升级的公告》	2017.6.28	国家发改委、公安部、环保部、商务部、国务院国资委、国家工商总局等	严格按时供油:2017年7月1日起,全国全面供应硫含量不大于50ppm的普通柴油,同时停止国内销售硫含量大于50ppm的普通柴油;鼓励有条件地区提前供应硫含量不大于10ppm的普通柴油 保障油品质量 规范油品标示加油站(点)按照相关法规和标准要求,明确标注所售柴油产品名称、牌号和等级,明确区分车用柴油和普通柴油 加强有效监管
《汽油车污染物排放限值及测量方法（双怠速法及简易工况法）（征求意见稿）》	2017.8.16	环保部	限制汽车污染物排放,改善大气环境质量,我部组织起草了国家环境保护标准《汽油车污染物排放限值及测量方法（双怠速法及简易工况法）（征求意见稿）》和《柴油车污染物排放限值及测量方法（自由加速法及加载减速法）（征求意见稿）》

241

续表

政策法规名称	颁布时间	颁布单位	内容要点
《乘用车企业平均燃料消耗量与新能源汽车积分并行管理办法》	2017.9.28	工信部、财政部、商务部、海关总署、国家质检总局	乘用车企业平均燃料消耗量积分核算 乘用车企业新能源汽车积分核算 积分报告和公示：报告的内容包括本企业平均燃料消耗量预期达标值、预期实际值和新能源汽车积分预期值等。 积分并行管理：乘用车企业平均燃料消耗量正积分可以结转或者在关联企业间转让
《关于2016年度、2017年度乘用车企业平均燃料消耗量管理有关工作的通知》	2017.11.3	工信部、商务部、海关总署、国家质检总局	对乘用车企业2016年度、2017年度平均燃料消耗量和新能源汽车积分实施核算 发布年度乘用车企业平均燃料消耗量与新能源汽车积分核算情况报告 2016年度平均燃料消耗量负积分的企业，可以使用2017年度自身产生的平均燃料消耗量正积分、新能源汽车正积分，或参照《积分办法》规定的关联企业间转让、购买新能源汽车正积分等方式于2017年度积分考核时抵偿归零 企业平均燃料消耗量积分和新能源汽车积分可结转至后续年度使用
关于发布《机动车污染防治技术政策》的公告	2017.12.12	环保部	改善环境质量，完善环境技术管理体系，促进机动车污染防治技术进步，环境保护部组织修订了《机动车污染防治技术政策》，主要内容有：①加强新生产机动车排放达标监管。②强化企业产品信息公开。③加强二氧化碳（CO_2）、甲烷（CH_4）、氧化亚氮（N_2O）、氢氟碳化物（HFCs）等的机动车温室气体管理。④加强机动车燃油蒸发排放控制。⑤积极开展天然气（NG）、液化石油气（LPG）、乙醇、生物柴油等替代燃料汽车的研发和应用等
《关于做好平行进口汽车燃料消耗量与新能源汽车积分数据报送工作的通知》	2018.6.19	工信部、商务部、海关总署、国家市场监管总局	报送范围：最大设计总质量不超过3500千克的乘用车，包括能够燃用汽油、柴油或者气体燃料的传统能源乘用车（含非插电式混合动力乘用车），以及纯电动、插电式混合动力(含增程式)、燃料电池等新能源乘用车

续表

政策法规名称	颁布时间	颁布单位	内容要点
《重型柴油车污染物排放限值及测量方法（中国第六阶段）》的公告	2018.6.28	环保部	防治压燃式及气体燃料点燃式发动机汽车排气对环境的污染，保护生态环境，保障人体健康，现批准《重型柴油车污染物排放限值及测量方法（中国第六阶段）》为国家污染物排放标准。①按有关法律规定，该标准具有强制执行的效力。②该标准自2019年7月1日起实施，由中国环境科学出版社出版
《关于节能新能源车船享受车船税优惠政策的通知》	2018.7.31	财政部、国家税务总局、工信部、交通运输部	对节能汽车，减半征收车船税：包括范围在中国境内销售的排量为1.6升以下（含1.6升）的燃用汽油、柴油的乘用车（含非插电式混合动力、双燃料和两用燃料乘用车）对新能源车船，免征车船税：新能源汽车是指纯电动商用车、插电式（含增程式）混合动力汽车、燃料电池商用车。纯电动乘用车和燃料电池乘用车不属于车船税征税范围，对其不征车船税

社会科学文献出版社　皮书系列

❖ 皮书起源 ❖

"皮书"起源于十七、十八世纪的英国,主要指官方或社会组织正式发表的重要文件或报告,多以"白皮书"命名。在中国,"皮书"这一概念被社会广泛接受,并被成功运作、发展成为一种全新的出版形态,则源于中国社会科学院社会科学文献出版社。

❖ 皮书定义 ❖

皮书是对中国与世界发展状况和热点问题进行年度监测,以专业的角度、专家的视野和实证研究方法,针对某一领域或区域现状与发展态势展开分析和预测,具备原创性、实证性、专业性、连续性、前沿性、时效性等特点的公开出版物,由一系列权威研究报告组成。

❖ 皮书作者 ❖

皮书系列的作者以中国社会科学院、著名高校、地方社会科学院的研究人员为主,多为国内一流研究机构的权威专家学者,他们的看法和观点代表了学界对中国与世界的现实和未来最高水平的解读与分析。

❖ 皮书荣誉 ❖

皮书系列已成为社会科学文献出版社的著名图书品牌和中国社会科学院的知名学术品牌。2016年,皮书系列正式列入"十三五"国家重点出版规划项目;2013~2018年,重点皮书列入中国社会科学院承担的国家哲学社会科学创新工程项目;2018年,59种院外皮书使用"中国社会科学院创新工程学术出版项目"标识。

中国皮书网

（网址：www.pishu.cn）

发布皮书研创资讯，传播皮书精彩内容
引领皮书出版潮流，打造皮书服务平台

栏目设置

关于皮书：何谓皮书、皮书分类、皮书大事记、皮书荣誉、
皮书出版第一人、皮书编辑部

最新资讯：通知公告、新闻动态、媒体聚焦、网站专题、视频直播、下载专区

皮书研创：皮书规范、皮书选题、皮书出版、皮书研究、研创团队

皮书评奖评价：指标体系、皮书评价、皮书评奖

互动专区：皮书说、社科数托邦、皮书微博、留言板

所获荣誉

2008年、2011年，中国皮书网均在全国新闻出版业网站荣誉评选中获得"最具商业价值网站"称号；

2012年，获得"出版业网站百强"称号。

网库合一

2014年，中国皮书网与皮书数据库端口合一，实现资源共享。

权威报告·一手数据·特色资源

皮书数据库
ANNUAL REPORT(YEARBOOK) DATABASE

当代中国经济与社会发展高端智库平台

所获荣誉

- 2016年，入选"'十三五'国家重点电子出版物出版规划骨干工程"
- 2015年，荣获"搜索中国正能量 点赞2015""创新中国科技创新奖"
- 2013年，荣获"中国出版政府奖·网络出版物奖"提名奖
- 连续多年荣获中国数字出版博览会"数字出版·优秀品牌"奖

成为会员

通过网址www.pishu.com.cn访问皮书数据库网站或下载皮书数据库APP，进行手机号码验证或邮箱验证即可成为皮书数据库会员。

会员福利

- 使用手机号码首次注册的会员，账号自动充值100元体验金，可直接购买和查看数据库内容（仅限PC端）。
- 已注册用户购书后可免费获赠100元皮书数据库充值卡。刮开充值卡涂层获取充值密码，登录并进入"会员中心"—"在线充值"—"充值卡充值"，充值成功后即可购买和查看数据库内容（仅限PC端）。
- 会员福利最终解释权归社会科学文献出版社所有。

社会科学文献出版社 皮书系列
SOCIAL SCIENCES ACADEMIC PRESS (CHINA)
卡号：783268554482
密码：

数据库服务热线：400-008-6695
数据库服务QQ：2475522410
数据库服务邮箱：database@ssap.cn
图书销售热线：010-59367070/7028
图书服务QQ：1265056568
图书服务邮箱：duzhe@ssap.cn

基本子库
SUB DATABASE

中国社会发展数据库（下设12个子库）

全面整合国内外中国社会发展研究成果,汇聚独家统计数据、深度分析报告,涉及社会、人口、政治、教育、法律等12个领域,为了解中国社会发展动态、跟踪社会核心热点、分析社会发展趋势提供一站式资源搜索和数据分析与挖掘服务。

中国经济发展数据库（下设12个子库）

基于"皮书系列"中涉及中国经济发展的研究资料构建,内容涵盖宏观经济、农业经济、工业经济、产业经济等12个重点经济领域,为实时掌控经济运行态势、把握经济发展规律、洞察经济形势、进行经济决策提供参考和依据。

中国行业发展数据库（下设17个子库）

以中国国民经济行业分类为依据,覆盖金融业、旅游、医疗卫生、交通运输、能源矿产等100多个行业,跟踪分析国民经济相关行业市场运行状况和政策导向,汇集行业发展前沿资讯,为投资、从业及各种经济决策提供理论基础和实践指导。

中国区域发展数据库（下设6个子库）

对中国特定区域内的经济、社会、文化等领域现状与发展情况进行深度分析和预测,研究层级至县及县以下行政区,涉及地区、区域经济体、城市、农村等不同维度。为地方经济社会宏观态势研究、发展经验研究、案例分析提供数据服务。

中国文化传媒数据库（下设18个子库）

汇聚文化传媒领域专家观点、热点资讯,梳理国内外中国文化发展相关学术研究成果、一手统计数据,涵盖文化产业、新闻传播、电影娱乐、文学艺术、群众文化等18个重点研究领域。为文化传媒研究提供相关数据、研究报告和综合分析服务。

世界经济与国际关系数据库（下设6个子库）

立足"皮书系列"世界经济、国际关系相关学术资源,整合世界经济、国际政治、世界文化与科技、全球性问题、国际组织与国际法、区域研究6大领域研究成果,为世界经济与国际关系研究提供全方位数据分析,为决策和形势研判提供参考。

法律声明

"皮书系列"(含蓝皮书、绿皮书、黄皮书)之品牌由社会科学文献出版社最早使用并持续至今,现已被中国图书市场所熟知。"皮书系列"的相关商标已在中华人民共和国国家工商行政管理总局商标局注册,如LOGO( )、皮书、Pishu、经济蓝皮书、社会蓝皮书等。"皮书系列"图书的注册商标专用权及封面设计、版式设计的著作权均为社会科学文献出版社所有。未经社会科学文献出版社书面授权许可,任何使用与"皮书系列"图书注册商标、封面设计、版式设计相同或者近似的文字、图形或其组合的行为均系侵权行为。

经作者授权,本书的专有出版权及信息网络传播权等为社会科学文献出版社享有。未经社会科学文献出版社书面授权许可,任何就本书内容的复制、发行或以数字形式进行网络传播的行为均系侵权行为。

社会科学文献出版社将通过法律途径追究上述侵权行为的法律责任,维护自身合法权益。

欢迎社会各界人士对侵犯社会科学文献出版社上述权利的侵权行为进行举报。电话:010-59367121,电子邮箱:fawubu@ssap.cn。

社会科学文献出版社